CHINAS BOSSE

Wolfgang Hirn studierte Volkswirtschaftslehre und Politische Wissenschaften in Tübingen. Nach Stationen als Wirtschaftsredakteur arbeitet er seit vielen Jahren als Reporter beim *manager magazin*. Seit 1986 reist er regelmäßig nach China, ist Autor des Bestsellers »Herausforderung China« (2005) und veröffentlichte zuletzt »Der nächste kalte Krieg. China gegen den Westen« (2013).

Wolfgang Hirn

CHINAS BOSSE

Unsere unbekannten
Konkurrenten

Campus Verlag
Frankfurt/New York

ISBN 978-3-593-50874-0 Print
ISBN 978-3-593-43807-8 E-Book (PDF)
ISBN 978-3-593-43827-6 E-Book (EPUB)

Das Werk einschließlich aller seiner Teile ist urheberrechtlich geschützt.
Jede Verwertung ist ohne Zustimmung des Verlags unzulässig. Das gilt
insbesondere für Vervielfältigungen, Übersetzungen, Mikroverfilmungen
und die Einspeicherung und Verarbeitung in elektronischen Systemen.
Copyright © 2018 Campus Verlag GmbH, Frankfurt am Main
Umschlaggestaltung: Campus Verlag, Frankfurt am Main
Umschlagmotiv: © Shutterstock/KPG_Payless/Stuart Jenner/feiyuezhangjie
Satz: Publikations Atelier, Dreieich
Gesetzt aus der Scala und der DIN
Druck und Bindung: Beltz Bad Langensalza GmbH
Printed in Germany

www.campus.de

Inhalt

Einleitung 7

Erstes Kapitel
DIE ROTEN BOSSE –
woher sie kommen, wie sie ticken und wie sie führen . . 13

Zweites Kapitel
OHNE RÜCKSICHT AUF VERLUSTE –
die staatlichen Giganten und ihre politische Agenda . . 41

Drittes Kapitel
HAIER, HNA, HUAWEI & CO. –
Chinas große Privatkonzerne 77

Viertes Kapitel
BEINE, STEINE, WEINE –
die Einkaufsliste der Neureichen aus China 131

Fünftes Kapitel
ANGRIFF AUF FACEBOOK & CO. –
warum China dank seiner Internetgiganten Alibaba
und Tencent eine digitale Weltmacht wird 167

Sechstes Kapitel
DROHNEN, E-AUTOS, ROBOTER –
in den Zukunftsindustrien will China künftig an
der Weltspitze mitmischen 215

Schluss
BEGRÜSSEN ODER ABWEISEN –
wie soll Europa auf die neuen Konkurrenten
reagieren? 267

Literatur 279

Register 283

EINLEITUNG

Wer kennt Guo Guangchang? Wer hat jemals von einem Unternehmen mit dem Kürzel HNA gehört? Es sind hierzulande unbekannte Namen von chinesischen Managern und Konzernen. Müssen wir die wirklich kennen? Ja, denn Guos Konzern Fosun ist an einigen deutschen Firmen beteiligt, ihm gehören außerdem der Club Med und der Cirque de Soleil. Und HNA ist vergangenes Jahr als Großaktionär bei der Deutschen Bank eingestiegen.

Ob Guo oder HNA – viele dieser roten Bosse und ihre Unternehmen mit den kryptischen und für uns meist austauschbaren Namen sollten uns vertraut sein. Sie sind schon heute die Aufkäufer unserer Unternehmen, und sie werden zunehmend zu den Konkurrenten unserer Unternehmen. Die beiden Volkswirtschaften Chinas und Deutschlands werden immer enger verflochten. Und China ist inzwischen die zweitgrößte Volkswirtschaft der Welt – und uns sagen nur wenige Namen von wichtigen Unternehmern, Managern oder von Konzernen etwas.

Wir sind dabei, dieselben Fehler von einst zu wiederholen, als wir in einer Mischung aus Arroganz und Ignoranz in den 60er Jahren erst die Japaner und dann in den 80er Jahren die Koreaner unterschätzten. Wer kannte damals schon Toyota oder Sony, wer Hyundai oder Samsung? Heute sind das Weltmarken.

Dieselbe Entwicklung werden auch chinesische Marken nehmen. Noch sind es wenige Brands aus China, die auf dem Weltmarkt auftauchen. Der ein oder andere hat schon mal von Haier, Hisense, Huawei oder Lenovo gehört oder sogar deren Produkte gekauft. Und es werden jedes Jahr mehr werden. Nach der *For-*

tune-Liste haben schon heute 115 der 500 größten Unternehmen der Welt ihren Sitz in China. Sie stellen damit nach den Amerikanern mit derzeit 132 Unternehmen auf der Liste das größte Kontingent in der Top-Liga der umsatzstärksten Unternehmen der Welt.

Viele der chinesischen Konzerne stehen dabei erst am Anfang ihrer Internationalisierung. Sie mussten erst einmal auf ihrem großen Heimatmarkt bestehen und sich dort durchsetzen. Wer aber in China, im härtesten Markt der Welt, überlebt, ist auch gerüstet für den Weltmarkt. Wir werden also in den kommenden Jahren immer mehr chinesische Unternehmen kennen lernen, die hierzulande Unternehmen kaufen oder ihre Waren verkaufen wollen.

Und das werden keine Ramschwaren sein, wie noch viele Konsumenten naiv vermuten.Ware aus China ist gleich Billigware – diese Gleichung gilt längst nicht mehr. Wer heute noch *Made in China* nur mit Spielwaren oder Billigklamotten assoziiert, hat die Zeit verschlafen. Ja, auch Ramschwaren produzieren die Chinesen immer noch in gigantischen Mengen. Aber eben nicht mehr nur.

Aus der Fabrik der Welt ist zunehmend das Labor der Welt geworden. Eine Entwicklung, die vom mächtigen Staatsapparat gewollt und unterstützt wird. Chinas Führung, die weg will vom Billigimage ihrer Wirtschaft, spendiert milliardenschwere Förderprogramme und betreibt eine auf Schlüssel- und Zukunftsindustrien fokussierte Industriepolitik. Man muss nur das Programm *Made in China 2025* anschauen – und man erfährt, in welchen zehn Schlüsselindustrien China an der Weltspitze stehen möchte. Und es sind – Deutschland, aufgewacht und aufgepasst! – gerade die Industrien, in denen wir uns (scheinbar) konkurrenzlos sicher fühlen.

Chinas Firmen flankieren damit die Politik ihres – so scheint es zumindest nach dem 19. Parteitag im Oktober 2017 – allmächtigen Führers Xi Jinping, der das Land zur alten Stärke führen will. Global operierende Konzerne spielen bei diesem Wiederaufstieg eine wichtige strategische Rolle.

Viele Firmen Chinas werden also technologisch gewaltig aufholen und damit unsere Konkurrenten werden. Im Internet sind

Chinas Konzerne jetzt schon weltweit führend. WeChat – das ist der Messaging-Dienst von Tencent – ist dem westlichen Konkurrenten WhatsApp von Facebook weit voraus. Auch im E-Commerce setzt China bereits Maßstäbe. Alibaba unter dem charismatischen Gründer Jack Ma gilt als Benchmark der Branche. Ebenso trendsetzend ist China im noch jungen Bereich der Fintech-Industrie, also der Abwicklung von Finanzgeschäften (Bezahlen, Kreditvergabe, Geldanlage, Versicherungen) online. In China wird immer öfter mit dem Handy bezahlt. Das Land ist damit als eines der Ersten auf dem Weg in die bargeldlose Gesellschaft.

Bei Elektroautos wollen die Chinesen gleich den ganz großen Sprung nach vorne schaffen und mit der neuen Antriebstechnologie die westlichen Autokonzerne überholen. Sollte ihnen das gelingen, wäre das eine große Herausforderung, wenn nicht gar ein Desaster für die deutsche Autoindustrie.

Dies ist aber trotz allem kein Angstmacher-Buch. Sondern eher ein Weckruf, sich offensiver mit unseren neuen Konkurrenten auseinanderzusetzen, sie zu verstehen. Denn leider tragen Chinas Unternehmen – bis auf wenige Ausnahmen – wenig zur Aufklärung ihres Handelns bei und wundern sich angesichts ihrer schlechten oder nicht existenten Öffentlichkeitsarbeit, wenn man ihnen erstmal mit Misstrauen begegnet.

Wer steckt also hinter all diesen teilweise mystischen chinesischen Firmen, die immer mächtiger, aggressiver und internationaler werden?

Um das zu erfahren, bin ich mehrmals nach China gefahren. Ein Land, das ich seit rund 30 Jahren regelmäßig bereise, in dem ich immer mal wieder für kurze Zeitspannen lebte und deren Unternehmenswelt ich seit Jahrzehnten verfolge. Es war – wie zu erwarten – eine sehr ambivalente Recherche. Die einen, die Staatsunternehmen, sind total verschlossen. Über sie bekommt man Informationen nur aus zweiter Hand. Deshalb habe ich viele Gespräche mit Beratern, privaten Konkurrenten und westlichen Joint-Venture-Partnern geführt.

Etwas einfacher war hingegen der Kontakt zu den privaten Unternehmen des Landes. Vor allem die jungen Firmen aus der Internetwelt sind offen. Sie verstehen ihr PR-Handwerk. Sehr hilfreich war auch der elitäre China Entrepreneur Club, in dem die wichtigsten und größten Unternehmer des Landes vertreten sind. Die Vertreter dieses Clubs ermöglichten mir einen Blick hinter die Kulissen einiger großer Unternehmen Chinas.

Dabei war mir von vornherein klar: Es gibt nicht *den* chinesischen Manager und Unternehmer. Chinas Bosse sind vielmehr ein Mix aus interessanten, aber doch sehr unterschiedlichen Personen und Persönlichkeiten.

Da sind zum einen die älteren Gründer, die noch die Wirren der Kulturrevolution erlebt haben und dann mit den Reformen gewachsen sind. Meist sind es Selfmademen (und auch ein paar wenige -women), die sich aus ärmlichen Verhältnissen hochgearbeitet haben. Viele Tellerwäscherkarrieren sind darunter.

Da sind die jungen Entrepreneure, die nur das boomende China kennen und jede Möglichkeit nutzen, um reich zu werden. Sie sind oft exzellent – häufig im Ausland, meist in den USA – ausgebildet.

Und da sind die Bosse der Staatsunternehmen. Sie verkörpern eher den Typus Apparatschik, der zwischen der politischen und wirtschaftlichen Welt hin- und herpendelt und häufig nicht korruptionsfrei ist.

Bis auf Letztere sind alle reich, sehr reich sogar. Der Hurun-Report zählte soeben 647 Dollar-Milliardäre in China und damit inzwischen mehr als in den USA. Allein in Beijing leben 96 Dollar-Milliardäre. Weltweit liegt Chinas Hauptstadt damit auf Platz eins – noch vor der kapitalistischen Hochburg New York.

Mit ihren vielen Millionen können sie sich teure Hobbys und private Investitionen in aller Welt leisten. In Südfrankreich – vor allem rund um Bordeaux – kaufen sie ein Weingut nach dem anderen, in London, New York, Sydney und Vancouver Apartments und Villen in besten Lagen. Fußballvereine wie AC und Inter Mailand und Atlético Madrid sowie einige englische Premier-League-Clubs sind bereits – teilweise oder ganz – im Besitz chinesischer Milliardäre.

Und irgendwann kommt auch die Bundesliga in ihr Visier. Und irgendwann kaufen sie die Deutsche Bank. Und irgendwann attackiert ein chinesischer Konzern BMW oder Daimler.

Spätestens dann wird hierzulande hektisch gefragt werden: Wer ist das? Wer steckt dahinter? Warum sind die so unverschämt reich? Und müssen wir uns dagegen wehren – und wenn ja, wie? Oder – positiv gesehen – können wir sogar etwas von ihnen lernen?

Die Antworten auf diese Fragen von morgen kann dieses Buch auf den folgenden Seiten schon heute geben.

Wolfgang Hirn, Berlin

Erstes Kapitel

DIE ROTEN BOSSE –
woher sie kommen,
wie sie ticken und wie sie führen

»In den nächsten Jahren werden chinesische Firmen viel internationaler agieren, neue Märkte erschließen, Unternehmen kaufen. Dies stellt eine enorme Bedrohung für viele etablierte Firmen in diversen Branchen dar.«

Edward Tse, Unternehmensberater

Wir kennen ihre Namen nicht, wir erkennen ihre Gesichter nicht. Sie heißen Guo, Ma, Wang, Zhang, Zhou. Wir wissen nur: Es sind viele. Und sie sind alle verdammt reich.

Chinas rote Bosse – sie sind im Westen unbekannte Wesen. Es stellen sich deshalb viele Fragen: Wer sind sie? Wie ticken sie? Wie führen sie?

Eines gleich vorweg: Es gibt nicht *den* chinesischen Manager oder Unternehmer. Die simpelste Unterscheidung ist die zwischen den Führungskräften in privaten und staatlichen Unternehmen. Sie leben in zwei verschiedenen Welten, zwischen denen es keine Verbindung und auch kaum einen Austausch gibt. In den Staatsfirmen herrschen eher Apparatschik-Typen, die mehr Befehlsempfänger als Herren ihrer eigenen Entscheidungen sind. Sie müssen janusköpfig sein, Manager und Politiker.

Bei den privaten Unternehmern und Managern ist die Bandbreite enorm. Das Alter spielt bei ihnen als Differenzierungsmerkmal eine große Rolle. Im post-maoistischen China passieren aufgrund der rasanten Entwicklung von Wirtschaft und Gesellschaft die Generationswechsel viel schneller. Rund alle zehn Jahre wird hier eine neue Generation geboren. Je nachdem, welcher Generation die Manager angehören, desto unterschiedlicher ticken und führen sie.

Man darf generalisieren: Je jünger sie sind, desto besser sind sie ausgebildet. Fast alle, die nach den 80er Jahren aufgewachsen sind, haben studiert, viele sogar im Ausland. Manche setzten später noch einen MBA drauf. Meist in den USA. Oder in den chinesischen Business Schools, die es inzwischen auch gibt. Dort lernen sie auch westliche Managementmethoden. Das heißt aber nicht, dass sie diese eins zu eins auf ihr Tun übertragen. Sie übernehmen gewisse Dinge aus dem Westen und kombinieren sie mit ihren chinesischen Erfahrungen und Weisheiten. Dabei entsteht ein neuer chinesischer Managementstil, dessen Konturen langsam sichtbar werden.

Chinas Manager führen anders als die im Westen. Sie sind flexibler, pragmatischer, risikofreudiger und deshalb auch meist schneller als ihre westlichen Konkurrenten. Sie sind extrem lernfähig und -willig. Und sie organisieren sich in branchenübergreifenden Netzwerken, wo sie sich in bester Tradition von *guanxi* (Beziehungen) gegenseitig helfen.

Doch völlig frei sind sie in ihren Entscheidungen nicht. Denn nach wie vor gilt im kommunistischen China: Ein privates Unternehmen ist nie privat. Der Einfluss der Partei ist immer da. Rein formal durch die Parteikomitees, die jedes, auch private Unternehmen haben müsste und auf deren Einsetzung Parteichef Xi Jinping massiv drängt.

Diese Komitees, in denen oft Manager der Top-Ebene sitzen, sind das Bindeglied zwischen Partei und Unternehmen. Über sie fließen Informationen in den Parteiapparat. Und umgekehrt versucht die Partei, durch sie Einfluss auf unternehmerische Entscheidungen zu nehmen.

Die späte Geburt des Unternehmers

Jedes Jahrzehnt nach Reformbeginn Ende der 70er Jahre brachte – so eine Typisierung des Unternehmensberaters Edward Tse in seinem Buch *China's Disruptors* – eine neue Unternehmergeneration hervor: Die 80er, die 90er, die 2000er und die 2010er. Diese Dekadeneinteilung chinesischer Unternehmer spiegelt auch ein Stück jüngster chinesischer Wirtschaftsgeschichte wider. Eine Geschichte, die erst 1978 beginnt, weil zu dem Zeitpunkt eine Ära endete. Und zwar die von Mao Zedong, der schon 1976 gestorben war.

Er hinterließ nach seinem Tod und seinen ideologischen Eskapaden ein wirtschaftlich rückständiges Land. Von wegen großer Sprung nach vorn: Es war ein großer Sprung zurück. Chinas Wirtschaft war auf Dritte-Welt-Niveau abgesunken. Es gab keine konkurrenzfähigen Unternehmen. Bürokraten lenkten die Wirtschaft. Fast jede Branche hatte ein eigenes Ministerium. Preise wurden festgelegt und die Produktionsmengen quotiert. Eben Planwirtschaft.

Fast alle privaten Unternehmer waren bereits 1949 nach der Machtübernahme der KP geflohen. Nach Hongkong, nach Taiwan. Dort bauten sie ihre neuen Imperien auf. Ein paar wenige Unternehmer blieben und kollaborierten mit den herrschenden Kommunisten. Aber 1956 war dann auch für sie endgültig Schluss. In diesem Jahr wurden die letzten privat geführten Unternehmen verstaatlicht. Zwischen 1956 und 1978 gab es nur Staats- und Kollektivunternehmen, also keine privaten Unternehmer, auch keine ausländischen Investoren. Die Wirtschaft befand sich in einer von oben verordneten Autarkie.

Das änderte sich nach Maos Tod. Die entscheidende richtungsweisende Sitzung fand im Dezember 1978 statt. Fünf Tage lang tagte das Zentralkomitee der KP in einem Hotel im Westen von Beijing. Das Ergebnis des kollektiven Nachdenkens: Wir brauchen und erlauben wirtschaftliche Reformen. Neben der lenkenden Hand des Staates darf auch die unsichtbare Hand des Markts eingreifen.

Wortführer der Reformer war Deng Xiaoping. Er propagierte die Vier Modernisierungen von Landwirtschaft, Industrie, Landesverteidigung sowie Wissenschaft und Technik.

Man fing in der Landwirtschaft an. Die Bauern durften ohne Preisdiktat ihre Waren verkaufen, an wen sie wollten. Das erhöhte die Produktionsmenge – so hatte die hungrige Bevölkerung endlich wieder genug zu essen. In der Industrie erlaubte man sogenannte Township and Village Enterprises (TVE), de facto in Besitz der kommunalen Behörden und Parteikader. Im April 1988 wurde dann die formale Existenzberechtigung von privaten Unternehmen durch den Nationalen Volkskongress beschlossen.

Einige wenige Unternehmer der ersten Stunde waren zu der Zeit schon quasi illegal unterwegs.

Die 80er: Alte Garde

Liu Chuanzhi (geboren 1944) kennt die schlechten Zeiten unter Mao. Er erzählt, wie er mit seiner Mutter in den 60er Jahren den Metallring ihres Kohleherdes zum Schmelzen ablieferte, um einen kleinen Beitrag zur Erhöhung der Stahlproduktion des Landes zu leisten. Er erinnert sich, wie sein Vater, ein kleiner Beamter, nur zum sogenannten Bohnen-Kader und nicht zum besser gestellten Fisch-und-Fleisch-Kader gehörte. Aber immerhin gab es zu Hause Bohnen, sie mussten nicht wie viele andere Gras fressen. Später, nach einer kurzen Phase als Rotgardist, wurde er aufs Land geschickt, weil ihn jemand als Rechtsabweichler denunziert hatte. Er pflanzte Reis in Guangdong und arbeitete in einem Lager in Hunan.

Als der maoistische Spuk vorbei war, konnte er sein Computerstudium fortsetzen und Mitte der 80er Jahre ein Unternehmen gründen: Legend, aus dem später der Weltkonzern Lenovo wurde (siehe Drittes Kapitel).

Liu ist einer dieser frühen Gründer, die ihre Firmen in den 80er Jahren gestartet haben. Manche waren wie Liu Chuanzhi schon über 40 Jahre alt. Sie starteten ihr Business unmittelbar nach Beginn der Reform und Öffnung unter Deng Xiaoping, den viele aus dieser Generation verehren, weil er ihnen quasi ermöglichte, Unternehmer zu werden.

Sie hatten oft keine Ausbildung, weil dies zu Zeiten der Kulturrevolution nicht möglich war. Manche waren stattdessen auf dem Land, führten oft ein armes und erbärmliches Leben. Aber diese Erfahrung hat sie gestählt für den Rest des Lebens. Manche dieser frühen Unternehmensgründer waren vorher beim Militär.

Sie hatten eines gemeinsam: Sie hatten zwar wenig Erfahrung vom Wirtschaften. Aber trotzdem haben die 80er Jahre eine Reihe genialer Unternehmer hervorgebracht: Li Shufu (Geely), Wang Shi (Vanke), Wang Jianlin (Wanda), Zhang Ruimin (Haier), Liang Wengen (Sany), Ren Zhengfei (Huawei) und eben Liu Chuanzhi. Alles Selfmade-Männer. Sie erinnern so ein bisschen an die Gründer der deutschen Nachkriegszeit, die Borgwards, die Grundigs, die Neckermanns. Die 80er Jahre in China sind teilweise auch mit den 50er Jahren in Deutschland vergleichbar. Es herrschte Aufbruchstimmung nach dem Chaos, obwohl dieses in beiden Ländern natürlich unterschiedliche Ursachen hatte.

Alle dieser frühen Gründer werden im Verlaufe dieses Buches an unterschiedlichen Stellen auftreten. Sie alle haben Milliardenkonzerne geschaffen und sind dabei selbst zu Milliardären geworden.

Die 92er-Gang

1992 war ein entscheidendes Jahr in der wirtschaftlichen Entwicklung Chinas. Das Land hatte zu der Zeit aufgrund der Folgen des Tiananmen-Massakers (im offiziellen chinesischen Duktus lediglich als »Vorfälle« verniedlicht) anno 1989 mit wirtschaftlichen Problemen zu kämpfen, nicht zuletzt, weil sich das politisch korrekte westliche Ausland mit Investitionen zurückhielt. Und weil Partei wie Nation verunsichert waren, wie es mit dem Land, das ja bis 1989 auf Reformkurs war, weitergehen könnte. Soll man mit den Reformen weitermachen – oder gar wieder zurück zur Planwirtschaft? In diesem breiten Rahmen bewegte sich der innerparteiliche Diskurs.

Doch dann machte sich der damals 88-jährige Deng Xiaoping zum Jahresbeginn 1992 auf die Reise in den Süden Chinas, erst nach Shenzhen und danach nach Shanghai. Dort legte er ein klares Bekenntnis zu den Reformen ab. Die sechswöchige Reise Dengs, der zu der Zeit schon keine politischen Ämter mehr innehatte, hatte Signalwirkung – nach außen wie nach innen. Ausländische Firmen kamen langsam wieder zurück. Und viele bis dato verunsicherte Chinesen stürzten sich ins Geschäftsleben, gründeten Firmen, sahen plötzlich die Möglichkeit, im Dengschen Sinne reich zu werden.

In diesem Wendejahr 1992 wurden viele erfolgreiche Unternehmen gegründet. Ihre Macher werden deshalb als die »92er-Gang« tituliert. Kein formaler Klub, sondern eher Brüder, im Dengschen Geiste vereint. Sie waren – anders als die Unternehmer der 80er Jahre – besser ausgebildet, die meisten hatten studiert und hatten danach stupide Jobs in der Bürokratie oder an den Universitäten.

Einer dieser 92er war Guo Guangchang, Gründer von Fosun, einem Konglomerat in Shanghai. Er wurde 1967 in den Wirren der Kulturrevolution geboren. Er war deshalb zu jung, um aufs Land geschickt zu werden. Aber die Entbehrungen der Zeit erlebte auch er. Eine Schüssel Reis und dazu getrocknetes Gemüse – mehr war nicht drin. Aber immerhin bescherte ihm das rechtzeitige Ende der Kulturrevolution eine gute Ausbildung. Er konnte an der Fudan Universität in Shanghai erst Philosophie und dann Wirtschaft studieren.

Schon als Student an der Fudan war er geschäftstüchtig. Spätabends – meist nach 23 Uhr – ging er von Tür zu Tür im Studentenwohnheim und verkaufte Teigtaschen. 5 Yuan das Stück. 1992 fing er dann mit dem Verkauf von Medikamenten an, dann Versicherungen. Jetzt ist Fosun ein Konglomerat, das seit ein paar Jahren in aller Welt Unternehmen aus den unterschiedlichsten Branchen aufkauft (siehe Drittes Kapitel).

Guo, klein und asketisch, blieb ein zurückhaltender, freundlicher Mensch. Er praktiziert Tai-Chi und isst in der Kantine der Hauptverwaltung meist vegetarisch. Er sagt über sich: »Ich mach nichts Extremes, weder beim Essen, Trinken noch bei der Geldanlage.«

Die 92er – eine eher demütige Generation. Die folgende tickt da schon etwas anders.

Die 2000er: Profiteure des Internets

Um die Jahrtausendwende war eine spannende Zeit in China. Viel passierte um dieses historische Datum. Unter dem legendären – vor allem im Westen glorifizierten – Ministerpräsidenten Zhu Rongji war das Land auf einem stringenten Reformkurs nach innen wie nach außen. Ende 2001 trat China der Welthandelsorganisation (WTO) bei, was eine weitere Öffnung des Landes bedeutete.

Aber die vielleicht wichtigste Neuerung jener Tage war eher technologischen Ursprungs: Das Internet erreichte in seiner vollen Dimension auch China. Deshalb sind die meisten Unternehmer dieser Generation der Online-Szene zuzuordnen. Technologie-affin und gut ausgebildet. Die wichtigsten Vertreter dieser Generation sind alles Internet-Milliardäre: Liu Qiangdong (JD.com), Charles Chao (Sina), Jack Ma (Alibaba), Robin Li (Baidu), Victor Koo (Youku) – und Pony Ma, Gründer von Tencent.

Geschichten von Hunger und Fronarbeit auf dem Lande kann Pony Ma (1971) nicht erzählen. Er wuchs – wie man so schön sagt – in geordneten Verhältnissen auf. Sein Vater war bei der Hafenverwaltung, erst auf Hainan, dann in Shenzhen. Lange Zeit war Pony Ma von der Astronomie fasziniert, wollte deshalb unbedingt ein Teleskop, das ihm seine Mutter dann irgendwann kaufte.

Er studierte dann aber doch nicht Astronomie (weil ihm das schlussendlich zu weltfremd war), sondern Computerwissenschaft an der Shenzhen Universität. Im November 1998 gründete er mit ein paar Kommilitonen Shenzhen Tencent Computer Systems. Sein erstes erfolgreiches Produkt war ein Instant Messenger namens QQ. Dann stieg er ins Onlinespiele-Geschäft ein. Und schließlich kreierte er 2011 WeChat, das chinesische WhatsApp, was aber wesentlich mehr kann als das amerikanische Original und inzwischen fast eine Milliarde User hat. Heute gehört Tencent zu den zehn wertvollsten Unternehmen der Welt (siehe Fünftes Kapitel).

Pony Ma ist ein Internetfreak. Jetzt verbringt er nur noch drei Stunden am Tag online, aber zu seinen verrücktesten Zeiten waren es zehn Stunden. Seine Frau Wang Danting, eine Dozentin an der Harbin Universität, lernte er übrigens auch im Netz kennen, im Mai 2004 bei einem Chat. Sie fragte: »Hallo, wer bist du?« Er antwortete: »Der Vater des Pinguins«. Sie schlagfertig: »Dann bin ich die Mutter des Pinguins.« (Pinguin ist das Maskottchen von Tencent). Drei Monate später trafen sie sich eher zufällig in Beijing, kurze Zeit danach heirateten sie.

Das Internet prägt auch die Generation der jungen Wilden.

Die 2010er: Junge Wilde

Aufgewachsen in den 80er Jahren, kennen sie nur die Reformära, die guten Zeiten des ständigen Mehrs. Mehr Wachstum, mehr Einkommen, mehr Wohlstand. Von den schlimmen Zeiten davor wissen sie nur – wenn überhaupt – vom Hörensagen, von den Erzählungen ihrer Eltern oder Großeltern. Als einziges Kind wurden sie gehätschelt und gepampert. Sie denken international, sind gut ausgebildet und westlicher orientiert als die Generationen zuvor.

Viele dieser 2010er sind Internetunternehmer der zweiten Generation, aber auch Innovatoren wie zum Beispiel Token Hu.

Token Hu (1984) ist auf Europatour. An diesem Septembertag macht er Station in Berlin. Er sitzt in einem Büro in der Nähe von Torstraße und Rosenthaler Platz – eine Gegend, in der sich die Berliner Start-up-Szene tummelt. Es ist das Domizil seiner PR-Agentur. Hu ist auf Promotiontour für seine Firma Niu und deren einziges Produkt – einen Elektroscooter. Mit am Tisch sitzt Yan Li, der CFO. Beide sprechen perfektes Englisch. Sie sind eloquent, witzig, schlagfertig. Token Hu trägt einen kleinen Haarzopf, und er hat ein Tattoo am Hals.

Abgesehen von diesen Äußerlichkeiten: Sind sie anders als die Entrepreneure in den USA oder als die, die hier in Berlin um die Ecke Unternehmen gründen?

Nein. Sie sehen nicht nur so aus, sie ticken auch so. Sie sind Teil einer Internationalen der Entrepreneure. »Sie haben nie schlechte Zeiten in China erlebt, deshalb haben sie eine völlig andere Einstellung«, sagt Derrick Xiong, Marketingchef des Drohnenherstellers Ehang. Sie hätten mehr Gemeinsamkeiten mit ihren Alterskollegen in Europa und den USA als mit ihren Eltern. Er muss es wissen, denn er ist Anfang der 90er Jahre geboren. Diese neue Generation von Entrepreneuren, sagt Xiong, »was born to be global«.

Edward Tse kann das nur unterstreichen: »Einige von ihnen haben von Anfang an nicht nur den lokalen chinesischen Kunden im Visier, sondern den globalen.« Sie denken gleich *big*. Sie gehen direkt auf die schwierigen, weil anspruchsvollen Märkte. Weil sie sich sagen: Wenn ich mich dort durchsetze, kann ich überall bestehen.

Bestes Beispiel ist Niu, das von Token Hu 2014 mitgegründete Unternehmen. 200 000 Elektroroller haben sie schon in China verkauft. Nun wollen sie den Markt in Deutschland, aber auch in anderen europäischen Ländern aufrollen. Hu über die Strategie: »Wenn wir hier erfolgreich sind, können wir unsere Roller überall verkaufen.«

Über Crowdfunding hat Niu schon über 20 Millionen Euro zusammenbekommen.

Geld ist für Gründer nicht das Problem im heutigen China. Für jede Entwicklungsphase eines jungen Unternehmens sind die entsprechenden Geldgeber in China vorhanden: Crowdfunding, Seedfunding, Venture Capital. Die heutigen Jungunternehmer haben es deshalb einfacher als ihre Vorgänger, denn sie finden inzwischen eine Infrastruktur vor, die es vor Jahren nicht gegeben hat. Sowohl finanziell als auch physisch. In allen großen Städten gibt es inzwischen Acceleratoren, Inkubatoren, Work Spaces, Makerspaces und Technoparks, wo sich Gründer treffen und sich gegenseitig helfen.

Und ganz wichtig in diesem Land: Sie haben die staatliche Unterstützung für ihr Tun. Insbesondere Ministerpräsident Li Keqiang spricht und plädiert für *mass entrepreneurship* in seinen jährlichen Arbeitsberichten vor dem Nationalen Volkskongress. Interessant in diesem Zusammenhang: Ende September 2017 gaben Staatsrat und Zentralkomitee eine Richtlinie heraus, wo zum ersten Mal seit 1949 ein hohes Lied auf die Entrepreneure gesungen wurde. Ein Auszug aus der Lobeshymne: »Viele Entrepreneure haben einen großen Beitrag bei der Schaffung von Arbeitsplätzen und zur wirtschaftlichen und sozialen Entwicklung geleistet.«

Doch trotz all dieser eben beschriebenen Vorteile haben es die jungen Entrepreneure schwerer, weil die Konkurrenz größer, brutaler ist. Viele junge Leute wollen Unternehmer werden. Es wimmelt in diesem Lande von kleinen Jack Mas. Hat einer eine gute Idee, stehen gleich Dutzende, ach was Hunderte von Nachahmern sofort auf der Matte.

Dabei ist ein interessanter Unterschied zum anderen großen Entrepreneur-Land, den USA, festzustellen. Wenn in den USA jemand mit einer Innovation erfolgreich ist, werden die Konkurrenten versuchen, sich vom erfolgreichen Original zu differenzieren. In China dagegen machen die Konkurrenten genau dasselbe.

Bislang war nur von unternehmerischen Männern die Rede. Gibt es denn keine Frauen in diesem System?

Eine Männergesellschaft?

Sie gilt als Eiserne Lady, sie lächelt fast nie, das Wort Urlaub kennt sie nicht. Über Dong Mingzhu (1954) sagt man: »Wo Schwester Dong gegangen ist, wächst kein Gras mehr.« Sie selbst sagt über sich: »Ich gebe niemals Fehler zu und bin immer korrekt.« Die *New York Times* nennt sie die tougheste Geschäftsfrau Chinas, für *Forbes* ist sie die mächtigste Managerin des Landes.

Dong ist Chefin von Gree, dem weltweit größten Hersteller von Klimaanlagen, mit Sitz in Zhuhai nahe Hongkong. Umsatz über 15 Milliarden Dollar. Bei Gree hat sie sich seit 1990 hochgearbeitet. Ihre Autobiografie *Regretless Pursuit* (Streben ohne Bedauern) war ein Bestseller in China und wurde sogar als Serie im Staatssender CCTV verfilmt.

Sie war früh Witwe, gab ihren Sohn zu den Großeltern, ließ ihn ab und zu nach Zhuhai einfliegen. Dort musste er angeblich noch als kleiner Junge alleine den Bus zum Flughafen nehmen. Sie hat nie mehr geheiratet: »Wenn man verheiratet ist, hat man Verantwortung gegenüber einer anderen Person.«

Verantwortung zeigt sie jedoch gegenüber ihren Mitarbeitern: »Jedem unserer Arbeiter bieten wir eine Wohnung mit einem Zimmer pro Person. Für Hochschulabsolventen bauen wir Tausende neuer Drei-Zimmer-Wohnungen, die sie nach ihrer Heirat beziehen können. Das gehört sich so. Ich bin hier das Familienoberhaupt und für meine Kinder da.«

Dong Mingzhu ist eine der wenigen Frauen an der Spitze eines Unternehmens. Von Chinas großen Konzernen haben sonst nur noch Great Wall Motors (Auto) und die beiden Internetfirmen Ctrip sowie Didi Frauen an der Spitze. Top ist auch noch Sun Yafang, die Vorsitzende des Boards bei Huawei.

Dabei war die Volksrepublik China mal Vorreiter in Sachen Emanzipation. »Frauen tragen die Hälfte des Himmels« – diesen Spruch tätigte einst Mao Zedong. Was er damit sagen wollte: Im egalitären Kommunismus sollten auch die Geschlechter gleichberechtigt sein.

Die politische Praxis sieht freilich ganz anders aus. Im Ständigen Ausschuss des Politbüros, dem Machtorgan der KP, sitzen sieben Männer, im Politbüro gerade eine Frau zwischen 24 Männern in dunklen Anzügen. Im Zentralkomitee sind nur 10 von 204 Mitgliedern Frauen.

In der Wirtschaft sieht es besser aus, und es wird immer besser. Das hat mit der – 1979 erst auf Provinzebene, 1980 dann landesweit eingeführten – Ein-Kind-Politik des Landes zu tun. Weil es nur ein Kind zu erziehen gab, und die Großeltern vor allem den Müttern viel Erziehungsarbeit abnahmen, konnten sich viele Frauen stärker auf ihr berufliches Fortkommen konzentrieren. Es dominierte die sogenannte 4–2–1-Familienstruktur: Vier Großeltern und zwei Eltern sorgten für das eine Kind.

Für dieses eine Kind wurde – soweit man sich das leisten konnte – alles getan, vor allem in der Ausbildung. Es ist nicht selten, dass Familien die Hälfte ihres Einkommens in die Ausbildung ihres Kindes investieren. Davon profitierten auch immer mehr Mädchen. Früher, in Familien mit mehreren Kindern, waren die Mädchen traditionell weniger wert als die Jungs. Als Einzelkind erfuhren die Mädchen jedoch eine Aufwertung. Sie bekamen eine höhere Ausbildung, studierten – auch im Ausland. Die

Folge: Man sieht immer mehr Frauen auf Vorstandsetagen. Und immer mehr Frauen sind erfolgreiche Unternehmerinnen.

Von den weltweit 88 Selfmade-Milliardärinnen kommen sage und schreibe 56 aus der Volksrepublik China. Selfmade heißt: Die Frauen sind nicht deshalb reich, weil sie viel geerbt haben oder einen begüterten Ehepartner haben. Nein, sie haben ihre Milliarden alleine geschaffen.

An der Spitze steht Chen Lihua (1941), »Pekings Immobilienkönigin« genannt. Ihr Vermögen wird auf 7,2 Milliarden Dollar geschätzt. Nummer zwei mit 6 Milliarden Dollar ist die »Touchscreen Queen« Zhou Qunfei (1970), Gründerin und CEO von Lens Technology. Sie wuchs auf einem Bauernhof auf, ging mit 16 Jahre von der Schule und arbeitete in einer Fabrik für Uhrengläser. Mit ein paar Tausend Dollar gründete sie 1993 ihre eigene Firma, da war sie gerade mal 22 Jahre alt. Die Firma wuchs so vor sich hin. Bis 2003. Dann kam der Anruf von Motorola. Der Handyhersteller suchte einen Produzenten, es ging um einen kratzfesten Bildschirm für ein neues Modell. Sie sagten: »Antworten sie mit Ja oder Nein. Wenn sie mit Ja antworten, helfen wir ihnen beim Aufbau der Produktion.« Und sie sagte Ja.

Von da an ging es richtig bergauf. HTC, Nokia, Samsung und schließlich Apple erteilten ihr Aufträge. Heute ist das Unternehmen geschätzte 11 Milliarden Dollar wert, hat 90 000 Beschäftigte in 32 Fabriken.

Rupert Hoogewerf, der die Liste der Selfmade-Frauen erstellt, sagt: »Keine Frage, China ist weltweit der beste Ort für weibliche Entrepreneure.«

Das merkt man auch in den Business Schools, wo der Anteil der studierenden Frauen steigt.

Die Kaderschmieden für Entrepreneure

Es ist ein idyllischer Campus, draußen im Shanghaier Stadtteil Pudong. Man flaniert unter Arkaden, die vor der prallen Sonne schützen. Vorbei an künstlichen kleinen Seen. Rund eine Dreiviertel-Autostunde von der hektischen Innenstadt entfernt, herrscht akademische Stille in der China Europe International Business School, kurz CEIBS genannt.. Es ist ein Mix aus westlicher und chinesischer Architektur. Wie hier vieles ein westlich-östlicher Mischmasch ist. Die Professoren kommen aus China, Europa und den USA. Die Sponsoren – von ABB bis Zoomlion – ebenfalls aus beiden Welten.

Der Anspruch ist freilich universal: »Wir messen uns mit Harvard«, sagt Charmaine Clarke, die Marketing-Dame, die durch das Gelände führt. Sie stammt aus Jamaika und unterstreicht, wie international es hier zugeht.

Hier kann man seinen MBA machen, aber sie vergeben auch einen Executive MBA (EMBA), wo meist chinesische Manager nochmals die Schulbank drücken. Schulbank ist natürlich nur im übertragenen Sinne gemeint. Hörsäle und Konferenzräume unterschiedlicher Größe sind alle ausgestattet mit modernster Technik. Ergreift ein Student das Wort, richtet sich gleich eine Kamera auf ihn und sein Konterfei erscheint auf dem großen Bildschirm.

Die CEIBS wurde 1994 als ein Joint Venture zwischen der chinesischen Regierung und der Europäischen Union gegründet. In den ersten zehn Jahren unterschied sich die Business School nicht wesentlich von den großen Business Schools dieser Welt, ob Insead oder Harvard. Aber danach wurden immer mehr China-spezifische Themen gelehrt und Case-Studies erstellt.

Früher waren es überwiegend Manager von Staatsunternehmen, die hier in modernem Management unterrichtet wurden. Aber nachdem die Regierung im Zuge ihrer Antikorruptionsbekämpfung auch MBA-Kurse als etwas Anrüchiges eingestuft hat, hat die Zahl der Manager aus Staatsbetrieben abgenommen. Nun überwiegen bei den Kursen die Führungskräfte aus privaten chinesischen Unternehmen.

Die andere – rein chinesische – Business School ist die Cheung Kong Graduate School of Business (CKGSB). Sie wurde 2002 gegründet, und zwar mit viel Unterstützung und Geld der Li-Ka-shing-Stiftung. Sie wirbt Professoren von Business Schools aus aller Welt ab, stattet sie mit gut dotierten Zehnjahresverträgen aus.

Li Haitao lehrte vorher an der University of Michigan und der Cornell University, bevor er 2013 nach China zurückkehrte. Er ist nun stellvertretender Dekan an der CKGSB und sagt: »Die amerikanischen Business Schools hatten ihren Höhepunkt vor der globalen Finanzkrise 2008. Hier, in China, beginnt gerade erst die Business Education.« Fast alle großen Business Schools dieser Welt haben deshalb inzwischen Ableger in China und vermitteln überwiegend westliche Managementmethoden.

Aber vielleicht noch wichtiger als die Inhalte sind die Kontakte, die man an den Schulen knüpft. Michael Pettis, selbst Professor an der Guanghua School of Management an der Beida, sagt: »Der große Vorteil ist, dass deine Kommilitonen später in der chinesischen Regierung, einer chinesischen Bank oder einem chinesischen Unternehmen sitzen.«

Die CEIBS hat fast 20 000 Alumnis, also Ehemalige. Der Kreis der Ehemaligen ist bei der CKGSB mit rund 7 000 Alumnis um einiges kleiner, aber dafür auch exklusiver. Darunter sind 2 500 Chairmen und CEOs von chinesischen Unternehmen, auch der omnipräsente Jack Ma von Alibaba.

Jack Ma ist inzwischen selbst in das Business-School-Business eingestiegen. Ende März 2015 startete er in seiner Heimatstadt Hangzhou mit seiner Hupan University. Hupan Garden hieß die Wohngegend, in der einst Jack Mas Apartment war, in dem er zusammen mit ein paar Kumpels den Plan für Alibaba aussheckte. Deshalb der Name Hupan University, eine sehr elitäre Kaderschmiede.

Die Aufnahmebedingungen für die Hupan University sind hart: Die Bewerber müssen mindestens drei Jahre als Gründer hinter sich haben, mehr als 30 Beschäftigte und einen Jahresumsatz von über 30 Millionen Yuan. Und damit auch alles in dem noch jungen Unternehmen korrekt zugegangen ist, müssen sie auch gleich die Steuererklärungen mitschicken.

Neben diesem umfangreichen Zahlenwerk werden noch drei Empfehlungsschreiben verlangt, darunter eines von dem elitär besetzten Direktorgremium der Uni. Erst nach Prüfung dieser Unterlagen wird man überhaupt zu Bewerbungsgesprächen eingeladen. Und auch nach diesen wird brutal gesiebt: 2017 schafften es nur 44 von über 1000 Bewerbern. Das ist selektiver als zum Beispiel an der renommierten amerikanischen Stanford University.

Jack Ma hat die Vision für seine Elite-Uni schon mal kundgetan: »Ich hoffe, dass in 20 oder vielleicht 30 Jahren mindestens 200 der 500 Top-Business-Leute in China an der Hupan University studiert haben.«

Für die Manager von Staatsunternehmen sind solche private Einrichtungen eher nichts. Sie müssen auf den Parteihochschulen pauken. Die Zentrale Parteischule liegt im Nordwesten von Beijing in der Nähe des Sommerpalastes. Eine Institution – sie besteht seit 1933. Sie bietet spezielle Unterrichtsklassen für SOE-Manager an.

Daneben gibt es seit 2006 noch die vergleichsweise junge China Executive Leadership Academy Pudong in Shanghai. Ein modernes Gebäude, entworfen von Pariser Architekten. Ein riesiger roter Tisch aus der Ming-Zeit als Eingangsportal. Dahinter auf einem 42-Hektar-Campus Wohnräume in Top-Hotel-Qualität für 800 Studenten, eine fünfstöckige Bibliothek, ein Sportzentrum und viele Unterrichtsräume. Jedes Jahr werden hier rund 10000 Bürokraten und Unternehmer in Ein-bis-Drei-Wochen-Kursen durchgeschleust. Es wird nicht nur kommunistisches Gedankengut vermittelt, sondern auch westliche Managementdenke. Dazu werden häufig Gastprofessoren aus Harvard, Wharton oder Oxford eingeladen.

Die Lehren aus West und Ost zusammen ergeben eine ganz neue Managementphilosophie.

Pragmatisch, praktisch, gut – der chinesische Managementstil

Hätte Apple-Gründer Steve Jobs auch in China erfolgreich sein Unternehmen gründen und aufbauen können?

Eine hypothetische, aber gleichwohl spannende Frage.

Xiaomi-Gründer Lei Jun hat darauf eine klare Antwort: »Wenn Steve Jobs in China gelebt hätte, wäre er nicht erfolgreich gewesen.

Er war ein skrupelloser Perfektionist. Aber die chinesische Kultur geht den mittleren Weg. Hier muss man Kompromisse machen.« Chinas Manager sind nicht so perfekt wie die Amerikaner und erst recht nicht wie die Deutschen. Ein deutsches Unternehmen bringt ein Produkt erst auf den Markt, wenn es hundertprozentig ausgereift ist, dutzendfach getestet und von fast allen für gut befunden wurde. Ein Perfektionismus, der seinen Ursprung in der deutschen Ingenieurskultur hat.

Der Chinese hingegen ist nicht »Mister 100 Prozent«. Ihm reichen – nur um mal eine ungefähre Zahl zu nennen – 80 Prozent. Man nennt das auch *Good-Enough-Standard*. Schon in einem imperfekten Stadium geht er mit seinem Produkt auf den Markt. Erkennt er, dass er Veränderungen vornehmen muss (weil es zum Beispiel der Kunde verlangt), dann reagiert er sofort. Chinesische Manager beherrschen das *Trial-and-error*-Verfahren wie kaum jemand sonst.

Sie sind wahre Meister des Pragmatismus.

Mit dieser Haltung kreieren die Chinesen einen neuen, eigenen Managementstil. Früher dachten die westlichen Manager, die teilweise in einer Kolonialherrenattitüde nach China einfielen, die chinesischen Manager würden irgendwann wie sie werden. Ihr überhebliches Motto: Denen zeigen wir, wie man Unternehmen führt, schließlich ist unser kapitalistisches diesem staatswirtschaftlichen – oder wie immer man es nennen mag – System überlegen. Ebenso sind unsere Führungsmethoden die besseren, denn schließlich sind – so war es jedenfalls damals vor mehr als einem Jahrzehnt – fast alle Fortune-500-Unternehmen aus dem Westen.

Doch genauso wenig, wie der Kapitalismus über das chinesische Modell siegte, so wenig setzte sich in China das westliche Managementsystem durch. Lenovo-Gründer Liu Chuanzhi kritisiert den westlichen Konformismus: »US-Wirtschaftsführer haben eine standardisierte und systematische Methodologie, um ihre Unternehmen zu führen. Es ist, wie nach einem Standardrezept zu kochen.«

Chinas Unternehmer werden nicht das westliche Modell übernehmen, aber Teile davon. Zhang Ruimin, Gründer des Elektrokonzerns Haier, sagte in einem Interview mit BBC: »Ich glaube daran, das Beste aus beiden Welten, der chinesischen und der westlichen, zu mischen.« Und Chen Feng, Gründer von HNA, sagt: »HNAs Corporate Culture ist eine harmonische Kombination von Ost und West. Sie hat das Wesen der traditionellen chinesischen Kultur, aber auch die westliche Managementmethode *Six Sigma*.« Das vom damaligen GE-Chef Jack Welch praktizierte *Six Sigma* soll – sehr vereinfacht ausgedrückt – in sechs Schritten die Effizienz in den Unternehmen steigern.

Huawei-Gründer Ren Zhengfei drückte es, als er nach der Huawei-Kultur gefragt wurde, so aus: »Sie ist wie eine Zwiebel mit vielen Schichten. Eine Schicht ist britische Kultur, eine andere ist chinesisch und wiederum eine andere ist amerikanisch.« Das Curriculum an der Huawei Universität, die inzwischen über 100 000 der Beschäftigten des Telekommunikationskonzerns besucht haben, zeigt die Vielfalt. Dort wird die protestantische Ethik neben dem Buddhismus gelehrt.

Es zeigt sich ein interessanter Unterschied: Die chinesischen Manager sind bereit, vom Westen zu lernen. Aber umgekehrt kämen die meisten westlichen Manager nie auf die Idee, von China lernen zu wollen. Eine arrogante Attitüde, die wir schleunigst ablegen sollten. Michael Useem, Co-Autor des Buches *Fortune Makers*, ist überzeugt: »Wir glauben, dass westliche Unternehmen viel von den neuen chinesischen Managern lernen können.«

Die Chinesen sind offener als wir, lernbereiter, vorurteilsfreier. Und risikofreudiger. Roland-Berger-Chef Charles-Édouard Bouée benennt es so: »Die Chinesen haben eine positive Haltung gegenüber dem Risiko.« Diese Haltung zeigt sich auch daran, dass sie ungewöhnliche Wege gehen, alte Gewohnheiten infrage stellen. Bei Haier krempelte zum Beispiel Chef Zhang Ruimin die Organisation radikal um, schaffte die Hierarchien ab und installierte rund 4 000 autonome kleine, teamorientierte Business-Units. Welcher deutsche Konzernchef hätte diesen Mut gehabt?

Bei Huawei wurde bereits 2012 das System des rotierenden CEO eingeführt. Ein ziemlich originäres und zudem noch demokratisches Führungsmodell. Die über 80 000 wahlberechtigten Beschäftigten (Ausländer sind nicht zugelassen) wählen 60 Repräsentanten, die wiederum den siebenköpfigen Vorstand wählen. Dabei müssen die Kandidaten für den Vorstand den 60 Repräsentanten Rede und Antwort stehen. Drei der Vorstände rotieren alle halbe Jahre als CEO, die anderen vier nicht. Management-Professor David De Cremer urteilt: »Der innovative Ansatz von Huawei zeigt, wie Führung auf höchster Ebene in der Zukunft aussehen könnte.«

Das Huawei-Beispiel zeigt auch, dass chinesische Unternehmen eine ganz andere Prioritätenliste haben als ihre Pendants im Westen. Dort heißt die Reihenfolge der Aufmerksamkeit: Aktionäre, Kunden, Zulieferer und dann kommen erst die Mitarbeiter, auch wenn viele Konzernchefs gerne das Gegenteil behaupten. In China dagegen stehen die Mitarbeiter an erster Stelle. Charles-Édouard Bouée bestätigt das: »In China kommen das Land und die Gemeinschaft (die Mitarbeiter und die Gesellschaft als Ganzes) zuerst, selbst in börsennotierten Unternehmen. Die Aktionäre sind unter ›ferner liefen‹.«

Daraus resultiert ein weiterer wichtiger Unterschied zwischen Ost und West: Viele chinesische Unternehmen denken nicht so kurzfristig wie ihre westlichen Konkurrenten. Diese sind von dem seit Anfang der 90er Jahre dominierenden Shareholder-Value-Gedanken geprägt. Sie unterwerfen sich Aktionären, die kurzfristige Erfolge sehen wollen, und frönen einem Quartalsdenken. Chinesische Manager und Unternehmer denken in anderen, viel längeren Zeiträumen. Sie ticken da nicht anders als die politischen Führer, die ebenfalls in ganz anderen Horizonten planen, weil sie sich – zugegeben – auch nicht alle vier Jahre den Wählern stellen müssen.

Huawei-Gründer Ren Zhengfei geht deshalb auch nicht an die Börse, weil er nicht an den kurzfristigen Erfolg glaubt. Sein Unternehmen plane die Entwicklung in Dekaden, sagt er. Und Wanda-Chef Wang Jianlin denkt in noch größeren Zeiträumen: »Unsere Ambition ist, Wanda zu einer Firma zu machen, die mehr als 100 Jahre lebt.«

Gedanken, die er häufig mit seinen Unternehmerkollegen austauscht.

Unternehmer auf Klassenausflug – die Netzwerke

19. Etage in einem eher unscheinbaren Bürohochhaus im Pekinger Nordwesten, irgendwo im Haidian-Bezirk. Vor der gläsernen Eingangstür steht ein künstlicher Baum. Auf die Blätter des Baumes sind Unterschriften gekritzelt. Es sind keine unbeschriebenen Blätter, die da verewigt sind. Es sind nämlich die Signaturen fast aller wichtiger Privatunternehmer Chinas. Sie alle sind Mitglied im Chinese Entrepreneur Club (CEC), der hinter der Glasfront sein Sekretariat hat. Rund 40 Personen arbeiten hier.

Man hat sich das irgendwie pompöser vorgestellt, denn schließlich ist dies hier der elitärste Unternehmerclub des Landes. 2006 gegründet hat der Club derzeit knapp 60 Mitglieder. Zum Beispiel Immobilienhai Hui Ka Yan, der reichste Chinese, oder Fosun-Chef Guo Guangchang oder Lei Jun.

Wer in diesem exklusiven Club Mitglied werden will, benötigt die Empfehlung von zwei Mitgliedern. Früher mussten die Mitglieder einstimmig für die Aufnahme neuer Mitglieder sein, heute reicht eine Drei-Viertel-Mehrheit. Lange Zeit war Liu Chuanzhi von Lenovo der Boss der Bosse, seit Mai 2016 ist es Alibaba-Gründer Jack Ma.

Der Club bietet vielfältige Aktivitäten an. Man besucht sich zum Beispiel gegenseitig, man will voneinander lernen. Als zum Beispiel der Autohersteller Geely Volvo übernehmen wollte, hat sich im Vorfeld Geely-Chef Li Shufu intensiv mit seinen Clubkollegen ausgetauscht.

Private Events sind der Daonong Salon und die Daonong Gala, die einmal im Jahr stattfindet mit rund 200 Gästen, auch aus der Politik. Es gibt ein Golfturnier (übrigens gesponsert von BMW), bei dem ein Nord-Team gegen ein Süd-Team antritt.

Wenn große ausländische CEOs nach China reisen, lädt der Club zum Breakfast, Lunch oder Dinner mit ihnen. Jeffrey Immelt (GE), John Chambers (Cisco) und Michael T. Duke (Wal-Mart) waren schon Gast. Eine kleine Truppe besuchte Virgin-Gründer Richard Branson auf dessen Necker Island in der Karibik.

Einmal im Jahr gehen sie fast alle auf große Reise. Bislang standen auf der Liste USA, Großbritannien, Frankreich, Australien, Kanada sowie Deutschland und Italien. Meist wurde ihnen der rote Teppich ausgerollt. In den USA empfing sie der damalige UN-Generalsekretär Ban Ki-moon ebenso wie Facebook-Gründer Mark Zuckerberg. In Großbritannien und Frankreich hofierten sie die ehemaligen Premierminister David Cameron und François Hollande. Nur die Bundeskanzlerin war zum Leidwesen der Wirtschaftselite Chinas verhindert, als die Delegation im Oktober 2015 durch Deutschland tourte und anschließend nach Italien weiterreiste.

Es hat fast etwas von einem Klassenausflug, wenn Chinas Bosse reisen. Ernst und Spass liegen dicht beieinander. In Deutschland besuchten sie auch den FC Bayern München. Grund für die Kameraderie, sagt Sina-Chef Charles Chao, sei, dass die Mitglieder aus verschiedenen Branchen kämen, sodass sie nicht miteinander im Wettbewerb stünden.

Der CEC ist sicher einer der prominentesten und elitärsten Clubs. Daneben gibt es das China Entrepreneurs Forum (CEF), das 2000 gegründet wurde. Zu Beginn war das CEF, was die Mitgliedschaft anbetrifft, sehr restriktiv. Heute dagegen umfasst das Forum mehrere Hundert. Jeden Winter trifft man sich im Club Med in Yabuli, einem Wintersportort in der Provinz Heilongjiang im kalten Nordosten Chinas. Wegen diesem schneereichen Ambiente titulieren die Veranstalter das Event auch gerne als das »Davos von China« in Anspielung auf das World Economic Forum in der Schweiz. Es gibt auch ein Treffen im Sommer. Das hat aber keinen festen Ort. Er wechselt jedes Jahr.

Natürlich besteht auch ein offizieller Unternehmerverband, die All-China Federation for Industry and Commerce (ACFIC). Eine sehr staatstragende und parteinahe Organisation, die bei den privaten Unternehmern keine große Rolle spielt.

Und es gibt viele lokale und regionale Vereinigungen. Zum Beispiel die General Association of Zhejiang Entrepreneurs. Vorsitzender ist seit Oktober 2015 Jack Ma (was macht der eigentlich alles?).

Zhejiang – das ist eine der Nachbarprovinzen von Shanghai und die Geburtsstätte vieler erfolgreicher Unternehmer und Unternehmen des Landes.

Zhejiang – die Provinz der Kapitalisten

Zhejiang ist eine chinesische Provinz, die südlich an Shanghai angrenzt. Sie hat rund 50 Millionen Einwohner, aber Millionen von Unternehmen. Eine irre Relation, die es sonst nirgendwo in China gibt, auch nicht in der sehr geschäftstüchtigen Südprovinz Guangdong.

Zhejiang ist einzigartig.

Hauptstadt der Provinz ist Hangzhou. Die alte Kaiserstadt ist heutzutage mit dem Hochgeschwindigkeitszug nur noch eine knappe Stunde von Shanghai entfernt. Hangzhou, inzwischen auch Weltkulturerbe, ist ein beliebtes Ziel von ausländischen, aber noch mehr chinesischen Touristen, die um den schönen Westsee flanieren.

Hier sitzen inzwischen auch große Firmen – zum Beispiel die Autofirma Geely, der Getränkekonzern Wahaha und natürlich der allgegenwärtige Alibaba-Konzern. Dank Alibaba ist Hangzhou inzwischen das Zentrum des E-Commerce in China. Eine Boomtown, die man fast in einem Atemzug mit Beijing, Shanghai und Shenzhen nennen muss. Indiz: Die Gehälter sind in Hangzhou fast so hoch wie in diesen Städten, und die Immobilienpreise auch.

Warum aber gerade Zhejiang?

Eine Episode, die gerne erzählt wird, erklärt sehr gut, wie Geschäftsleute aus Zhejiang ticken: Wenn ein Shanghainese 1 Dollar bekommt, spart er 50 Cent und investiert 50 Cent. Ein Geschäftsmann aus Zhejiang hingegen investiert den Dollar und leiht sich 50 Cent vom Shanghainesen und investiert auch diese.

Geschäftstüchtig, verschlagen, risikobereit – das sind Attribute, die man den Kaufleuten der Provinz anheftet. Ihr Ruf im restlichen China ist deshalb zwiespältig: Einerseits mag man sie wegen ihrer Raffgier-Mentalität nicht, man lästert und spottet über sie. Aber sie werden irgendwie auch wegen ihres Unternehmergeists und ihrer Risikobereitschaft beneidet.

Besonders berüchtigt in Zhejiang sind die Kapitalisten aus Wenzhou. Das hat mit der geografischen Lage der Drei-Millionen-Stadt zu tun. Wenzhou war immer eine Hafenstadt, deshalb offen Richtung Meer und handeltreibend. Vom Landesinneren ist sie durch Berge getrennt. Die Zentralregierung interessierte sich wenig für die Stadt. Die Bewohner waren quasi Selbstversorger und produzierten vieles selbst.

Kaum hatte Deng Xiaoping seine Reformen verkündet, wurde in Wenzhou 1979 zum ersten Mal eine Lizenz für eine private Firma ausgegeben. In den Familien schmissen alle Mitglieder ihr Geld zusammen und starteten Unternehmen. In den 80er Jahren zogen die Unternehmen aus Wenzhou durchs Land und boten ihre Waren an, einschließlich Kopien westlicher Marken. Später fielen sie in Busladungen und mit Koffern voller Bargeld in großen Städten ein und kauften Immobilien.

In Wenzhou standen sie immer an der Spitze der Reformbewegung. Den Flughafen der Stadt finanzierten – auch so ein Novum – die Unternehmer mit. Die erste private Fluglinie Chinas, Juneyao Airlines, hob in Wenzhou ab.

Ähnlich wie in Wenzhou tickt man in Ningbo (knapp sechs Millionen Einwohner), ebenfalls eine Hafenstadt an der Küste Zhejiangs. Seit rund zehn Jahren ist Ningbo via einer 36 Kilometer langen Brücke, eine der längsten der Welt, inzwischen mit Shanghai verbunden und hat damit auch erleichterten Zugang zu den Märkten. In Ningbo befinden sich vor allem viele Textilfirmen.

Alibaba-Gründer Jack Ma sagt über seine handelnden Landsleute aus Zhejiang: »Wir haben diese exzellenten Fähigkeiten entwickelt, weil uns nichts geschenkt wurde. Wir haben nicht wie andere Provinzen Rohstoffe wie Kohle, Erze oder was auch immer. Wir Unternehmer in Zhejiang haben Märkte.«

Wer die Händlermentalität live erleben will, muss nach Yiwu fahren, rund 110 Kilometer südlich von Hangzhou. Was man dort sehen kann, ist einmalig, gigantisch und nur schwer zu beschreiben. Dort befindet sich der größte Marktplatz der Welt. Rund

62000 Läden stehen dort dicht an dicht in diversen Hallen, die zusammen eine Fläche von 750 Fußballfeldern ergeben. Hier kann man alles in großen Mengen kaufen, was China produziert. Was bei Butlers, Depot oder Tchibo in den Regalen liegt, wurde zum größten Teil in Yiwu eingekauft. Es gibt hier Restaurants aus aller Welt für die Einkäufer aus aller Welt. Vor allem aus Afrika und dem Nahen Osten. Allein aus dem arabischen Raum kommen jedes Jahr 200000 Händler. Von Yiwu gibt es inzwischen direkte (Güter-)Zugverbindungen nach Spanien, den Iran und Afghanistan.

Yiwu ist nebenbei noch die globale Sockenhauptstadt, weil dort Dutzende von Firmen Socken für die ganze Welt herstellen. In ganz Zhejiang gibt es noch viele andere solcher sogenannten Clusterstädte, die nur ein Produkt herstellen. Es gibt Orte, die nur Krawatten, Nähmaschinen, Holzspielzeuge oder Feuerzeuge produzieren, aber dann gleich in solchen Mengen, dass sie den Weltmarkt damit überschwemmen.

Logisch, dass viele Unternehmer aus Zhejiang in der Reichenliste von Rupert Hoogewerf auftauchen.

Der Engländer, der sie alle kennt

Einer kennt fast alle Topunternehmer Chinas: Rupert Hoogewerf. Und alle kennen ihn.

»Er ist sicher der bekannteste Ausländer in China«, sagt Titus von dem Bongart, Chef des Deutschland-Desk von EY in Shanghai. Er kennt Hoogewerf schon lang, arbeitete vor über 20 Jahre mit ihm bei der Wirtschaftsprüfergesellschaft Arthur Andersen in Shanghai zusammen.

Hoogewerf bestätigt Bongarts Einschätzung ohne jeden Anflug von Arroganz, auch wenn es erst mal so klingt. Er ist eher der nette Schwiegersohn-Typ, der stets gut gelaunt auf die Leute zugeht.

Der in Luxemburg geborene Engländer lebt seit über 20 Jahren in Shanghai, nachdem er zuvor Chinesisch und Japanisch an der Durham University studiert hatte. Er erstellte zu Beginn seiner Zeit in Shanghai – neben seiner Tätigkeit für Arthur Andersen – für das amerikanische Wirtschaftsmagazin *Forbes* die Liste der reichsten Chinesen. Vier Jahre lang, von 1999 bis 2003. Dann wollten es die Amerikaner selber übernehmen und verabschiedeten Hoogewerf.

Hoogewerf revanchierte sich auf seine Art und gab seine eigene Liste heraus. Inzwischen ist sein Ranking längst das anerkanntere und bekanntere als das von *Forbes*. Seine Liste heißt Hurun-Report. Hurun ist sein chinesischer Name. Unter seinem Namen Hoogewerf kennt ihn hier niemand.

Sein Unternehmen heißt deshalb Hurun Report, inzwischen ist es zum kleinen Medienimperium angewachsen. Er ist Chairman & Chief Researcher – so steht es auf seiner Visitenkarte.

Auf der 18. Etage in einem Gebäude, das treffenderweise Enterprise Center heißt, in der Nähe des Shanghaier Bahnhofs, residieren er und seine inzwischen rund 270 Mitarbeiter.

Er gibt inzwischen mehrere Listen heraus: ein Philanthropen-Ranking der spendabelsten Unternehmer, eine Tabelle der am besten verdienenden chinesischen Künstler.

Doch die prominenteste ist die Reichenliste der Chinesen. Sie hieß manchmal auch die Totenliste. Denn die Liste wird natürlich auch sehr genau von den Finanzbehörden studiert. Und da konnte es schon mal vorkommen, dass sich der ein oder andere Unternehmer unangenehme Fragen gefallen musste und im schlimmsten Falle von der Liste und der Bühne verschwand. Immer wieder gab es Fälle, wo die Milliardäre baten, sie doch bitte von der Liste zu entfernen. Huawei-Gründer Ren Zhengfei zum Beispiel bombardierte Hoogewerf mit Briefen von Anwälten. Doch für die meisten ist es eine Ehre, auf der Liste zu erscheinen. Sie sind ziemlich stolz auf ihren Reichtum und wollen ihn auch zeigen. Da tickt der Chinese wie der Amerikaner und nicht wie der eher neidische Deutsche.

Wie er an die Daten kommt? Da schmunzelt er nur und sagt: »Betriebsgeheimnis«. Ganz am Anfang telefonierte er noch die Bosse selbst ab und wunderte sich, wie offen viele gegenüber einem neugierigen unbekannten Ausländer waren. Inzwischen hat er gute (chinesische) Rechercheure in seiner Truppe. Und er ist – und das ist kein Geheimnis – exzellent verdrahtet. Er ist bei vielen Events der chinesischen Business-Elite dabei. Er geht mit ihnen auf exklusive Reisen. Aber noch mehr schätzt er das Privatissime mit den Herren und wenigen Damen. Zum Beispiel im The House of Roosevelt. Direkt am Bund in Shanghai gelegen, Hausnummer 27. In dem Prachtbau gibt es teure Restaurants und eine tolle Roof-Bar mit Blick über den Fluss auf die schon legendäre Pudong-Skyline. Doch in das Etablissement auf der dritten Etage kommt niemand Unbefugtes rein. Members only. Rund 100 Mitglieder – meist sind es Wirtschaftsbosse oder Stars wie der ehemalige Basketballgröße Yao Ming, der inzwischen auch als Unternehmer und Venture-Capitalist unterwegs ist – hat dieser exklusive Club. »Ich bin der einzige Nicht-Chinese«, sagt Hoogewerf.

Und unter den Mitgliedern ist sicher auch das ein oder andere Parteimitglied.

Die Partei ist immer dabei

In fast allen chinesischen Firmen schmücken die Eingangshallen, die Lobbys oder die Besucherzentren Fotos der Unternehmenschefs mit bedeutenden Persönlichkeiten aus dem In- und Ausland. Besonders beliebt und prominent platziert sind natürlich Fotos von Besuchen der aktuell führenden Politiker des Landes: Staatspräsident und KP-Chef Xi Jinping sowie Premierminister Li Keqiang.

Der Internetkonzern Alibaba macht da keine Ausnahme. Auf der siebten Etage im Gebäude Nummer sieben des weitläufigen Campus, wo häufig Empfänge und sonstige repräsentative Veranstaltungen stattfinden, hängen rund 15 Fotos von Firmengründer Jack Ma mit meist politischen Gästen. Mittendrin Jack Ma und Xi Jinping, in offensichtlich lockerer Stimmung und lächelnd.

Trotz dieser scheinbaren Harmonie: Unternehmer und Politiker – das ist keine einfache Beziehung in diesem System, in dem die herrschende Partei sich kommunistisch schimpft. Jack Ma definiert das Verhältnis auf seine Weise: »Verliebe dich in die Regierung, heirate sie aber nicht – respektiere sie.« Und Wanda-Chef Wang Jianlin gab die Parole aus: »Sei nahe an der Regierung, aber entfernt von der Politik.« Der Immobilien-Tycoon macht sich keine Illusionen: »Wenn einer sagt, er könne in diesem Business die Regierung ignorieren, dem sage ich: Das ist unmöglich.«

Auch private Unternehmen sind in diesem Lande nicht wirklich privat. Auch wenn der Staat nicht an ihnen beteiligt ist, ist der Arm des Staates lang. Er kann jederzeit zuschlagen, durch Gesetze, Verordnungen oder schlicht Willkür, schließlich ist China ja kein Rechtsstaat. Er kann – eher subtil – die Steuerbehörden auf unliebsame Unternehmen hetzen, und er kann die Staatsbanken anweisen, ihnen den Kredithahn zuzudrehen.

Es ist kein einfaches Verhältnis zwischen Unternehmen und Staat. Die Eliten von Staat, Partei und Unternehmen befinden sich in einer »privat-öffentlichen Wachstumskoalition«, sagt der Bremer Politikwissenschaftler Tobias ten Brink. Im Klartext: Unternehmer und Politiker sind aufeinander angewiesen. Die Politiker oder Parteiführer – was ja in dem System identisch ist – brauchen den Erfolg der privaten Unternehmer, denn diese garantieren Wachstum und Beschäftigung. Und diese wiederum legitimieren das politische System. Denn sollte es zu gravierenden Einbrüchen beim Wachstum und damit auch bei der Beschäftigung kommen, hätte die herrschende Partei schnell ein großes Problem: Das Vertrauen und die Gefolgschaft der Bevölkerung wäre dahin. Soziale Unruhen wären die Folgen.

Insofern ist die Partei auf die Unternehmen angewiesen. Das ist freilich kein Freibrief für diese. Erwartet wird auch von den privaten Unternehmen Goodwill. Damit der Staat einem gewisse Freiheiten lässt, muss man ihm halt manchmal einen Gefallen tun.

Bestes Beispiel: Die beiden Internetkonzerne Alibaba und Tencent beteiligten sich im Sommer 2017 an der staatlichen Telekomgesellschaft China Unicom, der schwächsten der drei großen Telekomgesellschaften. Unternehmerisch oder strategisch machte das für die beiden Firmen keinen großen Sinn, aber der Staat oder die Partei konnte die Beteiligung als erfolgreiche Privatisierung verkaufen. Erwartet wird vom Staat auch, dass die Internetkonzerne ihm die Daten liefern, damit dieser sein gigantisches Orwellsches Überwachungssystem Social Credit System installieren kann.

Neben diesen informellen Gefälligkeiten müssen Unternehmen auch formale Wünsche der Partei erfüllen. Denn nach den Statuten der KP muss in jeder Organisation ein Parteikomitee gegründet werden. Das gilt auch für private Unternehmen. Doch wurde dieses Verdikt in der Vergangenheit ziemlich lasch gehandhabt. Bis Xi Jinping an die Macht kam. Er dehnte den Einfluß der Partei immer weiter aus – auch immer mehr hinein in die privaten Unternehmen.

Selbst so scheinbar hippe Unternehmen wie der Smartphone-Hersteller Xiaomi hat in seinem Headquarter in Beijing Mitte 2015 ein Parteikomitee gegründet. Zur Gründung erschien Firmenchef Lei Jun persönlich. Das Unternehmen hatte zu dem Zeitpunkt 104 KP-Mitglieder. In allen großen Internetunternehmen sind inzwischen Parteikomitees installiert. Bei Tencent sind sage und schreibe rund 7 000 Beschäftigte KP-Mitglied, 60 Prozent davon sollen Schlüsselpositionen innehaben.

Tencent-Boss Pony Ma ist natürlich auch wie viele andere große Privatunternehmer Mitglied der Partei. Beim jährlich tagenden Nationalen Volkskongress stellen inzwischen Unternehmer und Manager einen nicht unbedeutenden Teil der Delegierten. 2017 waren rund 20 Prozent der 3 000 Delegierten Leute aus der Wirtschaft, darunter eben auch Pony Ma, Robin Li (Baidu) und Lei Jun (Xiaomi).

Haier-Chef Zhang Ruimin ist schon seit den 70er Jahren in der KP, Anfang der 2000er Jahre war er sogar Mitglied im Zentralkomitee. Er war auch Sekretär des obligatorischen Parteikomitees in seinem Unternehmen. »Ich ernannte mich selbst zum Parteisekretär von Haier. Dann kann ich keine Konflikte mit mir selbst haben, oder?«, erklärte der Firmenboss einst Richard McGregor, dem Autor des Buches *The Party*.

Die roten Bosse 39

Haier hat sich mit dieser Konstellation ganz an die der Staatsunternehmen angepasst. Da sitzen die Leiter der Parteikomitees auch ganz oben und sind in der Regel die Vorsitzenden des jeweiligen Unternehmens.

In China wächst eine neue, international denkende und handelnde Managergeneration heran. Sie ist selbstbewusster als zum Beispiel die der Japaner und Koreaner, nicht zuletzt, weil sie einen starken Staat im Rücken hat. Die chinesischen Manager kennen beide Welten, die östliche und die westliche, weil sie meist in beiden ausgebildet wurden. Sie denken viel strategischer und deswegen längerfristig – im Gegensatz zu ihren westlichen Konkurrenten. Mit dieser Denkweise wird auch die herrschende westliche Führungsphilosophie, die allzu sehr auf kurzfristige Erfolge fixiert ist, herausgefordert.

Zweites Kapitel
OHNE RÜCKSICHT AUF VERLUSTE – die staatlichen Giganten und ihre politische Agenda

»Wir sollten die Unternehmen des Staates noch größer, besser und stärker machen.«

Staatschef Xi Jinping

Offiziell wird China von einer Kommunistischen Partei beherrscht. Viele denken deshalb, das Wirtschaftssystem sei ein staatlich gelenktes. Der Staat oder die Partei bestimmen, und die Unternehmen führen deren Befehle aus. Wie einst in der Sowjetunion oder in ihren osteuropäischen Satellitenstaaten. Doch so einfach ist es in China nicht.

Chinas Wirtschaft ist keine lupenreine Kommandowirtschaft, sondern ein Mischsystem, ein sehr hybrides Gebilde, wie es sonst nirgendwo auf der Welt gibt oder jemals gegeben hat. Der Bremer Politikprofessor und China-Experte Tobias ten Brink nennt es eine »eigentümliche Spielart des Kapitalismus – eines marktliberalen, wettbewerbsfähigen Staatskapitalismus«.

Es gibt nach wie vor eine starke Staatswirtschaft, aber eine noch viel stärkere Privatwirtschaft. Und innerhalb der Staatswirtschaft gibt es die unterschiedlichsten Konstellationen – Monopole, Duopole, Oligopole und sogar Konkurrenz. Es gibt Branchen, wo ein staatlicher Monopolist den ganzen Markt beherrscht wie zum Beispiel China Tobacco die Tabakindustrie.

In anderen Branchen wiederum dominiert ein staatliches Oligopol, also wenige Unternehmen, die sich gegenseitig kaum ernsthafte Konkurrenz machen. Banken, Luftfahrt, Telekom oder Energie sind solche Bereiche. Und dann gibt es Branchen, wo staatliche Unternehmen fast gar keine Rolle spielen, wo private Unternehmen Marktführer sind, wie zum Beispiel im Handel, in der Logistik oder in der neuen Internetwelt.

Staatsunternehmen sind trotzdem noch eine starke wirtschaftliche Macht, auch wenn sie in den vergangenen Jahrzehnten relativ an Bedeutung verloren haben. Immerhin noch 30 Prozent der chinesischen Industrieproduktion und der Investitionen stammen von ihnen. Sie beschäftigen rund 60 Millionen Menschen und tragen 20 Prozent zum Steueraufkommen bei. Arthur R. Kroeber, einer der besten Kenner der chinesischen Wirtschaft, schätzt, dass die Staatsunternehmen – nach dem englischen Ausdruck *State-Owned Enterprises*, oft als SOE abgekürzt – immer noch ungefähr 35 Prozent zum Bruttosozialprodukt beisteuern.

Es sind gigantische Weltkonzerne mit Hunderttausenden von Beschäftigten und dreistelligen Milliardenumsätzen: Der Stromversorger State Grid, der Ölkonzern Sinopec, die Bank ICBC, der Telekomanbieter China Mobile.

Die großen Staatsfirmen sind im Besitz der Zentralregierung. Sie werden von der staatlichen Aufsichtsbehörde SASAC gesteuert. Ihre Zahl beträgt knapp 100. Und dann gibt es noch die weit über 100 000 Unternehmen in Besitz der Provinzen und Kommunen.

Allen ist gemein: Sie sind keine reinen Wirtschaftsunternehmen. Gewinn und Rendite sind für sie nicht die alles entscheidenden Kennziffern, nach denen sie ihr Handeln und ihre Strategien ausrichten. Die Staatsunternehmen haben immer auch politische Funktionen. Sie sind ein Zwitterwesen. Einerseits Gewinnmaximierer, andererseits Befehlsempfänger von Partei und Regierung.

Auf den Schreibtischen der wichtigsten Bosse stehen rote Telefone, die nur eine vierstellige Nummer haben. Es ist der direkte Draht ins Regierungsviertel Zhongnanhai. Dort wird dann mal eben angeordnet, dass die Staatsunternehmen rund 300 000 Soldaten übernehmen sollen, die durch die Modernisierung der Volksbefreiungsarmee freigesetzt werden. Oder sie sollen im Rahmen der Seidenstraße-Initiative rund 100 Milliarden Dollar in Zentralasien investieren.

In diesem Dilemma müssen die SOEs überleben: nationales Interesse versus wirtschaftlicher Effizienz. Letztere leidet darunter. So lagen 2016 die Vermögensrenditen bei den SOEs mit 2,9 Prozent deutlich unter den 10,2 Prozent für private Unternehmen. Die Zahlen wären noch schlechter, wenn die SOEs nicht gehätschelt würden. Für Land und Strom müssen sie keine Marktpreise bezahlen. Günstige Kredite bekommen sie von den Staatsbanken.

Hinzu kommt ein struktureller Nachteil der SOEs: Sie sind meist in Branchen der Schwerindustrie unterwegs. Die benötigte man beim industriellen Aufbau des Landes. Und in dieser Zeit haben viele SOEs glänzend verdient. Aber jetzt sitzen sie auf Überkapazitäten. Jetzt, wo sich das chinesische Modell mehr Richtung Konsum und Dienstleistung wendet, haben die SOEs nicht viel zu bieten. Sie profitieren nicht sonderlich von der zunehmenden Kauflust der größer werdenden Mittelklasse. Sieht man von den Autoherstellern und dem Nahrungsmittelkonzern Cofco ab. Auch im boomenden Internetsektor stehen sie außen vor.

Deshalb ist es keine Frage: Die SOEs müssen reformiert werden. Aber eine Privatisierung steht nicht an. In Chinas Führung hat man sehr genau das russische Modell der Privatisierung in den 90er-Jahren studiert, wo sich ein paar Oligarchen die Filetstückchen der russischen Wirtschaft stibitzten. Das sei kein Vorbild für sie, befand Chinas Führung zu Recht und hält an den Staatsunternehmen fest. Xi Jinping gab schon im März 2014 die Richtung vor: »SOEs sollten unterstützt und nicht abgeschafft werden.« Er sprach von Reformen, meinte aber damit vor allem Mega-Mergers und die Bildung von nationalen Champions.

Chinas Giganten werden also noch größer.

Die Mammutbehörde SASAC

Die großen chinesischen Staatsunternehmen sind so etwas wie ein geschlossener Klub. Geführt und gelenkt werden sie von einer Organisation namens SASAC, die die Unternehmensberatung Boston Consulting Group (BCG) einmal treffend als »die mächtigste Organisation, von der Sie noch nie etwas gehört haben«, bezeichnete. Sie beaufsichtigt Unternehmen, die zusammen 3,6 Billionen Dollar Umsatz machen. Das ist einmalig auf der Welt.

Die Initialen SASAC stehen für State-Owned Assets Supervision and Administration Commission. Sie ist die Schaltzentrale der China Inc. und direkt dem Staatsrat unterstellt, Sie hat ihren Sitz natürlich in Beijing, wie auch drei Viertel der großen Staatsunternehmen. Die Zahl ihrer Mitarbeiter gilt als geheim, Insider schätzen sie jedoch auf nicht mehr als 800.

Der Bremer Politikprofessor Tobias ten Brink sagt: »Die SASAC ist keine klassische Planbehörde.« Sie beaufsichtigt, kontrolliert und sanktioniert. Drei Beispiele aus dem Alltag der SASAC:

- Wenn die Schulden zu hoch sind, schreitet sie ein. Dabei definiert sie, wann die Schulden zu hoch sind, wenn nämlich der Verschuldungsgrad über 70 Prozent liegt.
- Die Kohleindustrie ist neben Stahl und Zement eine der Branchen, die massive Überkapazitäten haben. Deshalb hat die SASAC im Juli 2016 seinen Kohlefirmen befohlen, in den nächsten zwei Jahren die Kapazitäten um 10 Prozent und in den folgenden fünf Jahren um 15 Prozent zu reduzieren.
- Bei Auslandsinvestitionen redet die SASAC auch mit. Im Januar 2017 erstellte sie eine Negativliste von Branchen, in denen die SOEs gefälligst nicht investieren sollen. Außerdem sind die SOEs angehalten, weitere Investoren – auch private – mit ins Boot zu nehmen, wenn sie im Ausland investieren.

Die SASAC wurde 2003 gegründet. Sie war eine Folge der Reform des Staatssektors, bei der die großen SOEs unter die Fittiche der SASAC kamen. Damals waren das 196 Unternehmen, jetzt sind es knapp unter 100. Das heißt nicht, dass die SASAC einige aus dem staatlichen Besitz entlassen, also privatisiert, hat. Die Reduzierung gelang vielmehr durch Zusammenschlüsse. Diese Strategie wird weiterverfolgt. Die SASAC will die Zahl noch weiter reduzieren.

Lange Zeit gab es eine interne Diskussion über die Rolle der SASAC. Man studierte sehr genau das singapurianische Modell Temasek. Via Temasek hält der Staat in Singapur als größter Aktionär Anteile an Unternehmen wie Singapore Telecommunications, der DBS Group (Südostasiens größte Bank) und Singapore Airlines. In diesem Modell aber beschränkt sich die Regierung auf ihre Rolle als Aktionär, der Dividenden kassiert. In das Tagesgeschäft mischt sich die Führung von Temasek nicht ein, sondern überlässt es den Managern der Unternehmen, die frei von politischen Einflüsterern agieren können. Das Temasek-Modell ist ein Mittelweg zwischen einer vollständigen Privatisierung und direkter staatlicher Einflussnahme.

Es gab regelmäßigen Gedankenaustausch zwischen der SASAC und Temasek, sagt Chu Xuping, der das Forschungszentrum von SASAC leitet. Doch die unternehmerischen Freiheiten, die Temasek seinen Firmen gewährte, gingen der chinesischen Führung dann doch zu weit. Gemeinsam verwarfen Finanzministerium und Sasac das Modell Temasek. Sie entschieden sich für die kurze Leine statt der langen.

Chef der Mammutbehörde ist seit Februar 2016 Xiao Yaqing (1959). Ein Ingenieur, ein Technokrat. Seit 1981 ist er Mitglied der KP, zuletzt arbeitete er im Staatsrat, davor sammelte er unternehmerische Erfahrungen als Chairman des Aluminiumkonzerns Chinalco. Er hat sein gesamtes wirtschaftliches Leben in der Aluminiumindustrie verbracht. Richard McGregor nennt ihn in seinem Buch *The Party* einen smarten, aggressiven Geschäftsmann.

Wie er tickt, erfuhr man in einem Aufsatz für *Study Times*, der Theoriezeitschrift der KP. China müsse den irrigen Ideen von Privatisierung widerstehen. Das Ziel müsse es sein, »innovative und global wettbewerbsfähige multinationale Konzerne« zu kreieren. Man müsse die SOEs stark und groß machen.

Manche sind freilich jetzt schon groß, aber nicht alle stark.

Die Monopolisten –
hoch profitabel, tief verschuldet

Es ist immer ein irres und ungewohntes Bild, wenn man in einem chinesischen Kiosk vor der Auslage der vielen Zigarettenschachteln steht. Eine solch bunte Vielfalt an durchaus schönen

Verpackungsdesigns gibt es nirgendwo auf der Welt. Und dann noch diese wahrheitswidrigen und verheißungsvollen Namen wie zum Beispiel Double Happiness.

Das sieht nach heftigem Wettbewerb um die schrumpfende Schar der chinesischen Raucher aus. Doch das trügt. All diese Schachteln kommen aus den Fabriken eines Unternehmens – der China National Tobacco Corporation, im Folgenden China Tobacco genannt.

Das Unternehmen ist Monopolist in China und der größte Tabakkonzern der Welt. Er produziert ein Drittel aller Zigaretten, die auf dem Globus geraucht werden. In seinen Fabriken arbeiten über 500 000 Beschäftigte in allen Provinzen außer Tibet. Er ist ein großer Steuerzahler, trägt rund 10 Prozent des gesamten Steueraufkommens. Und ist auch noch enorm profitabel. Er macht so viel Gewinn wie die globalen Tabakkonzerne BAT (British American Tobacco) und Altria (früher: Philip Morris) zusammen.»Es gibt keine wertvollere Lizenz zum Gelddrucken in der Welt als Tabakmonopolist in China zu sein«, schreibt Peter Fuhrmann, Gründer der Investmentbank China First Capital in Shenzhen.

Das war nicht immer so: In der ersten Hälfte des 20. Jahrhunderts dominierte in China die britische BAT. Daneben gab es noch ein paar lokale Hersteller. Dann musste 1953 BAT das Land verlassen. Die Tabakindustrie wurde verstaatlicht. 1982 wurde China Tobacco gegründet. Ausländer durften nur in Form von Joint Ventures ins Land – wie in der Autoindustrie. So schafften es immerhin Camel, Marlboro, Mild Seven und West in die chinesischen Kioske.

Doch nach 2006 durften keine neuen Fabriken mehr gebaut werden, auch keine Joint Ventures wurden mehr genehmigt. Die Zahl der Fabriken und Marken wurden drastisch reduziert. Von 2 000 Marken (!) Ende der 90er Jahre auf weit unter 100 derzeit. Man will schlanker und effizienter werden und auch Marken für den Export kreieren. Noch sind die Exporte relativ gering, machen nur rund 5 Prozent vom Umsatz aus. Aber Experten schätzen, dass China Tobacco in den kommenden Jahren auf den Auslandsmärkten aktiver sein wird. Auch Übernahmen sind im Gespräch, denn Geld hat der Konzern ja genug.

Das Ausland wird attraktiv, weil es im Inland Probleme gibt. Da ist zum einen China Tobacco ein Opfer der Antikorruptionskampagne. Denn Luxuszigaretten waren ein beliebtes Geschenk für die Kader – vor allem die Zhonghua, einst Maos Lieblingsmarke, in ihrer knallroten Packung.

Zweites, größeres Problem für China Tobacco: In China rauchen immer weniger Menschen. Was vor wenigen Jahren undenkbar war, wird jetzt durchgesetzt: Rauchverbote.

»Rauchen ist nicht erlaubt«, schallt es immer und immer wieder erst in Chinesisch, dann in Englisch aus dem Lautsprecher des Schnellzugs. Bei Zuwiderhandlung drohe Strafe. Der kontrollierende Bahnpolizist fährt mit, vorne im ersten Wagen, Sitz 1A.

Aber natürlich nicht deshalb, weil die Raucher nicht mehr Bahn fahren, hat China Railway, ein anderer Monopolist, ein Defizit. Über 700 Milliarden Dollar Schulden schiebt das Unternehmen vor sich her. China Railway ist quasi die Deutsche Bahn von China. Nur viel, viel größer. Sie hat 2,1 Millionen Beschäftigte. Das Streckennetz ist 124 000 Kilometer lang, davon sind allein 20 000 Kilometer für die Hochgeschwindigkeitszüge. Aber genau da liegt das Problem. Dieses Netz auf die Schienen zu stellen, hat enorme Summen verschlungen, fast alle Trassen mussten neu gebaut werden. Diese Milliarden werden auf absehbare Zeit nie und nimmer durch den Verkauf von Tickets wieder reingeholt werden können. Profitabel ist außer Beijing–Shanghai keine Strecke. Aber das ist eben China: Der Staat gleicht die Miesen aus.

Das gilt auch für den ein oder anderen Oligopolisten.

Strom und Sprit – die Märkte der Oligopolisten

New Poly Plaza, Beijing. Ein modernes Bürogebäude am östlichen zweiten Ring. Eine Gegend, wo viele Staatskonzerne ihren Sitz haben. Die Ölkonzerne, die Banken. Doch das New Poly Plaza ist schon etwas Besonderes, architektonisch von außen, aber auch innen auf den insgesamt 24 Etagen. Auf der dritten

Etage gibt es ein Museum. Hier werden auch Kunstwerke versteigert. Weiter oben residieren – legale – Waffenhändler, die Raketen und anderes schweres militärisches Gerät verkaufen.

In dem Gebäude hat die China Poly Group Corporation ihren Sitz, eines der knapp hundert großen Staatsunternehmen. Die Poly Group ist ein Mischkonzern mit recht unterschiedlichen Interessen: weltweit drittgrößter Kunstauktionator (nach Sotheby's and Christie's), Immobilienhändler, aber eben auch Lieferant von Waffen.

Mit dieser Bandbreite ist Poly Group eher eine Ausnahme unter den SOEs. Die meisten sind auf eine Industrie fixiert. Meist sind es Branchen, die vom Staat als strategisch eingestuft werden. Banken, Verkehr zu Lande wie in der Luft, Telekom und Energie. Rüstung sowieso. In diesen Branchen haben die staatlichen Oligopolisten teilweise Marktanteile von bis zu 80 Prozent.

Strom: Beim Strommarkt muss man unterscheiden zwischen Erzeugung und Verteilung. In China sind die beiden getrennt. Bei der Stromerzeugung sind fünf Konzerne führend: Huaneng, Huadian, Datang, Guodian und State Power Investment. Übrigens sind alle unter den Fortune-500-weltgrößten Konzernen platziert. Bei der Verteilung dominiert eindeutig State Grid, der zweitgrößte Konzern der Welt, mit 315 Milliarden Dollar Umsatz und 1,5 Millionen Beschäftigten. Daneben gibt es noch die kleinere China Southern Power Grid.

Benzin: Sinopec (China Petroleum & Chemical Corporation) und China National Petroleum Corporation (CNPC) sind die beiden großen Ölkonzerne Chinas. Sie fördern Öl, und sie verkaufen Benzin. Sinopec und die CNPC-Tochter Petrochina beherrschen den Tankstellenmarkt und liefern sich inzwischen sogar Preiskämpfe.

Luftfahrt: Hier dominieren drei große Fluglinien – Air China mit Sitz in Beijing, China Eastern Airlines in Shanghai und China Southern Airlines in Guangzhou. Alle drei haben inzwischen ein umfassendes Netz an internationalen Routen und sind

Mitglieder der großen globalen Allianzen. Air China ist schon lange Mitglied der einst von der Lufthansa mitinitiierten Star Alliance, China Eastern und China Southern gehören zum Air France-KLM dominierten SkyTeam. Nachdem sie in den vergangenen Jahren massiv ihre internationalen Routen ausgebaut haben, sind die drei jetzt in einer Konsolidierungsphase, zumal auch die innerchinesischen Flüge profitabler sind.

Telekom: Auch hier beherrschen drei Firmen den Markt – China Mobile, China Unicom und China Telecom. Sie bieten in dem Riesenland zuverlässigen Service zu vernünftigen Preisen, jedenfalls sind die Tarife günstiger als in den USA. China Mobile ist unter den drei mit Abstand das profitabelste Unternehmen. Sein Gewinn ist viermal größer als der von China Telecom und Unicom zusammen. Anfang März 2017 forderte Ministerpräsident Li Keqiang die Telekom-Industrie auf, ihre Dienste zu verbessern und ihre Tarife zu senken. Zum 1. September 2017 verkündeten alle drei eine Tarifsenkung. Ein Musterbeispiel dafür, wie sehr die SOEs als Befehlsempfänger funktionieren.

Die Oligopolisten, aber nicht alle, verdienen gutes Geld und liefern es in Beijing ab. Kerry Brown, Professor am King's College in London, sagt:»Die SOEs sind die ATM der Zentralregierung«. Eine Cash-Maschine, die zuverlässig Jahr für Jahr Geld ausspuckt.

Eines der erfolgreichsten staatlichen Oligopole gibt es in der Bankenwelt. Vor allem die ICBC.

ICBC –
hinter den Kulissen der weltgrößten Bank

Welches ist die wertvollste Bank der Welt? Die meisten würden auf einen der Giganten an der Wall Street tippen – JP Morgan Chase, die Bank of America oder die Citibank. Falsch. Es ist eine Bank, von der selbst wirtschaftlich Interessierte wahrscheinlich noch nie etwas gehört haben: die ICBC. Hinter den Initialen, die englisch ausgesprochen wie die australische Rockband AC/DC klingen, steckt mit vollem Namen die Industrial and Commercial Bank of China. Die Marke ist knapp 50 Milliarden Dollar wert, sagen die Experten der Marketingagentur Brand Finance, die alljährlich die Hitliste Banking 500 aufstellen.

ICBC – ein Gigant mit rund 450 000 Mitarbeitern und rund 17 500 Filialen, 6 Millionen Geschäftskunden, 500 Millionen Privatkunden.

Die ICBC hatte über zehn Jahre – bis zum Mai 2016 – einen charismatischen Chef: Jiang Jianqing. So lange war keiner der anderen Bankenbosse an der Spitze. 1953 geboren, erlebte Jiang in seiner Jugendzeit die Wirren der Kulturrevolution am eigenen Leibe. Er erinnert sich noch sehr gut, wie er sich als 17-Jähriger tränenreich von seinen Eltern am Shanghaier Bahnhof verabschieden musste. Während Gleichaltrige im Westen studieren konnten, arbeitete er als Bauer und Kohlekumpel.

Nachdem er die harten Zeiten der Kulturrevolution überlebt hatte, fing er 1979 als Buchhalter bei der People's Bank of China, der Zentralbank, in Shanghai an. Später wechselte er dann zur ICBC, deren Chef er schließlich 2005 wurde. Die Bank hatte damals 570 000 Beschäftigte, viele davon waren schlecht ausgebildet, und es gab darunter auch viele Ex-Militärs. Jiang gelang die nicht einfache Aufgabe des Personalabbaus in einem kommunistischen Land. Für den großen Rest wurden in ganz China Trainingscenter installiert. Relativ ungewöhnlich auch für träge Staatsbanken: In verschiedenen Filialen wurden die Beschäftigten aufgefordert, in sogenannten Feldversuchen neue Produkte zu testen und das Feedback der Kunden zu sammeln.

Lu Xiongwen, Dekan der School of Management an der Fudan Universität in Shanghai, urteilt: »Jiang war ein Banker mit visionärem Blick und einem innovativen Spirit.« Er hat zum Beispiel bei der ICBC das Risikomanagement – eine Schwachstelle in fast allen chinesischen Banken – ausgebaut. Er führte zwölf Klassen von Krediten ein, gestaffelt nach ihrem Risiko. Das war weit mehr als die Regulierungsbehörde vorgeschrieben hat. Und er investierte in Technologie. Unter Branchenkennern gilt die ICBC als führend bei der Implementierung von IT-Systemen. Immerhin arbeiten rund 3 000 Leute in der IT-Entwicklung bei der

ICBC. Das trug dazu bei, dass die Bank heute sehr solide dasteht und als Benchmark für andere Kreditinstitute des Landes gilt.. Fraser Howie, Co-Autor des Buches *Red Capitalism*: »Unter seiner Führung hat sich die ICBC von der größten bankrotten Bank der Welt zur größten Bank der Welt entwickelt.« Um das Jahr 2000 lag die Rate der Non-Performing-Loans (NPL) offiziell bei 34 Prozent (inoffiziell bei knapp 50 Prozent). Heute beträgt der Anteil der faulen Kredite an der gesamten Summe der vergebenen Kredite der Bank bei 1,6 Prozent.

Die ICBC ist sicher – zusammen mit der Bank of China – auch die internationalste Bank des Landes. Während die Bank of China aber auf eigene Filialen setzt – allein in Deutschland ist sie an fünf Standorten vertreten –, ist die ICBC eher auf behutsamem Akquisitionskurs. So ist sie zum Beispiel an der südafrikanischen Standard Bank, der größten Bank des Kontinents, oder der US-Tochter der Bank of East Asia beteiligt. Doch die immer noch laufenden Ermittlungen spanischer Behörden wegen Unterstützung von Geldwäsche in Europa kratzen allerdings etwas am Image der sonst so erfolgreichen Bank.

Zuletzt verdiente übrigens Jiang Jianqing, der Chef der wertvollsten Bank der Welt, umgerechnet 81 000 Dollar. Nur so zum Vergleich: Jamie Dimon, Chef der JP Morgan Chase, kam zur selben Zeit auf ein Jahresgehalt von 27 Millionen Dollar.

Die großen Staatsbanken und der kleine Rest

Lange Zeit gab es in der Volksrepublik China nach deren Gründung im Jahre 1949 nur eine Bank – die People's Bank of China (PBOC). Sie war alles in einem – Zentralbank und Geschäftsbank. Daneben gab es nur noch die Bank of China, über die die wenigen Außenhandelsgeschäfte des abgeschotteten kommunistischen Staates abgewickelt wurden.

Erst nach 1978, zu Beginn der Reformära, bildete sich ein neues Bankensystem heraus. Die People's Bank of China wurde auf die Rolle einer Zentralbank reduziert. Eine Rolle, die sie heute noch hat. Und nach und nach wurden vier Geschäftsbanken – allesamt in Staatsbesitz – installiert. Jede hatte zunächst ihren eigenen Schwerpunkt. Bei der Bank of China lag er aus Tradition auf dem Auslandsgeschäft, bei der China Construction Bank (CCB) auf dem Bausektor, bei der ICBC auf der Industrie und bei der Agricultural Bank of China (ABC) auf der Landwirtschaft. Später kam noch die Bank of Communications (BoCom) dazu.

Das sind die fünf großen Geschäftsbanken, die heute nach wie vor den chinesischen Bankenmarkt dominieren. Ihr Marktanteil wird auf rund 80 Prozent taxiert. Neben diesen *Big Five* gibt es noch 12 andere landesweit operierende Institute mit zum Teil privaten Anteilseignern (zum Beispiel Ping An Bank oder China Minsheng Bank), viele lokale und regionale Banken, die omnipräsente Postsparbank (40 000 Filialen, 505 Millionen Kontobesitzer) – und zunehmend die Newcomer aus der Fintech-Welt, die den etablierten Banken kräftig Konkurrenz machen (siehe dazu Kapitel fünf).

Chinas Staatsbanken gelten als gewinnstark. Ihre Eigenkapitalrenditen liegen um die 20 Prozent. James Stent, Autor des Buches *China's Banking Transformation: The Untold Story*, sagt:»Sie gehören damit zu den profitabelsten Banken der Welt.« Wie kann denn das sein? Sie gelten – trotz diverser Abspeckungen – nach wie vor als übersetzt. Schlank sind diese Giganten wirklich nicht. Fast an jeder Straßenecke Chinas gibt es die Filiale irgendeiner Bank. Das Land ist nach wie vor overbanked, wie es in der Fachsprache heißt. Rund 310 000 Beschäftigte hat die Bank of China, rund 370 000 die China Construction Bank und knapp 500 000 die Agricultural Bank of China.

Der Erfolg hat mit Chinas Zinspolitik zu tun. Die Banken genießen eine hohe Zinsmarge, die Spanne zwischen Soll- und Haben-Zinsen. Sie wird vom Staat festgelegt. Knapp 3 Prozent. Ein Beispiel: Die Banken geben den Sparern 2 Prozent Zinsen, kassieren aber von den Kreditnehmern 5 Prozent. Damit lässt sich gut leben und überleben.

Chinas Großbanken haben deshalb den Ruf, träge satte Kolosse zu sein. Ein Urteil, das James Stent nicht teilt:»Die Qualität der chinesischen Bank ist besser, als viele Kritiker von außen beurteilen.« Er hat Insider-Kenntnisse, denn er gehörte lange Jahre dem Board von China Minsheng Bank und China Everbright Bank an. Er sagt, sie haben in den vergangenen Jahren viel in ihre IT-Architektur investiert. Sie hätten ihre unterschiedlichen IT-Systeme zentralisiert, nachdem die fünf Großbanken teilweise bis zu 40 verschiedene Hardware-Systeme hatten. Auch die Risikoanalyse hätte sich verbessert.

Trotzdem sieht der Bankenexperte ein strukturelles Problem bei den Kreditinstituten: »Das Management der Großbanken scheut das Risiko.« Dieses risikoaverse Verhalten ziehe sich durch die ganze Organisation. Das Motto: »Lieber eine Gelegenheit verpassen, als ein Risiko eingehen«. Ein Verhalten, das nicht gerade innovationsfördernd ist. So bekommen oft kleine, vielversprechende Unternehmen kaum Kredite, die großen Staatskonzerne hingegen umso leichter. Das Geld bleibt sozusagen in der Familie. Man weiß, dass Vater Staat schon einspringen wird, sollte mal ein Staatskonzern nicht solvent sein.

Dafür müssen die Banken dem Vater Staat gehorchen. Das wurde besonders in der Zeit nach der großen Finanzkrise 2008 deutlich, als die Banken großzügig Kredite für Infrastrukturprojekte geben mussten, um die Konjunktur wieder anzukurbeln. Das machte gesamtwirtschaftlich sicher Sinn, aber auf die Bilanzen der Banken wirkte sich das eher negativ aus. Die Staatsbanken sind nicht frei in ihren Entscheidungen, sie sind auch Erfüllungsgehilfen der Regierung. Diese Banken, die sich gerne als ganz normale kommerzielle Banken darstellen, sind also zumindest teilweise politische Banken.

Dabei gibt es sie hier auch, die lupenreinen politischen Banken.

Die politischen Banken – Financiers der Expansion

Kein Kreditinstitut Chinas ist an so vielen großen Deals beteiligt wie die CDB – im Inland wie im Ausland. Sie finanzierte das ambitionierteste Infrastrukturprojekt der Welt, den Drei-Schluchten-

Staudamm, die Olympischen Spiele 2008 und die Shanghai Expo 2010, die Hochgeschwindigkeitsbahnstrecke Beijing–Shanghai und den Shanghaier Flughafen in Pudong. Und wenn immer es ein gigantisches Finanzpaket für eine Investition im Ausland zu schnüren gilt, ist die CDB meist dabei. Sie ist der dominante Financier der Auslandsexpansion der chinesischen Unternehmen und greift dabei vor allem den staatlichen Energie- und Rohstoffkonzernen kräftig unter die Arme. Henry Sanderson und Michael Forsythe behaupten in ihrem Buch *China's Superbank: Debt, Oil and Influence – How China Development Bank is Rewriting the Rules of Finance* wohl zu Recht, dass der chinesische Investitionsboom im Ausland vor allem ein Verdienst der CDB war.

Die CDB heißt mit vollem Namen China Development Bank und ist eine von den drei großen sogenannten politischen Banken, die im März 1994 gegründet wurden. Die beiden anderen sind The Export-Import Bank of China (Exim-Bank) und die Agricultural Development Bank of China. Doch die CDB ist die bedeutendste des Trios.

»Politische Banken« heißt, dass diese Finanzinstitute ihre Kredite nicht nur nach kommerziellen Gesichtspunkten vergeben, sondern ihre Aktivitäten auch danach ausrichten, was die Regierung in Beijing gerne wünscht. Alle drei sind ganz klar die verlängerten Arme des chinesischen Staates. Das unterstreicht auch ihre herausgehobene Stellung im institutionellen Gefüge der Volksrepublik. Die CDB ist – neben der Bank of China – die einzige Bank im Range eines Ministeriums.

Lange Zeit unterstützte sie vor allem Chinas Energiekonzerne, damit diese oft zu horrenden Preisen ausländische Konkurrenten übernehmen oder Ölfelder kaufen können. Sie finanzierte aber auch Infrastrukturprojekte mit, damit das Öl und Gas überhaupt nach China gelangen kann, so zum Beispiel die Ölpipeline von Kasachstan in Chinas Westen oder die Gaspipeline von Myanmar in Chinas Südwesten.

Inzwischen geht das Engagement der CDB weit über den Energiebereich hinaus. Sie vergibt immer mehr – wie eine ganz normale Bank – Kredite an Unternehmen. So erhielt der Bahnkonzern CRCC, der die Hochgeschwindigkeitszüge baut, mal eben 30 Milliarden Dollar, damit dieser im Ausland bei großen Aufträgen mitbieten kann, das heißt vor allem die Konkurrenz unterbieten kann. Zum Nachteil von Bombardier oder Alstom-Siemens.

In über 140 Ländern mischt die CDB in irgendeiner Form mit. Sie läuft damit zunehmend der Weltbank den Rang ab. Inzwischen gibt China sogar mehr Kredite an Entwicklungsländer als die Weltbank in Washington.

Die Bank gilt – und das ist ein Verdienst von Ex-Chef Chen Yuan, der fast 15 Jahre die Bank führte – als sehr gut organisiert und mit ihren nur 7 000 Mitarbeitern als sehr effizient. »Der Anteil der faulen Kredite ist seit 40 Quartalen unter einem Prozent«, sagt stolz der neue Chef der CDB Jeffrey Zheng (Zheng Zhijie), mit gerade mal 50 Jahren ein für chinesische Verhältnisse junger Bankenchef. Zheng war vorher übrigens Präsident der China Construction Bank.

Die China Development Bank ist »wohl die beste Bank in China«, urteilt Erica Downs, China-Expertin bei Brookings und Autorin einer umfangreichen Analyse der CDB.

Jede Niederlassung in China ist für eine Region in der Welt zuständig. Zum Beispiel die in der Provinz Henan für das südliche Afrika, die in Chongqing für den Balkan. In den Ländern, wo die Bank aktiv ist, haben sie sogenannte Arbeitsteams gebildet, die in den chinesischen Botschaften sitzen. Daneben haben sie noch offizielle Auslandsbüros in Hongkong, Kairo, Moskau und in Brasilien.

Regional konzentrierter tritt die andere große politische Bank auf, die Exim-Bank. Sie ist vor allem in Afrika als Investor aktiv. Fast alle großen chinesischen Projekte auf diesem Kontinent wurden von der Exim-Bank finanziert oder zumindest co-finanziert.

Doch nun haben beide Banken – die CDB und die Exim-Bank – beim Geldausgeben ein neues geografisches Ziel, das sie auf Jahre beschäftigen wird und das höchste Priorität bei der chinesischen Staatsführung hat: OBOR.

Auf dem Weg zur Seemacht

Es ist das Modewort beziehungsweise die Abkürzung, die in China seit Monaten allgegenwärtig ist: OBOR. Fast alles, jede noch so abwegige Entscheidung oder Investition, wird irgendwie mit diesem Kürzel in Verbindung gebracht. In fast jedem staatlichen Statement, in fast jeder Pressemitteilung von Unternehmen taucht OBOR auf.

»OBOR« ist das Kürzel für *One Belt, One Road* – ein Gürtel, eine Straße. Dahinter verbirgt sich nichts anders als das Großprojekt der neuen Seidenstraße, eine Reaktivierung des alten Handelsweges zwischen China und Europa. OBOR ist das Prestigevorhaben von Staatspräsident Xi Jinping und seiner Administration, die dieses seit Herbst 2013 mit viel Pomp propagieren. Sowohl zu Lande als auch zu Wasser wollen sie die alten Verbindungen wieder aufleben lassen, nur diesmal zeitgemäß mit Autobahnen, Schnellzugstrecken und Schiffsverbindungen.

Inzwischen wurde OBOR ganz offiziell in BRI – Belt and Road Initiative – umbenannt. Die chinesische Führung stieß sich an dem Wörtchen »One«. Es gebe viel mehr Wege von Ost nach West als nur einen.

Übers Land fahren bereits erste Güterzüge von chinesischen Städten nach Europa. Zwischen 14 und 18 Tagen brauchen sie für die Strecke durch Kasachstan und Russland nach Duisburg, London und Barcelona. Jede neu eröffnete Strecke wird begeistert gefeiert. Als der Zug erstmals in Duisburg ankam, war sogar Xi Jinping persönlich da.

Doch wichtiger als die Landverbindung ist den Chinesen der Seeweg zwischen China und Europa. Da treffen strategische Interessen auf ökonomische Interessen. Der Seeweg durch die Straße von Malakka und dann via Indischer Ozean ins Arabische Meer ist für China beinahe wie eine Lebensader. In die eine Richtung wird das für China nötige Öl transportiert, in die andere werden die Waren Chinas auf die Märkte Europas gebracht. Deshalb bieten die Chinesen ihre – finanzielle – Hilfe an, entlang dieses Seeweges an strategisch wichtigen Orten die Häfen auszubauen. In Myanmar, auf Sri Lanka, in Pakistan, in Dschibuti.

»Die Chinesen haben ihre maritimen Instinkte wiederentdeckt«, schreibt *Week in China* in der Studie »Ruling the Waves?« im Sommer 2017. Ob im Schiffbau, Seetransport oder bei Häfen – überall mischen die Chinesen inzwischen wieder mit.

Und mittendrin ist Cosco – China Ocean Shipping Company, die staatliche Reederei. Sie wurde 1961 gegründet, als die Regierung das erste Schiff für die junge Firma kaufte.

Heute ist Cosco nach diversen Übernahmen weltweit die Nummer drei hinter Maersk Line und MSC. Das Unternehmen hat mit 800 Schiffen die größte Handelsflotte und besitzt die größten Ozeanriesen, die die Weltmeere durchpflügen und die auch die größten Teile eines Atomkraftwerkes mal eben nach Pakistan schiffen können. Zwischen den Reedereien tobt seit Jahren ein Kampf ums Überleben, weil in den goldenen Jahren bis zur Finanzkrise 2008 enorme Überkapazitäten aufgebaut wurden.

Doch Cosco segelte gut durch die Flaute, weil sie Rückenwind vom Staat bekam. Er stopfte die Verlustlöcher, allein 1,4 Milliarden Dollar im Jahr 2016. Und die Regierung ordnete ganz unverblümt an, dass chinesische Im- und Exporte gefälligst auf chinesischen Schiffen, also denen von Cosco, über die Weltmeere zu transportieren sind. Cosco dankt für die staatliche Unterstützung, indem es unter Führung von Xu Lirong den Kurs der Regierung in Richtung BRI voll unterstützt und sich an Häfen entlang der maritimen Seidenstraße beteiligt.

Wichtigstes Projekt dabei: der Hafen von Piräus. Schon 2009, als noch kein Mensch von OBOR oder BRI sprach, hatte sich Cosco an Containerterminals in dem griechischen Hafen beteiligt. Im April 2016 erfolgte dann die Übernahme der Mehrheit am gesamten Hafen. »Griechenland ist das Tor zu Europa«, sagt Hafendirektor Fu Chengqiu gegenüber der *Süddeutschen Zeitung*. Eine Milliarde Euro hat er bereits in den Ausbau des Tors investiert.

Cosco ist mehr als nur eine Reederei. Sie beteiligt sich auch an Häfen, wo ihre Schiffe anlegen und die Fracht gelöscht wird. Neben Piräus sind das in Europa Vado (Italien), Bilbao und Valencia (Spanien) sowie Zeebrügge (Belgien).

Aber auch auf Häfen im Norden Europas hat Cosco ein Auge. Im Visier sind das norwegische Kirkenes und zwei isländische Häfen. Vorausschauend: Denn beim anhaltenden Klimawandel wird die Route durch das nördliche Eismeer zumindest phasenweise eisfrei zu befahren sein, was die Transportzeiten von Asien nach Europa um rund zwei Wochen verkürzt. Da macht es Sinn, ein paar zentral gelegene Anlaufhäfen im Norden Europas zu besitzen.

Coscos vielfältige Engagements sind ganz im Sinne der Regierung. Das Schlagwort heißt *Marine Economy*. Sie ist eine der zehn Schlüsselindustrien, die im Programm *Made in China 2025* aufgelistet sind, und in denen China stark werden will.

Dazu zählt auch die Werftindustrie, die – weil strategisch – natürlich auch staatlich ist. Zwei Unternehmen dominieren hier, getrennt durch den Yangtse. Die China State Shipbuilding Corporation (CSSC) ist für die Werften im Süden und Westen zuständig, China Shipbuilding Industry Corporation (CSIC) für die Werften im Norden. Beide haben in den vergangenen Jahren dank Steuererleichterungen und günstiger Kredite aufgeholt und weltweit Marktanteile gewonnen, aber noch dominieren die Japaner und vor allem die Koreaner.

Doch nun steht – wie vor wenigen Jahren in der Bahnindustrie – eine Vereinigung der beiden Werften zu einem konkurrenzfähigen Konzern an.

Vorbilder dafür gibt es schon in der Nahrungsmittelbranche.

Cofco – Chinas Nestlé mit großem Appetit

Ob im Supermarkt Jingkelong oder im Carrefour in Beijing – wer hier durch die Regalschluchten wandelt, sieht einige ausländische Marken, aber natürlich vor allem chinesische. Zum Beispiel Milchprodukte von Mengniu Dairy, Fortune-Kochöl, Tunhe-Tomatendosen, Lohas-Fruchtsäfte, Le-Conte-Schokolade und Weine von Great Wall. Diese Produktvielfalt täuscht, all die genannten Marken gehören einem Unternehmen – der China National Cereals, Oils and Foodstuffs Corporation. Weil dieser lange Name unaussprechlich ist, kürzt man ihn Cofco ab.

Cofco ist ein Gigant, der es umsatzmäßig mit den westlichen Größen wie Nestlé (Schweiz), Unilever (britisch-niederländisch) oder Mondelez (amerikanisch) locker mithalten kann. Umsatz: 61 Milliarden Dollar, 102 000 Beschäftigte. Aber anders als diese westlichen Multis war Cofco bislang wenig international.

Das wollte Ning Gaoning ändern.

Er war der Mann an der Spitze, der Cofco groß gemacht hat. Elf Jahre führte er das Unternehmen. Doch Anfang 2016 musste Ning das Unternehmen verlassen, die SASAC hatte anderes mit ihm vor. Er wurde Chairman des ebenfalls staatlichen Chemiegiganten Sinochem. Er schrieb an seine Mitarbeiter einen sentimentalen Abschiedsbrief, der vermuten lässt, dass das kein ganz freiwilliger Abschied war. »Ich möchte noch erleben, dass Cofco ein international wettbewerbsfähiger Nahrungmittelgigant mit einer voll integrierten Wertschöpfungskette wird«, hieß es in seinem strategischen Erbe. Lang gediente Mitarbeiter sollen Tränen in den Augen gehabt haben, als sie den Brief lasen, hieß es im TV-Sender China Business Network (CBN).

Nings Strategie hieß »vom Acker bis zum Esstisch«. Der Konzern wollte also die gesamte Nahrungsmittelkette beherrschen. Um diese Strategie umzusetzen, kaufte er in den vergangenen Jahren Dutzende von Unternehmen. Die chinesische Wirtschaftspresse titulierte ihn deshalb den »M&A-Verrückten«.

Er hatte ganz große Pläne. Er wollte die Big Player der Agrarindustrie attackieren – das ABCD-Oligopol. A steht für Archer Daniels Midland – kurz ADM – (USA), Bunge (Brasilien), Cargill (USA) und Dreyfus (Frankreich). Diese vier Konzerne beherrschen die Weltmärkte für den Handel mit Getreide, Soja, Fleisch und welchen Agrarrohstoffen auch immer.

Um diese Konkurrenten zu attackieren, wurde der ADM-Manager Matt Jansen abgeworben. Er sollte als Chef von Cofco International von Genf aus ein internationales Agrarhandelsunternehmen aufbauen. Doch nach Nings Abgang ging auch er nach nur 18 Monaten Amtszeit. Neuer Chef wurde Johnny Chi. Er versicherte in einem Brief an seine Mitarbeiter Anfang 2017, dass er an der bisherigen Strategie festhalten wolle: »Unser Ziel ist es, ein vertikal integrierter globaler Agrar-Handelskonzern zu werden.« Dazu holte er sich einen erfahrenen Branchenexperten in das Board: Serge Schoen, er war von 2005 bis 2013 Vorstandschef bei Louis Dreyfus.

Cofco könnte der erste Staatskonzern werden, der in einer konsumnahen Branche reüssiert. Der staatlichen Autoindustrie ist das bislang nicht gelungen.

Die Trittbrettfahrer – Chinas staatliche Autokonzerne

Der Kronzeuge ist prominent. Er heißt Li Shufu und ist Gründer sowie Chef der chinesischen Autofirma Geely, die vor ein paar Jahren Volvo gekauft hat. Geely ist ein privates Unternehmen, Li ein reicher Unternehmer. Deshalb traut er sich, seine Meinung zu sagen. Und diese ist für Chinas staatliche Wirtschaftslenker unbequem. Chinas Autopolitik mit dem Joint-Venture-Zwang für ausländische Firmen – sagte Li Shufu – hätte nicht die erwünschten Erfolge gebracht. Der Selfmademan Li hat Recht. Um es noch klarer zu sagen: Chinas Autopolitik ist gescheitert. Dieses Verdikt gilt für Autos mit Verbrennungsmotoren, nicht für solche mit alternativen Antrieben (siehe hierzu das Sechste Kapitel).

Dabei startete Chinas Autobranche zu Beginn der Dengschen Reformpolitik Ende der 70er Jahre mit großen Hoffnungen, frühzeitig wurde sie als Schlüsselindustrie für Chinas Wirtschaft ausgeguckt. Seit Jahrzehnten zwängt die chinesische Regierung ausländische Autofirmen in Joint Ventures. Maximal 50 Prozent dürfen sie an dem Gemeinschaftsunternehmen halten. Chinas Wirtschaftsbürokraten erhofften sich, dass dadurch gezwungenermaßen viel Know-how ins Land fließen werde und irgendwann die chinesischen ihre westlichen Partner nicht mehr brauchen würden, weil sie selbst gute Autos bauen können.

Weil die Autobauer aus aller Welt mit großen Augen auf das erst am Anfang der Motorisierung stehende China schielten, ließen sie sich auf Beijings Bedingungen ein. Und alle, alle kamen. Volkswagen war – neben Chrysler – der erste westliche Autokonzern, der Mitte der 80er Jahre ein Joint Venture mit Shanghai Automotive Industry Corporation (SAIC) startete. Heute hat jedes Autounternehmen aus Europa, Japan und den USA mindestens ein Gemeinschaftsunternehmen vor Ort, meist mit staatlichen Unternehmen.

Daimler paktiert mit BAIC, Volkswagen/Audi mit FAW und SAIC. General Motors ist auch mit SAIC verbandelt, Toyota mit GAC in Guangzhou, PSA mit Dongfeng in Wuhan. Über Jahrzehnte hinweg verdienten sich die chinesischen Joint-Venture-Partner dumm und dämlich, weil der Markt boomte.

Doch wo sind die vielen Milliarden gelandet? Zum großen Teil natürlich in der Staatskasse, zum Teil in den Taschen korrupter Bürokraten. Der permanente Geldsegen durch die erfolgreichen Joint Venture war eher ein Fluch für die staatlichen Autokonzerne. »Verwöhnte Kinder« seien sie, spottet Kritiker Li Shufu. Nur halbherzig investierten sie in Forschung und Entwicklung. Und sie haben wenig Design-Kompetenz erworben. Ein Auto besteht aber aus mehr als nur aus vier Rädern, zwei Achsen, einem Motor und einer Karosserie.

So ist es bislang keinem der staatlichen chinesischen Autokonzerne gelungen, ein eigenes, auf dem Weltmarkt wettbewerbsfähiges Auto zu bauen. Zu satt, zu träge sind sie in ihren wohligen Joint Ventures geworden.

Das kann man von ChemChina und seinem umtriebigen Boss Ren Jianxin nicht behaupten.

ChemChina – das etwas andere Staatsunternehmen

»Er ist der wichtigste Dealmaker, von dem Sie noch nie etwas gehört haben«, urteilte die *South China Morning Post*. Er managte über 100 Beteiligungen und Übernahmen. Erst in China, aber nun zunehmend in aller Welt. Mit der Übernahme des schweizerischen Agrochemie-Giganten Syngenta hat er sogar den größten M&A-Deal eines chinesischen Unternehmens eingefädelt und durchgezogen.

Wer ist dieser unbekannte, aber weltweit immer wichtiger werdende Aufkäufer?

Er heißt Ren Jianxin und ist Chef von ChemChina, wie die China National Chemical Corporation in Kurzform heißt.

Ren ist kein typischer Manager eines Staatsunternehmens. Schon vom Aussehen her. Er trägt im Sommer keine kurzärmeligen weißen Hemden und altmodischen Blousons – so etwas wie die Uniform der SOE-Bosse –, sondern elegante westliche Anzüge mit durchaus farbenfrohen Krawatten.

Auch ungewöhnlich: Ren kennt bislang nur dieses eine Staatsunternehmen. Kein Wechsel in ein anderes oder in die Politik. Vielleicht ist dies damit zu erklären, dass er eine wichtige, einflussreiche Fürsprecherin und Mentorin hat – Gu Xiulian. Sie leitete zwischen 1989 und 1998 das Ministerium für Chemieindustrie und war über 20 Jahre lang Mitglied des Zentralkomitees der KP Chinas. Zur Feier des chinesischen Neujahrsfestes 2012 lud Ren die längst pensionierte Gu ein und platzierte sie neben sich. Vor ihr eine große Platte mit Orangen – ein Symbol.

Ren (1958) kommt aus der Provinz Gansu, einer eher armen Gegend. Dort studierte er an einer lokalen Universität Wirtschaft. Anschließend hatte er einen lauen Job als Sekretär der kommunistischen Jugendliga im Chemical Machinery Research Institute. Mitte der 80er Jahre gründete er die Blue Star Chemical Cleaning Group. Das Startkapital von 10 000 Yuan lieh Ren von seinem Institut.

Blue Star wuchs zu einem stattlichen Chemieunternehmen heran, ehe es 2004 staatlich wurde. Damals erfolgte die Verschmelzung mit ein paar staatlichen Chemiefirmen zur ChemChina. Und aus dem Privatunternehmen wurde ein Staatskonzern. Doch die Vergangenheit hat das Unternehmen weiterhin geprägt. »Im Vergleich zu anderen chinesischen SOEs sind wir mehr offen, mehr international«, sagte Michael König der *South China Morning Post*. König ist der lebende Beweis. Der ehemalige Bayer-Vorstand ist einer der Topmanager bei ChemChina. Ausländer auf Vorstandsetagen sind immer noch eine Seltenheit.

Seit ein paar Jahren ist Ren auch im Ausland auf Einkaufstour. In Deutschland kaufte er KraussMaffei. Das war mal ein Rüstungskonzern, hat aber längst abgerüstet. Jetzt produziert die ehemalige Waffenschmiede Plastikmaschinen und wurde deshalb für ChemChina interessant. 925 Millionen Euro zahlten sie für das Münchner Unternehmen.

Berühmt wurde Ren allerdings durch zwei andere, spektakuläre Deals. Erst kaufte er Pirelli, dann Syngenta.

Der Reifenhersteller Pirelli ist eine italienische Traditionsmarke. Über 140 Jahre alt. ChemChina hat auch eine Reifensparte. Eine runde Sache, dachte Ren und kaufte für 7,1 Milliarden Euro den fünftgrößten Reifenhersteller der Welt, den »Prada der Reifenindustrie« (Ren). Zusammen sind sie jetzt ein Global Player in diesem Business. Ren spricht von einer »wundervollen Hochzeit mit Pirelli«. Dabei erfüllte er viele Wünsche seines Partners: »Wir verlegen nicht den Sitz des Unternehmens, wir wechseln nicht das Management aus, und wir transferieren keine Technologien. Das steht alles in unserem Abkommen.« Inzwischen plant Ren ein Re-Listing von Pirelli an der Börse.

Auch bei Syngenta – wie bei Pirelli – gab es das Bekenntnis von Ren, alles beim Alten zu belassen. Syngenta-Vorstandschef Erik Fyrwald betonte immer und immer wieder: »Syngenta bleibt Syngenta. Wir haben nur einen chinesischen Eigentümer. Der Firmensitz bleibt Basel.« Im achtköpfigen Verwaltungsrat – was in etwa dem deutschen Aufsichtsrat entspricht – sitzen nur vier Vertreter des chinesischen Eigentümers. Chef des Gremiums ist Ren Jianxin. Bei einem Patt hat er allerdings die entscheidende Stimme. Managern der übernommenen Unternehmen pflegt Ren zu sagen: »Ich bin euer Boss, aber ihr seid mein Lehrer.«

Der Syngenta-Deal war die spektakulärste Übernahme durch ein chinesisches Unternehmen – und dann noch durch einen Staatskonzern. 43 Milliarden Dollar musste ChemChina für den Schweizer Agrochemie-Konzern hinblättern. Das war selbst für ChemChina nur über Kredite und Schulden zu finanzieren. Dabei zeigte sich mal wieder, wie das chinesische System funktioniert. Fast das ganze Kreditvolumen wurde über chinesische Banken finanziert, allen voran die Bank of China. Nur eine ausländische Bank war im Konsortium dabei: Morgan Stanley. Man darf davon ausgehen, dass die Regierung ein großes Interesse am Zustandekommen dieses Deals hatte und deswegen »ihre« Banken anwies, »ihrem« Unternehmen finanziell unter die Arme zu greifen.

»Diese Transaktion ist extrem wichtig für China und seine Bauern«, sagte Ren während der Pressekonferenz, in der er den Deal ankündigte. Und dann fügte er seine persönliche Erfahrung hinzu: »Ich wurde mit 15 Jahren aufs Land geschickt. Ich bin mir sehr bewusst, was die Bauern brauchen.« Sie brauchen Saatgut, zur Not auch genmodifiziertes. Das hat Syngenta im Programm. Wenn dieses in China zugelassen werden sollte, tut sich ein riesiger Markt für Syngenta auf. Das wäre dann wirklich eine Winwin-Situation, von der so oft bei Mergers gefaselt wird.

Nun wird aber der erfolgsverwöhnte Ren möglicherweise zu etwas gezwungen, wo er nicht mehr Herr des Verfahrens ist, sondern nur ausführendes Organ. Die SASAC will ChemChina zur Fusion mit Sinochem zwingen – als Teil der großen Reform des Staatssektors, der vor allem effizienter gestaltet werden soll.

Die ewige SOE-Reform: Erst Fusionen ...

Ren Jianxin, Chef von ChemChina, ist nicht begeistert. Ning Gaoning, der Boss vom Rivalen Sinochem, auch nicht. Trotzdem müssen sich die beiden Manager, die beide ein großes Ego haben, wohl zusammenraufen. Denn der Staat, das Finanzministerium, die SASAC wollen, dass die beiden großen Chemiekonzerne fusionieren. Widerspruch zwecklos. Es wäre ein Gigant mit über 100 Milliarden Dollar Umsatz. Eine BASF, eine Dow Chemical wären deutlich abgehängt, wenn denn Größe der alleinige Maßstab für Erfolg wäre.

Fusionen sind ein Instrument der Regierung, um die Reformen der Staatsbetriebe voranzutreiben. Dass Reformen notwendig sind, ist unumstritten – bis hoch in die Führungsebene. Vor allem Premierminister Li Keqiang – viel deutlicher übrigens als Parteichef Xi Jinping – kritisiert die SOEs heftig. Nach einer Sitzung des Staatsrats im Mai 2016 prangerte er das »schwache

Kerngeschäft, Ineffizienzen, zu viele Managementebenen und das Übermaß an Subventionen« an.

Es ist alles kein neues Thema. Eine Reform der SOEs steht seit Mitte der 90er Jahre auf der Tagesordnung von Partei und Regierung. Unter dem legendären Reform-Premierminister Zhu Rongji (1998–2003) entschied man sich damals für die Reform unter dem Motto *zhua da fan xiao*: die Großen behalten, die Kleinen laufen lassen. Letzteres hieß auch, kleinere Staatsfirmen bankrottgehen zu lassen. 60 Millionen Chinesen verloren damals ihren Job. Die Großen behalten, bedeutete, sie noch stärker unter die staatlichen Fittiche zu nehmen. Das führte zur Gründung der SASAC anno 2003.

In den Jahren danach durften die großen SOEs Tochterunternehmen gründen und Teile davon an die Börse im Ausland – meist war es Hongkong – bringen. Dort firmieren sie unter Red Chips. Abgesehen davon, dass die Börsengänge Geld in die Kassen der Unternehmen spülen sollten, erhoffte man sich auch, ein bisschen westliche Nachhilfe in Sachen Corporate Governance und Offenheit zu bekommen. Eine Hoffnung, die sich kaum erfüllte. Die Zahlen der SOEs wurden nicht besser.

Dann kam die berühmte ZK-Sitzung im Oktober 2013, als viele Reformschritte beschlossen wurden. Nicht weniger als 34 Initiativen zielten auf eine Reform der SOEs. Es wurde danach viel experimentiert, aber wenig passierte. Die Zeitschrift *The Economist* spottet: »Um den Überblick über all die verschiedenen Experimente unter dem Rubrum SOE-Reform zu behalten, braucht es einen Fulltime-Job.«

Neuer Anlauf im Juli 2017: Auf der National Financial Work Conference – ein wichtiges Gremium, das nur alle fünf Jahre tagt – wurden folgende Optionen für den Umbau des Staatssektors beschlossen:

- Debt-to-Equity-Swaps;
- Insolvenz von sogenannten Zombie-Unternehmen;
- Bildung von nationalen Champions;
- teilweise Privatisierung, also Mixed Ownership.

Bei Debt-for-Equity-Swaps wird aus einem Gläubiger (meist Banken) ein Gesellschafter. Dieses Instrument bietet sich vor allem bei Unternehmen an, die kurzfristig in Schwierigkeiten sind, aber langfristig eine Perspektive haben. Die Regierung, so heißt es in Kreisen des NDRC, propagiert dieses Instrument, zwingt die Unternehmen und Kreditgeber aber nicht dazu. Von den großen SOEs haben zwölf Unternehmen bereits solche Deals gemacht, aber auch viele lokale SOEs. Nach einer Untersuchung des NDRC sollen Banken bereits 150 Milliarden Dollar Schulden in Anteile umgewandelt haben.

Wer aber mittel- und langfristig keine Chance hat zu überleben, soll in den Konkurs geschickt werden. Solche Zombiefirmen sind vor allem in Branchen mit Überkapazitäten wie Kohle, Stahl und Zement vertreten. Hier müssten viele unrentable SOEs geschlossen werden. Es drohen aber soziale Unruhen. Denn diese zu schließenden Unternehmen sind meist in strukturschwachen Gebieten wie im Dong Bei, dem Nordosten des Landes, der eine ähnliche Struktur – eine Dominanz der Schwerindustrie – aufweist wie einst hierzulande das Ruhrgebiet. Deshalb wagt sich die Regierung nur vorsichtig an dieses Thema heran.

Offensiver geht sie das Thema nationale Champions an. Das heißt im Klartext: Die Zahl der SOE soll reduziert werden. In internen Papieren der SASAC kursieren Zielwerte von 40. Realistischer ist wohl die Zahl 80. Möglich soll das durch Fusionen werden. Dabei versuchen die staatlichen Wirtschaftslenker zu vermeiden, dass zwei fußkranke Unternehmen zusammengehen. Denn das geht selten gut: Aus zwei Kranken entsteht kein Gesunder. Im Gegenteil: Sie stecken sich eher gegenseitig an.

Deshalb bringen die Planer lieber einen Kranken mit einem Gesunden zusammen. Bestes Beispiel ist die im Dezember 2016 vollzogene Stahlfusion zwischen Baosteel und Wuhan Iron and Steel. Die profitable Baosteel und die verschuldete Wuhan Steel formierten sich zu Baowu, dem größten Stahlkonzern Chinas und zweitgrößten der Welt (nach Arcelor Mittal).

Wie sich diese Ehe entwickelt, wird sehr aufmerksam verfolgt. Ebenso die bislang größte Fusion, die im Sommer 2017 genehmigt wurde: Der Kohleproduzent Shenhua Group und der Stromversorger China Guodian schlossen sich zur China Energy Investment Corporation, dem größten Energiekonzern der Welt, zusammen, mit einem Umsatz von 270 Milliarden Dollar und 327 000 Beschäftigten.

Weitere Giganten sind im Entstehen. In der Atomindustrie steht ebenfalls ein Zusammenschluss an. Ebenso im Schiffbau. Und auch in der Luftfahrtindustrie wird hinter den Kulissen ein möglicher Merger zwischen den drei staatlichen Carriern – Air China, China Eastern und China Southern – diskutiert.

Es entstehen gigantische Quasi-Monopolisten, die in China (und auf den Weltmärkten) sehr mächtig sein werden. In der Bahnindustrie ist dies bereits passiert, als schon zum 1. Juni 2015 die beiden Zughersteller CNR und CSR zur CRRC fusionierten (rund 130 Milliarden Dollar Umsatz, 118 000 Beschäftigte). Die beiden waren schon mal zusammen, wurden aber 2000 getrennt. Die Regierung wollte mehr Wettbewerb zwischen den beiden. Doch dummerweise machten sich die beiden auch auf den Auslandsmärkten gegenseitig Konkurrenz. Das passte den lenkenden Herren in Beijing natürlich nicht, und sie machten aus dem Duopol wieder ein Monopol.

... und nun Mixed Ownership

Das Schlüsselwort, das die Diskussion um die Reformen der Staatsunternehmen derzeit beherrscht, heißt Mixed Ownership, also eine Art Teilprivatisierung. Der Begriff geistert schon seit 1993 durch die Diskussion in den Parteigremien. Aber er bekam erneut Bedeutung nach den Plenumsbeschlüssen vom Oktober 2013. Mehrere Pilotprojekte wurden angestoßen.

Das berühmteste betrifft Unicom.

Unicom ist der drittgrößte, aber wirtschaftlich schwächste der drei staatlichen Telekomkonzerne. Er kann Geld und Expertise von außen gebrauchen. Deshalb haben die politisch Verantwortlichen dieses Unternehmen ausgeguckt, um Teile zu privatisieren. Nicht weniger als 14 Unternehmen haben sich an Unicom beteiligt. Zusammen halten sie 35,2 Prozent. Größter Einzelaktionär: China

Life Insurance mit 10,22 Prozent. Weitere neue Aktionäre sind unter anderen Tencent, Baidu, JD.com, Alibaba, Suning.

Die Privatisierung brachte knapp 12 Milliarden Dollar in die Kassen von Unicom. Das reduziert immerhin die Schulden. Durch die neuen privaten Eigner sollen auch neue Ideen in das staatliche Unternehmen kommen, so der fromme Wunsch. Aber das Konzept des aktiven Investors kennt man in China nicht. Dass die privaten Investoren nun großen Einfluss haben werden, ist zu bezweifeln. Auch deren Begeisterung, Unicom auf Vordermann zu bringen, wird sich in Grenzen halten. Zumal – das ist zu vermuten – die meisten dieser Beteiligungen nicht ganz freiwillig erfolgten. Ein Alibaba, ein Tencent machen da nur mit, weil die Regierung das will. Eine Goodwill-Aktion sozusagen.

Trotzdem pusht die SASAC die Mixed Ownership. Immer mehr Pilotprojekte werden angekündigt und vollzogen. Vor allem in den Branchen Bahn, Energie, Luftfahrt, Rüstung und Telekom. Der Ölkonzern Sinopec verkaufte knapp 30 Prozent seiner Downstream-Aktivitäten an private Investoren. Die Fluglinie China Eastern holt für ihren Logistikarm vier private Unternehmen mit an Bord, darunter die Legend Holding.

Der hoch defizitäre Bahnbetreiber China Railway will Alibaba und Tencent als Aktionäre. Gespräche mit den Big Bossen beider Internetkonzerne, Jack und Pony Ma, haben schon stattgefunden. Einladungen gingen auch an den Autobauer FAW und die Logistikfirma SF Express. Aber welche industrielle Logik steckt hinter all diesen Beteiligungen? Warum soll sich ein Internetkonzern an einem Bahnunternehmen beteiligen?

Sheng Hong, Direktor des Thinktank Unirule Institute of Economics in Beijing, kritisiert das Konzept der Mixed Ownership als reines »window dressing«. Die paar privaten Investoren würden an der Corporate Governance der Staatsunternehmen nichts ändern, denn schließlich hätten die Parteikomitees weiterhin das finale Sagen.

Genau das ist der Punkt: In den Staatskonzernen gibt es zwei parallele Systeme. Einmal das normale Managementsystem, das wie im Westen aus einem CEO, einem Stellvertreter und weiteren Vorstandsmitgliedern besteht. Zum anderen das Parteisystem, an dessen Spitze der Sekretär des Parteikomitees steht. Und häufig entscheidet das Parteikomitee und nicht das Management. Viele SOEs verschärften gerade 2017 auf Druck von oben ihre Parteistatuten. Die Rolle des Parteisekretärs wurde dadurch gefestigt. Wenn wichtige unternehmerische Entscheidungen anstehen, sollten sie erst in der Parteiorganisation diskutiert werden, bevor es zum Vorstand geht. In der Regel finden die Parteimeetings vor den Vorstandssitzungen statt.

Solange es diese duale Struktur gibt, werden die Unternehmen nicht effizient geführt werden können, denn oft handeln die Parteikomitees nicht nach ökonomischen Kriterien. Die Hoffnung, dass sich daran etwas ändern wird, ist gering. Zu eng ist die Verzahnung zwischen Politik und Wirtschaft.

Auch auf persönlicher Ebene.

Heute Manager, morgen Politiker

Die Chefs der großen Staatsunternehmen sind – auch wenn sie sich CEO nennen – keine lupenreinen Manager. Ihre Karrierewege verlaufen völlig anders als die ihrer Kollegen in den Privatunternehmen Chinas oder anderswo. Eine solche Karriere verläuft zwar in der Regel auch von unten nach oben, aber es ist kein geradliniger Pfad, sondern ein Zickzackkurs.

Denn sie sind Wanderer zwischen den Welten, zwischen Politik und Wirtschaft. Sie müssen deshalb vieles gleichzeitig sein. Am besten hat es mal der Vorstandschef der Staatsreederei Cosco, Wei Jiafu, ausgedrückt: »Ein SOE-Führer muss fünf Personen in einer sein: Politiker, Philosoph, Künstler, Diplomat und Macher.«

Er hat eines noch vergessen: Sie müssen damit leben, Marionetten zu sein. Denn sie entscheiden nicht, wo sie arbeiten und managen wollen. Das beschließen über ihren Kopf hinweg Strippenzieher im Hintergrund, die sie oft nicht einmal kennen. Bei den kleineren SOEs aus dem SASAC-Portfolio liegt die Personalhoheit bei der SASAC.

Aber bei den rund 50 größten Staatsunternehmen entscheidet eine allmächtige Parteiorganisation – die Zentrale Organisationsabteilung der KP Chinas. Diese Abteilung ist wahrscheinlich die mächtigste und größte Personalabteilung der Welt. Sie hat – so wird von Experten geschätzt – mindestens 5000 Kader in ihrer Kartei, das Führungspersonal aus Politik und Wirtschaft. Unter ihrer Aufsicht findet ein permanentes Monitoring der Kandidaten statt. Jedes Jahr gibt es Performance Reviews.

Mindestens 20 Jahre dauert es angesichts dieses langwierigen Selektionsprozesses zum Beispiel bis zum Vizeminister. Wer ganz nach oben will, muss mindestens in zwei Provinzen, die oft die Größe eines Staates haben, Partei- oder Regierungschef gewesen sein. Siehe die Vita von Partei- und Staatschef Xi Jinping, der Gouverneur in den Provinzen Fujian (36 Millionen Einwohner) und Zhejiang (51 Millionen) sowie Parteichef in Shanghai war.

Nur die Besten sollen nach oben kommen, nicht die Blender oder Selbstoptimierer wie teilweise im Westen. So der Grundgedanke des Systems der Meritokratie, den China sicher am besten auf der Welt umgesetzt hat, auch wenn es hier – gar keine Frage – auch Seilschaften und Günstlingswirtschaft gibt.

In dieses meritokratische System sind die Manager der Staatsunternehmen voll miteinbezogen, denn in China gibt es keine Trennungslinie zwischen Politik und Wirtschaft. Im Gegenteil: Der Austausch ist erwünscht und wird gefördert. Unter Xi Jinping haben diese Wechselspielchen sogar zugenommen. Acht Manager von Staatsunternehmen hat er während seiner ersten Amtszeit an die Spitze von Provinzen gehievt. Zuletzt wurden 2017 die Gouverneursposten von Guangdong und Chongqing von Managern besetzt. Cheng Li, Old China Hand bei Brookings in Washington, sagt: »Ehemalige Manager waren noch nie so stark auf der Führungsebene in den Provinzen vertreten wie unter Xi.« Ein Grund sieht Li darin, dass Xi hofft, durch die Expertise der Wirtschaftsbosse die finanzielle Situation der Provinzen zu verbessern.

Häufiger als die Wechsel in die Politik (von dort aber selten zurück) sind für die SOE-Manager Rochaden innerhalb einer Branche oder in eine andere. Es kommt immer mal wieder vor, dass kräftig durchgemischt wird. So öfter geschehen in der Öl- und Telekomindustrie, wo der Chef von China Unicom plötzlich Chef von China Mobile wird. Auch in der Bankenszene sind solche Wechsel unter »Wettbewerbern« nicht ungewöhnlich. Auch der Personalaustausch zwischen Unternehmen und Aufsichtsbehörden ist rege, vor allem im Finanzbereich.

In der Regel bleiben SOE-Manager oft nur drei Jahre an der Spitze, dann werden sie weggelobt, versetzt oder – eher selten – in die Wüste geschickt. In dieser kurzen Zeit können sie nicht viel tun, vor allem vermeiden sie, ein Risiko einzugehen, denn sie wollen ja befördert werden. Zweiter Nachteil dieses kurzzeitigen Verweilens an der Unternehmensspitze: Die Bosse wollen in ihrer kurzen Amtszeit glänzend dastehen, sind also an kurzfristigen Erfolgen interessiert, weniger am Erreichen langfristig-strategischer Ziele. Ein Paradoxon: Ausgerechnet in den Unternehmen des Staates, der ja im Rahmen seiner Industriepolitik mittel- und langfristig plant, denken die Chefs eher kurzfristig.

Wegen einer besseren Bezahlung wechselt kein Manager. Denn die staatlichen Big Bosse werden alles andere als marktgerecht bezahlt. 2015 wurde sogar ein *salary cap* eingeführt, also eine Deckelung der Gehälter. Bei 900 000 Yuan – das sind knapp 115 000 Euro – ist für die Spitzenmanager Ende. Fu Chengyu, der als ehemaliger Sinopec-Chairman 863 000 Yuan verdiente, sagt einmal: »Wenn du viel Geld verdienen möchtest, solltest du besser nicht in den Vorstand eines SOE gehen.«

Es wird auf allen Ebenen weniger bezahlt als in der Privatwirtschaft. Aber dafür gibt es eine beamtenhafte Anstellung auf Lebenszeit, weniger Stress und allerlei Benefits wie Zuschüsse für Mieten, Krankenversicherung und Schulgeld.

Aber die Gehaltsdeckelung hatte negative Folgen. Spitzenleute kündigten und junge Leute fangen erst gar nicht mehr in den Staatsfirmen an, zumal in der Privatwirtschaft inzwischen Gehälter bezahlt werden wie im Westen. Li Keqiang kündigte deshalb im Frühjahr 2017 vor rund 100 Topmanagern in Beijing an, die Gehaltsgrenze zu überdenken.

Vielleicht auch, weil die relativ geringe Bezahlung eine der Ursachen für die grassierende Korruption in den Staatsunternehmen ist.

In der Grauzone blüht die Korruption

Chang Xiaobing war Chairman des Telekomunternehmens China Unicom. An einem Wochenende im Dezember 2014 bekam er in seinem Büro in Beijing Besuch von einer Delegation der Central Commission for Discipline Inspection (CCDI), der berüchtigten Truppe der Korruptionsbekämpfer.

Was denn in dem Schrank hinter seinem Schreibtisch sei, wollten diese wissen. Ach, das seien alles billige Sachen, die ihm Geschäftsfreunde mal gegeben hätten. Ob sie denn mal in den Schrank schauen dürften?, fragten die Schnüffler der Form halber. Sie durften und fanden dort Schubladen mit unzähligen teuren Handys, viele noch nicht mal ausgepackt. Außerdem goldenen und silbernen Schmuck.

Die Herren schauten sich weiter um und entdeckten eine verschlossene Tür. Chang wies seine Sekretärin notgedrungen an, diese zu öffnen. Dahinter befand sich ein Raum vollgestopft mit kostspieligen Tabakwaren, Spirituosen, Tee, Kalligrafien und Gemälden. Da halfen keine Ausreden mehr. Chang war der Korruption überführt. Bestechungsgeschenke im Wert von knapp 600000 Dollar solle er im Laufe seiner Amtszeit entgegengenommen haben.

Seltsam: Der nebenberufliche Schmucksammler wurde trotzdem noch im August 2015 zum Chairman des Konkurrenten China Telecom berufen. Erst Ende Mai 2017 wurde Chang zu sechs Jahren Haft und einer Geldstrafe verurteilt.

Der Fall des Chang Xiaobing wurde ausführlich auf der Website der CCDI geschildert. Wohl zur Abschreckung, aber auch um zu zeigen: Wir tun etwas, und wir trauen uns auch an hohe Tiere ran. »Tiger und Fliegen« wolle er bekämpfen, sagte Xi Jinping schon früh nach seinem Amtsantritt im März 2013 und startete eine beispiellose Antikorruptionskampagne, die kleinen und großen Kader betreffen sollte.

Die Central Commission for Discipline Inspection ist eine der geheimnisvollsten Organisationen Chinas. Ihr sollen Tausende Mitarbeiter unterstehen, verteilt auf mehr als 250 Büros im ganzen Land. Die meisten Provinzen haben sieben, acht Büros, aus denen die Ermittler ausschwärmen. Oft setzen sie sich wochenlang in den Behörden und Staatsunternehmen fest, durchforsten Akten und Laptops, verhören Kollegen, Freunde, Feinde. Es sind immer häufiger Whistleblower, die Hinweise auf Bestechung liefern. In den vergangenen Jahren hat sich ein ausgeprägtes Denunziantentum entwickelt. Als besonders auskunftsfreudig erweisen sich Mätressen. Ein weitverbreitetes Phänomen in der chinesischen Tradition der Konkubinenkultur.

Systematisch wurde von den Spähern der CCDI Branche für Branche durchkämmt. Banken, Eisenbahn, Energie, Telekom – die anfälligsten für Gefälligkeiten. Und sie wurden fündig. Die prominentesten Fälle: Song Lin, der Ex-Chef von China Resources bekam 14 Jahre aufgebrummt, Jiang Jieman, ehemals Chef der SASAC und CNPC, gar 16 Jahre. Am schlimmsten erwischte es Zhong Yongkang, früher Chef von CNPC und als Mitglied des Ständigen Ausschusses des Politbüros, dem engsten Machtzirkel der Partei, eigentlich als unantastbar eingestuft. Er bekam lebenslang.

Warum es relativ viele Manager in Staatsunternehmen erwischt, erklärt der in den USA lehrende Politikprofessor Minxin Pei in seinem Buch *China's Crony Capitalism* so: »Verglichen mit Offiziellen in anderen staatlichen Institutionen haben Manager in SOEs mehr direkte Kontrolle über das Staatseigentum und mehr Gelegenheiten zu stehlen.« Gelegenheit macht Diebe, lautet ein altes deutsches Sprichwort. In China wird es praktiziert. Warum Korruption in SOEs leichter ist, erklärt Minxin Pei mit drei Gründen: Es gebe nur rudimentäre Corporate-Governance-Regeln, laxe Finanzkontrollen und die Manager hätten direkten Zugriff auf den Cash.

Etwas subtiler als die Korruption ist der Nepotismus, ebenfalls ein weit verbreitetes Phänomen. Man stellt die eigenen Verwandten ein oder Verwandte von Beamten. Sie stehen nur auf der Payroll, arbeiten nicht, bekommen aber jeden Monat ein Gehalt fürs Nichtstun. Besonders beliebt ist die Masche, Frauen von irgendwelchen Funktionären und Beamten einzustellen. Dafür wurde der Terminus »Ehefrauenclub« kreiert.

Selbst bei der sonst so seriösen ICBC konstatierten die Korruptionsbekämpfer »ernsthafte Nepotismus-Probleme«. Sie fanden heraus, dass von den 691 hochrangigen Managern in der ICBC-Zentrale in Beijing nicht weniger als 220 ihre Gattinnen oder Kinder angestellt hatten.

Dagegen scheint der CIC ein Hort der Braven und Seriösen zu sein, obwohl auch dort sehr viele Milliarden hin und her geschoben werden.

Der Staatsfonds CIC und sein Milliardenvermögen

Eine Billion ist eine so unvorstellbare große Zahl, dass man sie besser in der nächstkleineren Einheit schreibt. 1000 Milliarden. Mehr als 1000 Milliarden Dollar besaß die Volksrepublik China Mitte der 2000er Jahre an Währungsreserven, die sich als Folge des anhaltenden Exportbooms anhäuften. Aber was damit tun?

Die Regierung entschied: anlegen und vermehren. Zumindest einen Teil davon, nämlich 200 Milliarden Dollar. Dazu wurde die China Investment Corporation (CIC) Ende September 2007 gegründet. Ein sogenannter *Sovereign Wealth Fund*, ein Staatsfonds. Man engagierte die besten chinesischen Anlageprofis, viele davon an der Wall Street ausgebildet, fließend Englisch sprechend. Gao Xiqing zum Beispiel. Der ehemalige Anwalt und Banker an der Wall Street wurde Chief Investment Officer (CIO) bei der CIC. Am Anfang investierten sie vor allem in amerikanische Finanzfirmen wie Blackstone und Morgan Stanley. Kurz danach – im Herbst 2008 – folgte freilich die globale Bankenkrise, in deren Folge die Finanzwerte tief gefallen sind, auch die im Besitz von CIC.

Lange Zeit war die CIC unter der Führung Lou Jiwei. Aber das war keine – um es vorsichtig auszudrücken – erfolgreiche Ära. Das National Audit Office untersuchte die Investments zwischen 2008 und 2013 und kam zu einem vernichtenden Ergebnis: falsche Entscheidungen, ungenügende Due Diligence und schlechtes Management nach der Investition. Deshalb wundert es nicht, dass Lou 2013 abgelöst wurde. Er stieg aber trotz seines Misserfolges zum Finanzminister auf. Dort ist er sicher besser am

Platze, denn er gilt als ein angesehener Finanz- und Steuerexperte.

Sein Nachfolger wurde im Juli 2013 Ding Xuedong, zuletzt stellvertretender Generalsekretär des Staatsrats, was bei uns der Regierung entspricht, davor stellvertretender Finanzminister. Er verlangte als Erstes von den etwas mehr als 400 CIC-Mitarbeitern Selbstkritik, und zwar in schriftlicher Form. Ein Mitarbeiter berichtet gegenüber der Zeitschrift *Institutional Investor*, dass sein erster Bericht 4000 Worte umfasste. »Ding sagte mir, dass sei nicht genug. Ich lieferte dann 8000 Worte ab, aber er riet mir, mehr als 10000 Worte zu schreiben. Erst als ich einen Bericht über 12000 Worte mit einer langen, detaillierten Liste meiner Fehler und Irrtümer ablieferte und versprach, diese nicht mehr zu wiederholen, war ich aus dem Schneider.«

Viele empfanden solch maoistische Selbstbezichtigungen als Kulturschock und verließen die CIC. In Xi Jinpings Umgebung empfand man das nicht als Verlust. Dort war man froh, dass Ding Xuedong etwas Disziplin in das Unternehmen brachte. Er veranlasste, dass nur noch Investmentteams und keine Einzelpersonen mehr Anlageentscheidungen treffen. Diese sollen regelmäßig überprüft werden. Geht ein Investment schief, drohen Sanktionen: keine Boni, im schlimmsten Falle Rausschmiss.

Nach dem Desaster mit den Finanzengagements änderte das CIC-Management unter Ding auch seine Anlagestrategie. Plötzlich sind Technologie- und Internetfirmen interessant. In China stieg CIC bei Didi Chuxing und Ant Financial Services ein, in den USA bei Airbnb.

Aber auch Immobilien und Infrastruktur rückten mehr in den Fokus. Bürotürme in Manhattan, aber auch in Sydney und Melbourne, Shopping-Malls in Frankreich und Belgien. Nachdem CIC sich schon 2012 am Flughafen Heathrow und Thames Water beteiligte, übernahm man 2016 den türkischen Hafen Kumport zusammen mit China Merchants und Cosco. Dieses Kooperationsmodell soll Vorbild sein. Ding gegenüber dem *Institutional Investor*: »Viele chinesische SOEs schauen nach Akquisitionen im Ausland. Da ist es nur natürlich, dass sie sich mit uns zusammentun.«

Ding Xuedong trat im Februar 2017 zurück. Er soll für Höheres vorgesehen sein. Die Geschäfte führt seitdem Präsident Tu Guangshao, ein angesehener Finanzexperte, der Chef der Shanghaier Börse und Vizebürgermeister Shanghais war. Er eröffnete im Mai 2017 das CIC-Büro in New York und sagte, dies sei auch eine strategische Entscheidung. Man wolle mehr Investments in den USA. Insbesondere an den von Donald Trump verkündeten Infrastrukturprojekten wolle man sich beteiligen.

Damit rückte CIC auch räumlich näher an einen sehr einflussreichen Mann heran: Stephen Schwarzman, Gründer und CEO der Blackstone Group. Er hat es geschafft, geschickt bei den Chinesen zu antichambrieren. Seit 2008 hat seine Firma ein Büro in Beijing. Er spendierte der Tsinghua Universität 300 Millionen Dollar für ein Austauschprogramm.

Schwarzman ist der große Dealmaker im Verborgenen. Er berät nicht nur Chinas Staatsunternehmen, sondern auch dessen private Firmen.

Die Staatsunternehmen spielen nach wie vor eine große Rolle in Chinas gemischtem Wirtschaftssystem. Und das wird auch so bleiben, weil der starke Mann Xi Jinping es so will. Manche Staatskonzerne werden durch Fusionen noch größer, aber deswegen nicht unbedingt stärker werden. Insgesamt werden sie jedoch relativ an Gewicht verlieren, weil die privaten Unternehmen des Landes immer mehr an Macht hinzugewinnen. In ausgewählten Bereichen (Energie, Rohstoffe, Ernährung, Infrastruktur) werden die Staatsunternehmen auch im Ausland weiter zukaufen. Doch dagegen regt sich in einigen westlichen Ländern zunehmend Widerstand.

Drittes Kapitel
HAIER, HNA, HUAWEI & CO. –
Chinas große Privatkonzerne

> »Chinesische Brands sind heute da, wo in den 60er und 70er Jahren die Japaner und in den 80er Jahren die Koreaner waren.«
>
> *Bill Russo, Unternehmensberater und Kenner von Chinas Autobranche*

Chinas private Unternehmen bilden inzwischen das Rückgrat der chinesischen Wirtschaft. Sie erwirtschaften mit Abstand den größten Teil des Sozialprodukts, von ihnen stammen die meisten Innovationen im Lande, und sie sind am aktivsten bei der Expansion ins Ausland.

Viele von ihnen werden wir hierzulande erst in den nächsten Jahren kennen lernen. Denn China ist ein Spätstarter beim Rennen um die globalen Märkte.

Grund der Verzögerung: Sie haben einen großen Heimatmarkt. Da gibt es viel zu tun und viel zu verkaufen. *China first* sozusagen. Deswegen gibt es dort gigantische Konzerne, von denen wir hierzulande noch nie oder kaum etwas gehört haben. Im Modehandel zum Beispiel, wo Filialisten wie Baleno, Bosideng oder Metersbonwe Tausende von Shops haben. Oder im Sportgeschäft, wo Marken wie Anta, Erke oder Li Ning überall präsent sind. Oder in der Systemgastronomie, wo Ketten wie Din Tai Fung oder Haidilao erfolgreich Essen plus Erlebnis verkaufen.

Chinas Märkte sind allerdings brutal umkämpft, weil in- wie ausländische Firmen um die millionenfache Kundenschar buhlen. Dieser Kampf kann zum Vorteil werden, denn wer sich da durchsetzt, schafft das auch woanders. Er ist fit und reif für den Weltmarkt. Und immer mehr chinesische Firmen haben diesen Reifegrad erreicht.

Ihre Expansion ins Ausland lief oft nach demselben Muster ab. Erst einmal ins nahe asiatische Ausland, nicht unbedingt auf die entwickelten Märkte nach Japan und Korea, sondern nach Südostasien, immerhin ein Markt mit über 600 Millionen Konsumenten. Aber auch nach Indien, zum großen Nachbarn im Westen. Dies ist aber nicht so einfach, weil die beiden bevölkerungsreichsten Länder sich nicht gerade mögen. Politisch liegen die beiden Giganten seit Jahrzehnten im Clinch, weil man sich nach wie vor nicht über den Grenzverlauf einig ist.

Häufig punkten die Chinesen mit dem günstigen Preis ihrer Produkte. Aber auf die Dauer ist der Preis als entscheidender Wettbewerbsparameter zu wenig, vor allem wenn man in den entwickelten Ländern erfolgreich sein will. Dort kann man langfristig nur reüssieren, wenn man einen Namen hat, also eine Brand, wie es in der Marketingsprache heißt.

Aber daran hapert es bei vielen Unternehmen aus China noch deutlich. Es gibt nur wenige chinesische Marken, die global bekannt sind. Im Ranking der »Top 100 Brands«, die jährlich von der Agentur Interbrands ermittelt werden, sind nur zwei Firmen aus China, und das auch nur auf den hinteren Plätzen: Der Smartphone-Hersteller Huawei ist auf Rang 70, der Computerproduzent Lenovo auf Platz 100.

Neben diesen beiden kennt man eventuell noch Haier und Hisense, die inzwischen auch massiv in Sport-Sponsoring investieren, um sich so weltweit einen Namen zu machen. Und auch der Internetgigant Alibaba ist wegen seines Namens und seines charismatischen Chefs Jack Ma eine Größe. Aber das war es auch schon, der andere Internetriese Tencent hat sich global noch keinen großen Namen gemacht (zu diesen Unternehmen siehe Fünftes Kapitel).

Die Unbekanntheit paart sich mit einem Imageproblem, das China zweifellos hat. Lange, viel zu lange assoziierten westliche Konsumenten Produkte aus dem Riesenreich als billig und damit minderwertig. Natürlich produzieren die Millionen chinesischen Fabriken immer noch viel billige China-Waren, die dann massenhaft hierzulande in den Ein-Euro-Läden auftauchen. Aber eben nicht nur. Bei vielen Produkten – selbst bei den einst belächelten Autos – hat sich die Qualität enorm verbessert.

Für die chinesischen Firmen gibt es zwei Wege auf die Weltmärkte – entweder sie schaffen es aus eigener Kraft oder sie betreiben M&A (Merger & Acquisitions), kaufen also Firmen oder beteiligen sich an ihnen. Chinas Firmen gehen beide Wege.

Prominente Vertreter des Weges via Übernahmen sind der Autohersteller Geely (kaufte Volvo) und Lenovo (kaufte die Hardware von IBM). Spektakuläre Fälle in Deutschland waren die Aufkäufe von Kion und Kuka. Viele dieser Übernahmen machten aus chinesischer Sicht Sinn und waren durchaus erfolgreich. Aber es gab auch in den vergangenen Jahren Unternehmen aus China, die es übertrieben haben. Vier Firmen sind dabei besonders – inzwischen auch der eigenen Regierung – negativ aufgefallen: Anbang, Fosun, HNA und Wanda.

Huawei ist der Prototyp des ersten Weges, der Internationalisierung aus eigener Kraft. Ihn gehen auch die anderen Handyhersteller wie Oppo, Vivo oder Xiaomi. Sie sind inzwischen schon eigene Brands, von denen es in China noch nicht so viele gibt.

Die Sucht und Suche nach Brands

Und noch eine Mall. Als ob Shanghai nicht genug davon hätte. An der Ecke Huaihai Lu/Shaanxi Lu steht die IAPM Mall, einer der neuesten und luxuriösesten Konsumtempel in Shanghai. Sieben Etagen hoch. Unten, weil dort die Mieten am teuersten, sind die bekannten Luxusmarken aus Europa und den USA – Gucci, Prada, Michael Kors. Auf den Etagen darüber sind fast alle Marken dieser Welt dort mit Shops vertreten – von Adidas bis Zegna. Aber keine chinesische Brand.

Etwas besser sieht es mit der chinesischen Präsenz ein paar Querstraßen weiter in der Nanjing Lu aus. Sie war mal die Einkaufsmeile Nummer eins der Stadt, inzwischen wurde sie abgelöst von der Huaihai Lu, an der die luxuriöseren Marken ihre Shops haben. Trotzdem ist für viele Chinesen das Schlendern über die Nanjing Lu noch ein Muss in Shanghai, nicht zuletzt weil sie – zumindest im östlichen Teil – eine breite Fußgängerzone ist.

Und hier kann man den Unterschied studieren, wie sich ausländische und chinesische Marken vor allem im Bekleidungshandel präsentieren und positionieren – und warum sich Letztere so schwertun. Der spanische Händler Zara residiert pompös mit toller Außenfassade und moderner Warenpräsentation. Bei den chinesischen Ketten Baleno, Bosideng, Metersbonwe und Youngor hingegen herrscht Wühltischatmosphäre. So ramschig können sie sich in China präsentieren, aber nicht außerhalb des Landes.

Es ist schon sehr seltsam: Da ist China der größte Bekleidungs- und Schuhhersteller der Welt, aber hat es bislang nicht geschafft, eigene Marken in diesen modischen Bereichen zu kreieren. Ein Grund für dieses Manko: China hat sich in seiner industriellen Aufholjagd der vergangenen Jahre und Jahrzehnte fast ausschließlich auf die »schweren« Industrien konzentriert – Auto, Maschinenbau, Elektronik.

Doch das ändert sich nun. Langsam. »China hat sehr viel in Kunst und Designschulen investiert und das trägt Früchte: Über eine Million Studenten haben in diesen Bereichen seit 2009 ihren Abschluss gemacht«, sagt Jeffrey Towson, Professor an der Guanghua School of Management an der Beijing Universität. Sie hätten noch keine Erfahrung, aber Talent. Er meint deshalb, dass es nur eine Frage der Zeit sei, bis wir chinesische Brands auch in den Konsumgüterbranchen haben werden.

Diese Unterrepräsentanz bei globalen Marken gefällt auch der chinesischen Regierung nicht. Sie stört vor allem die fast koloniale Ausbeutung ihrer Arbeiter und Unternehmer. Ihr Argument: Wir produzieren die Waren günstig, die ausländischen Konzerne verkaufen sie teuer und kassieren satte Gewinne ein. Man denke nur an die Apple-Handys, die ja fast alle in China produziert werden. Oder auch an die Sportschuhe von Adidas, die in Mega-Fabriken zusammengeschustert werden. Die großen Gewinne machen nicht die chinesischen Auftragsfertiger, sondern Adidas und Apple. Klar, das hat Millionen chinesischer Arbeiter in Lohn und Brot gebracht. Aber China wurde nur zu einem kleinen Rädchen in der globalen Wertschöpfungskette.

Diese Rolle des Zulieferers passt heute nicht mehr zum Selbstverständnis der chinesischen Nation und deren Führung. Eine globale Wirtschaftsmacht, die China den Zahlen nach ja bereits ist, braucht und will globale Marken. Die mächtige National Development and Reform Commission (NDRC) hat deshalb schon mal zur Bewusstseinsschärfung einen »China Brands Day« ausgerufen. Es ist der 10. Mai, 2017 fand er zum ersten Mal statt.

Das ist alles schön und gut. Neben solch symbolischen Gesten müssen viele chinesische Unternehmen aber erst einmal ihre Hausaufgaben machen. Marken müssen aufgebaut werden. Marken brauchen eine Story. Die muss aber erzählt und kommuniziert werden. Da hapert es bei viele chinesischen Firmen häufig. In Sachen Marketing und Public Relations (PR) haben sie noch großen Nachholbedarf. Viele, auch private Unternehmen sind verschlossen, geben wenig Informationen preis.

Einige wenige haben das kapiert. Vor allem in der elektronischen Konsumgüterindustrie, und da insbesondere in der Smartphone-Branche. Jüngere Marken wie Oppo, Vivo oder Xiaomi investieren in Marketing und Sponsoring.

Sie wandeln damit auf den Erfolgsspuren der älteren und bekannten Marken wie Hisense oder Huawei, aber auch Haier.

Haier – eine Hammerstory

Die Episode ist einfach zu schön, um auf sie zu verzichten. Man muss mit ihr beginnen, wenn man über Haier schreibt, auch wenn sie die Insider wahrscheinlich schon nicht mehr hören oder lesen können.

Es war Anfang der 80er Jahre: In der Stadt Qingdao – hierzulande bekannt durch das dort gebraute Tsingtao-Bier, das in fast jedem Chinarestaurant ausgeschenkt wird – dümpelte eine Kühlschrankfabrik mit dem Namen Qingdao Refrigerator Co. vor sich hin. Sie hatte enorme Schulden. Die Monatsproduktion von 600 Beschäftigten betrug kaum mehr als 80 Kühlschränke. Das Unternehmen im Besitz der Stadt stand kurz vor dem Bankrott.

Und dann kam 1984 Zhang Ruimin (1949), vorher Bürokrat, nun Unternehmenschef. Keiner traute ihm etwas zu. Kurz nach seinem Amtsantritt brachte ein verärgerter Kunde einen defekten Kühlschrank zurück. Zhang kümmerte sich persönlich um den Fall, hatte er doch erkannt, dass er das Unternehmen nur durch Qualitätsverbesserungen vor dem Aus retten konnte.

Er ging durch das Lager und inspizierte die Ware. Von den 400 Kühlschränken dort waren 76 fehlerhaft. Alle 76 ließ er in der Fabrik in Reihe aufstellen, verteilte an die Arbeiter einen Vorschlaghammer und forderte sie auf, diese Geräte zu zerstören.

Diese schauten sich ungläubig an und weigerten sich zunächst, Hand anzulegen. Zwei Jahresgehälter wären mit einem Schlag futsch gewesen. Einige Arbeiter weinten. Doch Zhang befahl: »Zerstört sie!« Und er fügte als Begründung seiner Zerstörungswut hinzu: »Wenn wir sie nicht zerstören, wird der Markt unser Unternehmen in Zukunft zerstören.« Und sie schlugen zu. Einer der Hammer steht noch heute im Haier Heritage Center in Qingdao als Erinnerung, wie alles anfing.

Heute ist Haier der weltgrößte Hersteller von »weißer Ware«, wie die elektrischen Haushaltsgeräte im Fachjargon genannt werden (im Gegensatz zur braunen Ware der Unterhaltungselektronik): mehr als 30 Milliarden Dollar Umsatz, 78 000 Beschäftigte. Die Beratungsfirma BCG zählt Haier zu den zehn innovativsten Unternehmen der Welt

Wie konnte dieser phänomenale Aufstieg binnen etwas mehr als 30 Jahren gelingen?

Es gibt nur eine Antwort: Das bewirkte Zhang Ruimin, einer der schillerndsten chinesischen Manager.

Kind einer Arbeiterfamilie. Rotgardist. Mann der Disziplin. Als er bei Qingdao Refrigerator Co. anfing, setzte es erstmal 13 Artikel zur Arbeitsdisziplin. Wer raucht, zahlt 500 Yuan Strafe. Ebenso, wer zu spät kommt oder zu früh geht. Und – für westliche Beobachter etwas fremd – das Urinieren am Arbeitsplatz sei ebenfalls künftig zu unterlassen.

Zweite wichtige Amtshandlung: Er reiste nach Deutschland zu Liebherr, wollte von dort Technologie erwerben. Aber er musste dazu erst nach Beijing reisen, um eine Genehmigung zu bekommen. Dort nächtigte er in schäbigen Hostels. Die Toiletten hatten kein Dach, er ging mit dem Schirm dorthin. Aber er bekam das Okay der Behörden. Der Vertrag mit Liebherr wurde Ende Dezember 1984 unterschrieben. »Das war die letzte Chance zum Überleben.«

Von Liebherr hat Haier nicht nur seine Technologie, sondern auch seinen Namen. Die chinesische Aussprache von Liebherr klingt in etwa so: li-bo-hai-er. Die letzten beiden Schriftzeichen beziehungsweise deren Aussprache ergeben den Namen Haier, den das Unternehmen seit 1991 trägt.

Zhang hatte nie eine Universität besucht, aber vielleicht deswegen einen lebenslangen Drang zum Lernen und Lesen. Er wühlte sich durch die Gedankenwelt des Immanuel Kant, ist aber auch ein großer Anhänger des amerikanischen Managementgurus Peter Drucker, dessen Werk *The Effective Executive* er schon Mitte der 80er Jahre gelesen hat. Er studierte sehr genau Six Sigma von General Electric (GE).

Er ist brutal und radikal. In einer Ecke seines Büros hängt ein Titelbild des Wirtschaftsmagazins *Fortune* mit der Zeile: »Why do companies fail?« Um das zu vermeiden, hat er seine Firma immer wieder neu erfunden. So rasierte er bis Ende 2012 fast das ganze Mittelmanagement. 10 000 mussten damals gehen. Er führte mit einer Konsequenz wie kaum ein anderes Unternehmen auf dieser Welt sich selbst managende Teams ein, die als völlig unabhängige operative Einheiten arbeiteten.

Inzwischen ist Haier selbst ein Vorbild, an dem sich andere Konzerne orientieren. Kein Unternehmen aus China wurde im Westen so seziert wie Haier. Allein an der Harvard Business School war Haier seit 1998 Gegenstand von nicht weniger als 17 Case-Studies.

Frühzeitig ging Haier auch die Internationalisierung an, startete schon 2000 mit einer Fabrik in den USA, in South Carolina. Als Haier schon groß war, folgten erste Übernahmen: im Frühjahr 2012 die Weiße-Ware-Sparte von Sanyo und kurze Zeit später der neuseeländische Marktführer Fisher & Paykel. Im Januar

2016 dann die Haushaltssparte von General Electric (GE) für 5,6 Milliarden Dollar. Bemerkenswert: Haier zahlte cash und 2 Milliarden Dollar mehr als der mitbietende Konkurrent Electrolux.

Wie Haier wuchs auch Konkurrent TCL durch Übernahmen. Der Konzern (Umsatz: 18 Milliarden Dollar) aus Shenzhen kaufte einst vor allem in Frankreich Schneider, Thomson und das Handygeschäft von Alcatel.

Ein weiterer chinesischer Wettbewerber wählte hingegen einen anderen Weg.

Hisense – Umweg über die Dritte Welt

Wie Haier sitzt auch Hisense in Qingdao. Es stellt auch weiße und braune Ware her, und inzwischen auch Handys. Das ist aber auch schon das Ende der Gemeinsamkeiten. Hisense hat keinen charismatischen Führer wie Haier mit Zhang Ruimin. Und Hisense ist auch nicht durch große Zukäufe wie Haier gewachsen, sondern organisch – langsam, aber stetig.

Hisense startete als Qingdao Number Two Radiofactory. Einziges Produkt der zwölf Beschäftigten war Ende der 60er, Anfang der 70er Jahre ein Radiogerät mit dem Namen Rote Laterne. Es war die Zeit, in der sich das Konsumverhalten der Chinesen langsam veränderte. Bis dato standen auf der Wunschliste der Chinesen vor allem drei Produkte: ein Fahrrad, eine Uhr und eine Nähmaschine. Doch diese Prioritätenliste änderte sich in den 70er Jahren. Drei neue Produktwünsche lösten die alten drei ab: Kühlschrank, Waschmaschine und ein Fernsehgerät.

Auf Befehl der Regierung der Provinz Shandong, in der Qingdao liegt, musste die Radiofabrik nun plötzlich TV-Geräte herstellen. Bescheidener Jahresausstoß Anfang der 70er Jahre: 82 TV-Geräte. Zehn Jahre später waren es immerhin 40 000. Aus der Radiofabrik Nummer Zwei war inzwischen die Qingdao General Television Factory geworden. Das war der Verdienst vor allem einer Frau: Li Dezhen.

Sie wollte weiter wachsen und vor allem effizienter produzieren. Shandong liegt gegenüber von Japan, deshalb bekam Li Dezhen natürlich mit, dass drüben viele TV-Produzenten sehr erfolgreich sind. Sie wollte deshalb unbedingt eine Fertigungsstraße vom japanischen Hersteller Panasonic kaufen. Diese kostete allerdings 3 Millionen Dollar, zu viel für das Unternehmen. Erst einmal musste eine billigere Version aus Hongkong ausreichen, ehe sich die hartnäckige Frau doch durchsetzte und ihre Panasonic-Straße bekam.

Nach Li Dezhen kam 1994 Zhou Houjian. Einer seiner ersten Amtshandlungen war die Umbenennung der Qingdao General Television Factory. Aus dem bürokratisch-planwirtschaftlichen Zungenbrecher wurde ein schlichtes Haixin in Chinesisch oder in Englisch Hisense. Die beiden Schriftzeichen *hai* und *xin* bedeuten Meer und Vertrauenswürdigkeit.

Wichtiger als diese Namensänderung war ein anderer mutiger Schritt von Zhou, um sich von der zahlreichen chinesischen Konkurrenz zu differenzieren. Er wollte nicht über den Preis, sondern via Qualität die Wettbewerber ausstechen. Dazu nahm er sich große internationale Hersteller als Beispiel. Die entwickelten nämlich den Chip für ihre Geräte selbst. Zhou installierte ein elfköpfiges Team, das diesen Chip entwickeln sollte. Sie brauchten fünf Jahre. Im Mai 2005 war es soweit. Dieser Chip Marke Eigenbau ermöglichte eine kostengünstigere Produktion, aber auch einen technologischen Vorsprung bei Flachbildschirmen.

Und damit konnte sich Hisense auch ins Ausland wagen. In der Globalisierung ging Hisense – wie viele chinesische Hersteller – den klassischen Weg. Erst einmal tasteten sie sich in weniger entwickelte Märkte vor. Für Hisense war das zunächst Südafrika, später kamen Länder wie Brasilien, Indonesien, Pakistan und der Iran hinzu. Sie versuchten dabei immer billiger – so um die 10 bis 15 Prozent – als der große koreanische Konkurrent Samsung anzubieten.

In Europa tat sich Hisense zunächst schwer. Die EU-Kommission verhängte lange Zeit und immer mal wieder gegen chinesische Hersteller Strafzölle wegen angeblicher Dumpingpreise. Doch als osteuropäische Länder der EU beitraten, witterte Hisense seine Chance. Im August 2003 errichteten sie in Ungarn, zu dem China in den vergangenen Jahren eine besonders enge

Beziehung entwickelte, eine Fabrik. Von da aus war es nun ein Leichtes, den europäischen Markt zu bedienen.

Flankiert wurde dies durch diverse Marketingaktivitäten wie zum Beispiel das Auftreten als Sponsoring-Partner des Europäischen Fußballverbandes UEFA.

Wie wichtig Marketing und PR sind, hat auch ein anderer Konzern schon frühzeitig begriffen – Huawei.

Huawei – der Vorzeigekonzern

Ein Campus vom Feinsten. Viel Grün, künstliche Seen, Tennisplätze, Basketballfelder. Zwei Hotels, vier und fünf Sterne. Ein Sechssternehotel ist gerade im Bau. Stünden da nicht auch noch ein paar Bürogebäude, könnte man glatt meinen, man sei in einem Club Med.

Aber das ist hier der Campus des Telekomkonzerns Huawei. Rund 30 000 Beschäftigte arbeiten hier in den elf – von A bis K durchbuchstabierten – Bürogebäuden. A ist in traditionell chinesischem Stil gebaut. Dort residiert unter anderem der Firmengründer Ren Zhengfei. In B sitzen die Finanzleute, in F die Forscher und Entwickler und in J ist die Huawei Universität untergebracht.

Dort gibt es – wie in jedem der elf Gebäude – mehrere Restaurants, zum Beispiel ein thailändisches, ein koreanisches und ein japanisches. In A werden die Speisen von über zehn verschiedenen chinesische Küchen angeboten. Die Mitarbeiter können sich aussuchen, wo sie mittags speisen wollen. Shuttle-Busse verkehren um die Mittagszeit zwischen den diversen Gebäuden. Für die Ruhe danach gibt es separate Räume, wo sie die Füße hochlegen können. Hier verschläft aber trotzdem keiner die Zukunft.

Huawei ist in jeder Hinsicht ein Vorzeigeunternehmen. Die wichtigsten Superlative: Chinas bestes Technologieunternehmen. Chinas führender Global Player. Chinas bekannteste Marke.

Als einst John Chambers, der Chef von Cisco, von *Wall-Street-Journal*-Reportern gefragt wurde: Welche Firma unter seinen

Wettbewerbern ihm am meisten Sorgen macht, antwortete er: »Das ist sehr einfach. Vor 25 Jahren wusste ich bereits, dass mein größter Rivale einst aus China kommen würde. Nun weiß ich, dass es Huawei ist.«

Dahinter steckt ein kluger Kopf: Ren Zhengfei. Als er 1987 Huawei gründete, war er bereits 44 Jahre alt und zuvor Ingenieur beim Militär gewesen. Sein Startkapital waren 21 000 Yuan, er selbst konnte nur 3 000 Yuan beisteuern. Der Rest kam von fünf Partnern. Huawei startete als eine Handelsfirma mit 12 Beschäftigten. Sie verkauften zunächst Schalteinrichtungen für Telekomfirmen, ein paar Jahre später stellten sie sie selbst her. Sie waren zunächst von schlechter Qualität, hatten aber günstige Preise, und Huawei bot einen sehr guten Service. Und Huawei ging in Gegenden Chinas, die die ausländischen Konkurrenten wie Ericsson oder Motorola mieden.

Hinzu kam: »Die Huawei-Mitarbeiter saugten Informationen wie ein Schwamm auf«, schreibt Tian Tao in seinem Buch *Huawei – Leadership, Culture and Connectivity*. Sie übernahmen viel von ihren Konkurrenten und integrierten dies in ihre Systeme. Kein Klau, sondern alles legal. Sie bezahlten dafür Lizenzgebühren, in Spitzenzeiten über 200 Millionen Dollar im Jahr. Irgendwann – schwer auf ein Jahr zu datieren – waren sie auf Augenhöhe mit ihren Lehrmeistern.

Dann kam 2005 der Durchbruch mit einem Deal mit Vodafone. Es folgten wenig später Verträge mit fast allen führenden Telekomgesellschaften in Europa, auch der Deutschen Telekom. Mit diesen Kunden hat Huawei sogenannte Joint Innovation Centers (JIC), in denen gemeinsam entwickelt wird. Hinzu kommen 30 000 Forscher und Entwickler in China und Entwicklungszentren in aller Welt. Mindestens 10 Prozent vom Umsatz gehen jedes Jahr in Forschung und Entwicklung.

Dank dieser Innovationspower kam, was kommen musste: Bei Ausrüstungen für die Telekomindustrie ist Huawei seit 2014 weltweit die Nummer eins, Ericsson wurde abgelöst. Nokia, Siemens spielen keine große Rolle mehr.

Trotzdem heben sie bei Huawei nicht ab. Man macht auf Understatement. Einst platzte ein Manager in ein Meeting hochrangiger Kollegen und sagte: »Ich habe eine schlechte Nachricht: Wir gehören nun zu den Fortune-500-Unternehmen.« Keine Hand regte sich zum spontanen Applaus, keine Champagnerkorken knallten. Man ging zur Tagesordnung über.

Das ist das Gen von Gründer Ren, der ein bescheidener Mensch geblieben ist. Bis 1997 fuhr er einen alten Peugeot. Erst danach leistete er sich einen BMW. Wenn immer es die Zeit erlaubte, schob er das Schiebedach zurück, fuhr durch Shenzhen und hörte Englisch-Lektionen.

Wenn er reist – und er reist viel, mindestens 100 Flüge im Jahr –, informiert er nicht die lokalen Büros. Er ist einfach da, kommt mit dem Taxi. Als er kürzlich in der Taxischlange am Shanghaier Hongqiao-Flughafen gesichtet und abgelichtet wurde, ging das Foto durch die sozialen Medien. Er hat keinen Fahrer, auch die Vorstände – das Unternehmen wird von rotierenden CEOs geleitet – nicht. Es wird weder Business, geschweige denn First Class geflogen.

Ren gab auch die klaren Linien vor: keine oder höchstens kleine Übernahmen. Und: im angestammten Business, der Telekommunikation, bleiben. Router, Server, Schaltanlagen – das waren die Produkte, mit denen Huawei groß und stark wurde. Daneben produzierten sie auch Handys, aber lange Zeit nur für Telekomgesellschaften, die diese unter ihrem Namen verkauften.

2011 aber fing Huawei an, unter eigenem Namen Handys zu vertreiben. Ein schwieriger Sprung, denn nun war man plötzlich im Endverbrauchergeschäft. Doch Huawei ist auch dies gelungen. Binnen weniger Jahre wurden sie weltweit die Nummer drei hinter Apple und Samsung – und sie wollen mehr. Richard Yu, Chef der Handysparte: »Wir kommen Apple Schritt für Schritt, Innovation für Innovation näher.« Huawei-Smartphones konkurrieren nicht über den Preis, sondern über Innovationen. Sie haben starke Kameras durch eine Kooperation mit Leica. Leica-Besitzer Andreas Kaufmann sagt: »Wir haben auch mit Samsung verhandelt, aber Huawei war viel schneller.« Dank des Erfolgs im Handygeschäft will man bis 2020 das Ziel erreichen, 100 Milliarden Dollar Umsatz zu machen.

Doch bei allem Erfolg hat Huawei eine schwache Stelle. Die heißt USA. Weil Ren mal beim Militär war, glauben die Amerikaner allen Ernstes, dass Huawei eine Tarnorganisation der Volksbefreiungsarmee ist, während Huawei behauptet, das Unternehmen sei im Besitz der chinesischen Mitarbeiter, die seit Jahren regelmäßig Anteile bekommen. James Lewis vom Center for Strategic and International Studies (CSIS) in Washington sagt, die US-Sicherheitsbehörden »sind fest davon überzeugt, dass Huawei im Interesse der chinesischen Regierung handelt und dieser beim Spionieren hilft.«

Eher wahrscheinlich ist allerdings, dass die Amerikaner mit diesem vorgeschobenen Argument ihre eigene Industrie – allen voran Cisco – schützen wollen. Ren konterte 2015 in Davos bei einem seiner seltenen öffentlichen Auftritte: »Wir wurden nie von unserer Regierung gebeten, zu spionieren.« Von den US-Telekomfirmen bekommt Huawei aber keine Aufträge. Und da diese auch den Handymarkt beherrschen, verkauft Huawei in den USA fast keine Smartphones. Bislang jedenfalls. Gerüchteweise soll aber AT&T überlegen, Huawei-Handys ins Programm zu nehmen.

Da half bislang auch alles Lobbying in Washington nicht. Obwohl Huawei das chinesische Unternehmen ist, das das westliche Handwerk von Marketing, PR und Lobbying am besten versteht.

In Großbritannien, wo Huawei sehr stark ist und sogar ein Cyber Security Evaluation Centre etabliert hat, haben sie Lord Browne, den ehemaligen Chef des Ölkonzerns BP, und Sir Andrew Cahn, Ex-Chef von UK Trade & Investment, in den Board berufen.

In Brüssel engagierte Huawei den ehemaligen EU-Botschafter in China, Serge Abou, als Senior Advisor für die Europäischen Institutionen. Für manchen hat dieser Seitenwechsel ein Gschmäckle, für Huawei ist der Mann freilich eine echte Brüsseler Spitze.

Und auch in Deutschland hat das Unternehmen um sich einen honorigen Beraterkreis geschart – vom Ex-Daimler-Manager Rolf Eckrodt bis zum ehemaligen Staatssekretär im Bundeswirtschaftsministerium Bernd Pfaffenbach.

Aber vielleicht wichtiger als all diese Herren in dunklen Anzügen ist ein Mann in kurzen Hosen – Lionel Messi. Argentiniens Fußballstar ist der globale Markenbotschafter von Huawei.

Was die können, können wir auch, dachte man beim chinesischen Konkurrenten ZTE – und engagierte als Werbeträger Cristiano Ronaldo, den portugiesischen Starkicker.

Ein Geheimniskrämer und zwei Geheimtipps

Wenn Xi Jinping auf Auslandsreisen geht, hat er natürlich wie alle Staatschefs für seine Gastgeber Geschenke dabei. Früher waren das typisch chinesische Produkte wie Porzellan oder Seide, schließlich haben das ja die Chinesen vor langer Zeit erfunden. Doch in diesen modernen Zeiten hat er noch andere Waren im Präsentkorb. Produkte, die das moderne China repräsentieren. Smartphones zum Beispiel. Xi Jinping verschenkt Handys, aber nicht von Huawei, sondern von ZTE. Der Grund: ZTE ist halbstaatlich, Huawei dagegen privat.

Die beiden Konkurrenten haben viele Gemeinsamkeiten. Beide haben ihren Sitz in Shenzhen. Beide gingen den gleichen Weg der Expansion: erst Telekomausrüster, dann ins Smartphone-Geschäft. ZTE verkauft sie unter der Marke Nubia, deren Botschafter Cristiano Ronaldo ist. Beide geben sehr viel Geld für Forschung und Entwicklung aus, nämlich rund 10 Prozent vom Umsatz. Beide besitzen viele Patente, ZTE sogar mehr als Huawei.

Doch was das Verhalten gegenüber der Öffentlichkeit anbetrifft, ist ZTE das genaue Gegenteil von Huawei, nämlich ziemlich verschlossen. Sie betreiben wenig Werbung und haben deshalb trotz Ronaldo hierzulande eine geringe Bekanntheit. Die Zurückhaltung hat wohl damit zu tun, dass ZTE (abgekürzt für Zhong Xing New Telecommunication Equipment) ein halbstaatliches Unternehmen ist. Es wurde 1985 von einer Gruppe von Investoren, das Verbindungen zum Luftfahrtministerium hatte, gegründet. Chairman war lange Zeit einer der Gründer Hou Weigui, ein eher ruhiger, zurückhaltender Zeitgenosse, der gewöhnlich Economy Class fliegt und ein einfaches Leben führt. Sein Nachfolger wurde 2016 Zhao Xianming.

Und anders als Huawei ist ZTE in den USA präsent. Sehr gut sogar. Bei Smartphones ist ZTE die Nummer vier. Sie nennen ihre Strategie: ACW. In dieser Reihenfolge wollen sie die Märkte aufrollen: Amerika – China – Welt. Um die Amerikaner nicht zu vergrätzen, zahlte der Konzern 2017 mehr oder weniger bereitwillig in den USA eine Rekordstrafe von 892 Millionen Dollar. Das Unternehmen hatte gegen US-Sanktionen verstoßen und Netzwerktechnik an den Iran geliefert.

ZTE ist nicht der einzige chinesische Herausforderer von Huawei im Handymarkt. Es gibt da noch ein sehr erfolgreiches Duo: Vivo und Oppo. Beide gehören zu BBK Electronics mit Sitz in Dongguan. Chairman des Unternehmens ist Duan Yongping (1961), in China einer der bekanntesten Entrepreneure, aber außerhalb des Landes eine unbekannte Größe. Interviews gibt der studierte Elektroingenieur fast nie.

Er lebt in Palo Alto im kalifornischen Silicon Valley. 2001 ist er dorthin gezogen. Da war Duan schon 40 Jahre alt und hatte viel Geld mit DVD-Playern und Spielekonsolen verdient. Er konnte sich das Haus, das er Cisco-Chairman John Chambers abkaufte, locker leisten. Er wollte eigentlich aus seinem kalifornischen Luxusdomizil nur durch diverse Investments sein ohnehin schon stattliches Vermögen vermehren.

Sein großes Vorbild: Warren Buffett. Über ihn und von ihm hat er alles gelesen, was er finden konnte. Das reichte ihm freilich nicht. Er wollte dem amerikanischen Geldmagier auch leibhaftig begegnen. Um mit ihm zu speisen und vor allem zu reden, ersteigerte er deshalb in einer Auktion für 620 100 Dollar ein Lunch mit dem Orakel von Omaha.

Ob und welche Tipps ihm Buffett dabei gab, ist nicht überliefert. Aber Duan machte einige gute Investments. Er stieg zum Beispiel beim einst dümpelnden chinesischen Internetunternehmen NetEase ein, als dessen Aktie gerade mal 16 Cents wert war. Später verkaufte er einen Großteil der NetEase-Aktien für 40 Dollar das Stück. Ein sagenhafter Schnitt. Beim Schnapsbrenner Kweichow Moutai verdoppelte er immerhin den Wert seines Aktienpakets.

Doch neben diesen Finanzinvestments hatte er genug Zeit, ins Handy-Business einzusteigen.

2004 gründete er mit einem Kompagnon Oppo, 2009 Vivo. Beide Marken konkurrieren gegeneinander und bieten hohe Qualität (zum Beispiel kurze Ladezeiten, lange Laufzeiten) zu günstigen Preisen. Unterstützt wird der Auftritt von vielen Marketingaktivitäten mit lokalen Stars und einem gigantischen Händlernetzwerk. Damit sind Oppo und Vivo vor allem in kleineren Städten erfolgreich. Klein bedeutet nach chinesischen Maßstäben um die eine Million Einwohner. Apple haben sie auf dem chinesischen Markt schon abgehängt. Aber inzwischen sind beide auch in südostasiatischen Ländern und vor allem Indien erfolgreich. Dort unterschrieb Oppo Anfang 2017 für knapp 170 Millionen Dollar einen Sponsor-Deal mit dem indischen Cricket-Team. Vivo setzt auf Fußball und ist globaler Fifa-Sponsor.

Global sind Vivo und Oppo bereits die Nummer vier und fünf – hinter Apple, Samsung, Huawei. Und dann folgt schon der nächste Chinese – Xiaomi.

Xiaomi – Modell der Zukunft?

Xiaomi – ein Handyhersteller? Xiaomi will mehr sein. Zu besichtigen in einem der vielen Xiaomi-Shops, Mi Home genannt.

Einer dieser Mi-Home-Shops ist auf der dritten Etage der Joy City Mall in Shanghai. Auf den ersten Blick meint man, in einem Apple Store gelandet zu sein, wäre da nicht am Eingang das orange Logo von Xiaomi und die Preise der Smartphones, die auf den Holztischen liegen, um einiges günstiger als die der iPhones. Auf den zweiten Blick erkennt man, dass hier noch mehr angeboten wird als nur Smartphones: Luftfilter, Reiskocher, Schreibgeräte und sogar Toilettensitze. Fast alles in weiß und in elegantem schlichten Design. Rund zwei Dutzend Produkte sind in den Mi Homes ausgestellt. All diese Geräte läßt Xiaomi produzieren. Die Handys von Foxconn, die anderen Produkte meist von Start-ups, mit denen Xiaomi sehr eng zusammenarbeitet. So bleibt das Unternehmen mit nur 13 000 Beschäftigten schlank – für chinesische Verhältnisse.

Es war ein rasanter Aufstieg: Im August 2011 kam das erste Handy von Xiaomi auf den Markt. Das Mi 1 war technisch okay und vor allem mit 2 000 Yuan günstig. Dem Mi 1 folgte das Mi 2, Mi 3 und so weiter. Drei Jahre später war Xiaomi bereits weltweit die Nummer drei hinter Apple und Samsung, ohne ein einziges Handy außerhalb Chinas zu verkaufen.

Vorübergehend wurde Xiaomi mit 45 Milliarden Dollar bewertet und war damit eines der wertvollsten Start-ups in der Welt. Xiaomi-Gründer Lei sprach vollmundig von 100 Millionen verkauften Handys für 2015. Daraus wurde nichts. Xiaomi hatte einen zweijährigen Durchhänger. Während der Zeit wurde mehr Wert auf Innovationen gelegt. Xiaomi entwickelte seinen eigenen Chip, was von den Smartphone-Herstellern bislang nur Apple, Samsung und Huawei gelungen ist.

Außerdem wurde der Vertrieb überdacht. Die ersten Jahre konnte man die Geräte nur online kaufen. Seit 2016 gibt es aber nun die Mi-Home-Shops. Bis 2019 sollen 1 000 Mi Homes eröffnet werden, auch in Indien, wo Xiaomi bereits die Nummer zwei ist. Indien ist einer von bereits 20 Auslandsmärkten, zu denen mit Spanien auch der erste westeuropäische zählt. Inzwischen fühlt sich Xiaomi fit für einen Börsengang.

Xiaomi hat ein interessantes Businessmodell, das sich in vielem von den anderen traditionellen Herstellern unterscheidet. Es könnte ein Modell der Zukunft sein – auch für andere Branchen. Der amerikanische Technologie-Experte Clay Shirky, der ein Buch über Xiaomi geschrieben hat (*Little Rice: Smartphones, Xiaomi and the Chinese Dream*), sagt: »So wie Xiaomi muss ein Unternehmen im 21. Jahrhundert aufgestellt sein.« Dauernde Aufmerksamkeit gegenüber und Kommunikation mit dem Kunden. Permanente Software-Upgrades. Das sei eine gute Strategie zur Erhaltung von Kundenloyalität.

In einer Rede anlässlich des fünften Geburtstages des Unternehmens sagte Lei: »Wir behandeln unsere Kunden als unsere Freunde. Wir glauben an sie, und wir hören auf sie.« Aus Kunden wurden Fans. Inzwischen hat Xiaomi mehr als 100 Millionen sogenannter Mi Fans. Jeden Freitag gibt es Software-Upgrades. Im Unternehmen und bei den treuen Kunden wird er »Orange Friday« genannt. Orange ist die Farbe des Unternehmens.

Kommuniziert wird über soziale Medien. Xiaomis Chat-Boards haben über 60 Millionen Mitglieder. Ein Team von 20 Leuten moderiert diese Foren und veranstaltet Events für die Fans. Es gibt die offiziellen Mi-Pop-Partys, wo Hunderte Fans sich mit dem Management treffen, mit ihm quatschen und feiern. Das fing erst in den Büroräumen an, nun vergnügt man sich in Bars und Clubs. Und die Fangemeinde organisiert selber Partys.

Und manchmal gehen sie auch gemeinsam essen.

Was McDonalds und Starbucks können ...

Oh, wie köstlich! Diese Teigtaschen – gefüllt mit Fleisch und Brühe – zergehen fast auf der Zunge. Sie heißen Xiao Long Bao und sind eine Spezialität Shanghais. Dort gibt es sie fast an jeder Straßenecke, aber auch in einem Ketten-Restaurant namens Din Tai Fung. Deren Erkennungszeichen sind lange Schlangen. Plätze in diesen schicken Lokalen sind begehrt. Wer nicht reserviert hat, muss warten. Und die hungrigen Gäste warten geduldig.

Din Tai Fung, deren Gründer ursprünglich aus Taiwan stammen, ist eine Erfolgsgeschichte. Qualität, Einrichtung, Service – alles passt. Eine der Hongkonger Filiale bekam sogar einen Michelin-Stern verliehen. Mittlerweile gibt es über 140 Restaurants über ganz China verteilt, aber auch in einigen südostasiatischen Ländern, Japan, Korea, den Vereinigten Arabischen Emiraten, den USA – und ab Mitte 2018 dann im Centre Point Building in London, der erste Auftritt in Europa.

Das ist eine spannende Frage: Kann ein chinesischer Systemgastronom auch global erfolgreich sein? Kann es einen chinesischen McDonalds geben?

Es gibt ja schon Hunderttausende, ach was Millionen China-Restaurants in aller Welt. Ihr Image: billig, kitschig, lausig. Und dann noch diese Vorurteile: Sie essen Hunde, Ratten, Affenhirne. Alles Quatsch mit Soße.

Die chinesischen Küchen – es gibt nicht die eine, sondern mehrere höchst unterschiedliche – sind die besten der Welt. Nur: In deren Genuss kommen die wenigsten Menschen auf dieser Erde, weil die China-Restaurants in aller Welt Chop Suey, General-Tso-Hähnchen oder ähnliche kulinarische Verfälschungen anbieten, die ein Chinese nur kurz vor dem Hungertod anrühren würde. Und am Schluss gibt es auch noch Glückskekse, noch so eine amerikanische Erfindung.

»Die chinesische Küche ist im Ausland oft billig und von schlechter Qualität«. Das sagt ein Chinese. Das sagt Zhang Yong. Er will das verbessern. Er will so groß werden wie McDonalds oder Starbucks – das ist sein Traum.

Zhang hat wie die Gründer von Din Tai Fung auch eine Kette von chinesischen Restaurants aufgebaut. Seine heißt Haidilao, ein Ausdruck aus dem Mahjong-Spiel, und bedeutet Glück. Zhang kommt aus Sichuan. Dort gibt es die Spezialität Feuertopf, Hotpot, eine Art chinesisches Fondue. Ein Topf, der mit Gas oder Holzkohle am Köcheln gehalten wird. Meist ist er zweigeteilt: Eine scharfe Brühe, wo die getrockneten Chilis in einer einem Europäer nur schwer vermittelbaren Anzahl schwimmen, und eine entschärfte Variante. In den Brühen werden je nach Gusto Fleisch, Fisch, Gemüse, Pilze, Nudeln gegart. Entweder man holt dies von einem Buffett, oder man kreuzt auf einem Zettel an, was man gerne haben will.

So macht man es bei Haidilao.

Deren Gründer war Zhang Yong. Er war erst Fabrikarbeiter, verdiente 93 Yuan im Monat. Zu wenig zum Leben. Also startete er ein kleines Feuertopf-Restaurant. Vier Tische. Es war ein schwerer Anfang, aber er war lernfähig: »Das Wichtigste, was ich während dieser Zeit lernte, ist, freundlich zu den Kunden zu sein.« Bis heute ist der Kunde König. Während er wartet – und bei Haidilao muss man oft lange warten – bekommt er die Schuhe geputzt, die Frau ein Make-up verpasst oder beide eine Nackenmassage. Für Kinder gibt es Spielecken.

Inzwischen gibt es über 200 Haidilao-Restaurants in 60 chinesischen Städten. Und auch schon eine Handvoll im Ausland, in Los Angeles, Tokio, Seoul und Singapur. Zhang ist inzwischen

Milliardär, pendelt zwischen China und Singapur, wo er mit Frau und Sohn lebt. Im Stadtstaat hat er sich für 20 Millionen Dollar ein schickes Haus gekauft.

Zhang ist überzeugt davon, seine Hotpot-Kette erfolgreich internationalisieren zu können.

Kann das gelingen? Kann, was in China schmeckt, auch den globalen Geschmacksnerv treffen?

Dieselbe Frage stellen sich auch die Manager von Kweichow Moutai. Diese Firma ist inzwischen der wertvollste Spirituosenhersteller der Welt. Seine Marktkapitalisierung lag Mitte 2017 bei 92 Milliarden Dollar, US-Konkurrent Diageo (Johnnie Walker und andere) nur bei 83 Milliarden. Wie denn das? Im Zuge der Antikorruptionskampagne wurde doch weniger verschenkt und weniger gesoffen. Offiziell zumindest. Noch heute ist in der Provinz Guizhou, wo Kweichow Moutai seinen Sitz hat, bei offiziellen Banketten das Leeren von Gläsern mit alkoholischen Inhalten untersagt.

Aber offenbar wird im Privaten munter weitergebechert. Moutai meldet Rekordumsätze dank der wachsenden, trinkfreudigen Mittelschicht. Außerdem hat das Unternehmen ordentlich die Preise angezogen.

Kweichow Moutai stellt den Moutai her. Moutai ist ein Baijiu – *bai* heißt weiß, *jiu* heißt Alkohol. Also ein Klarer, würde man in Deutschland sagen. Er kann aus Weizen oder Reis gebrannt werden, meist wird er aber aus Sorghumhirse hergestellt. Hat aber mehr Alkohol als ein Klarer, nämlich bis zu 60 Prozent. Und schmeckt – sagen wir mal – gewöhnungsbedürftig. Kai Strittmatter musste als langjähriger China-Korrespondent der *Süddeutschen Zeitung* schon einiges schlucken. Sein Geschmacksurteil über den Baijiu ist vernichtend: »Roter Sorghum mit einer Note Kakerlakengift und mehr als nur einem Hauch Abflussreiniger im Abgang.«

Kann so ein Getränk global erfolgreich sein, wie es die Baijiu-Hersteller wollen? Die sagen: Tequila, dieser seltsame Agaven-Schnaps aus Mexiko, hat es auch geschafft. Warum also nicht unser Baijiu?

Schlucken, also ein anderes Unternehmen übernehmen, wollen sie vorerst nicht. Das sollen andere machen.

Auf Einkaufstour im Ausland

Um die Jahrtausendwende, genauer im Jahre 2001, gab die chinesische Führung die Parole an die Unternehmen des Landes aus: *Zou Chu Qu*. Schwärmt aus! Geht nach draußen! Kauft dort Unternehmen! Die Zeit für den Aufbruch Richtung Weltmarkt war damals günstig. China war gerade der Welthandelsorganisation WTO beigetreten, das globale Terrain war sozusagen bereitet.

Es folgten erste zaghafte Versuche, im Ausland zu investieren und Unternehmen aufzukaufen. An vorderster Front standen die staatlichen Energiekonzerne, deren Investments nicht unbedingt unternehmerischer Logik entsprachen, sondern eher der Rohstoffsicherung des Landes dienten. Sinopec und CNOOC gingen auf Einkaufstour, in Afrika, in Südamerika, in Australien. Sie kauften Öl- und Gasfelder, Bergwerke und Minen.

Doch in den vergangenen Jahren hat sich die Einkaufsliste gravierend verändert. Chinas Unternehmen kauften quer über alle Branchen – von Lowtech bis Hightech, von Mittelständler bis Großkonzern. Entsprechend änderte sich die regionale Fokussierung. Statt der rohstoffreichen Dritte-Welt-Staaten rückten nun die Industriestaaten auf der Liste der Zielländer weit nach vorne, vor allem die in Nordamerika und Europa.

Zweiter Unterschied zu früher: Es treten vermehrt private Unternehmen als Käufer auf, weniger die Staatsunternehmen. Und sie trauen sich an dicke Brocken heran, auch wenn diese manchmal schwer zu verdauen sind. Der Computerhersteller Lenovo, der die Hardware von IBM kaufte, ist dafür ein gutes Beispiel.

Diese Übernahme folgte einer klaren industriellen Logik, weil sie das bestehende Geschäftsfeld geschickt ergänzte, neue Märkte erschloss und einen Know-how-Transfer ermöglichte. Unter diese Kategorie der vernünftigen Deals fallen zum Beispiel auch die Übernahmen der Weiße-Waren-Sparte von General Electric durch Haier sowie Volvo durch Geely.

Doch neben diesen sehr rationalen Übernahmen gab es in den vergangenen Jahren jede Menge Deals, die für Außenstehende schwer nachvollziehbar waren, weil sie so willkürlich erschienen und abseits des Stammgeschäfts der Käuferfirmen liegen. Darunter fallen die meisten Käufe und Beteiligungen der »Viererbande« Anbang, Fosun, HNA und Wanda. Weil viele dieser Deals auf Pump finanziert waren und letztlich durch ihre Irrationalität auch dem Image Chinas schadeten, schränkte die Regierung die Aktivitäten dieses Quartetts stark ein.

Seit dem Staatsrat-Beschluss vom August 2017 weiß man, welche Auslandsinvestitionen erwünscht sind und welche nicht. Keine Sportklubs, Hollywood-Studios oder Luxushotels, sondern Hightech-Firmen. Man muss nur das Programm *Made in China 2025* lesen, dann ist klar, in welchen Branchen Chinas Firmen zukaufen werden. Das werden vor allem sein: Roboter, Halbleiter und hochwertige Maschinen.

Und damit rückt zunehmend Europa in den Fokus der chinesischen Aufkäufer. Lange Zeit mieden die Chinesen Europa. Zu komplex, zu reglementiert fanden sie das Geschäftemachen auf dem Kontinent. Zudem mochten sie die EU-Kommission nicht, die immer wieder Anti-Dumping-Verfahren anstrengte und andere Handelshürden aufbaute, vor allem unter Ex-Handelskommissar Karel de Gucht, der von den Chinesen nicht gerade als Freund angesehen wurde.

Doch mittlerweile »ist Europa der Top-Kontinent«, stellt die Wirtschaftsprüfergesellschaft EY in ihrer Studie *China Go Abroad* fest. Die M&A-Deals dort verdreifachten sich zwischen 2012 und 2016. Und im Zentrum des Interesses ist Deutschland. Cora Jungbluth von der Bertelsmann-Stiftung hat viele chinesische Dokumente durchforstet und kommt in ihrer Studie *Challenge and Opportunity – Chinese Direct Investment in Germany* zu folgendem Resümee: »Das sogenannte Länder-Industrie-Verzeichnis der chinesischen Regierung empfiehlt chinesischen Unternehmen explizit, in Deutschland zu investieren – vor allem im Maschinenbau und in der Automobilbranche, aber auch in der Informationstechnologie und im Bereich erneuerbarer Energien.«

Es hat hierzulande immer mal wieder Übernahmen durch chinesische Unternehmen gegeben, aber es waren wenig spektakuläre Fälle. Meist waren die Ziele eher kleinere und mittelständische Unternehmen. Viele der ganz frühen chinesischen Übernehmer zahlten Lehrgeld. Sie unterschätzten die Märkte, die Regularien, den Einfluss der Gewerkschaften, verstanden deutsche Mitbestimmung und das Betriebsverfassungsgesetz nicht.

Die, die jetzt kommen, haben ihre Lektionen gelernt. Sie wissen, dass sie nach wie vor gegen Vorurteile ankämpfen müssen. Personalabbau, Managementwechsel, Verlagerungen, Ausschlachten, Know-how-Transfer – das sind die Befürchtungen, die man gemeinhin so hören und lesen kann, wenn Chinesen bei westlichen Unternehmen eingestiegen sind.

Doch diese unterstellten bösen Absichten sind bislang bei den großen Deals nicht eingetreten. Im Gegenteil. Die übernommenen Unternehmen profitieren. Beispiel Putzmeister. Der Hersteller von Betonpumpen wurde 2012 in einem aufsehenerregenden Deal vom chinesischen Sany-Konzern übernommen. Der Umsatz ist seitdem von 575 auf 716 Millionen Euro gestiegen. Es gab auch keinen Personalabbau, denn es gilt ja ein Standortsicherungsvertrag inklusive Beschäftigungsgarantie bis 2020.

Auch KraussMaffei konnte nach dem Einstieg vom ChemChina nur Positives vermelden: Die Zahl der Mitarbeiter ist seitdem von 4500 auf 5000 gestiegen.

Ob es im Falle Kuka auch so sein wird?

Die Roboterehe – Mideas Übernahme von Kuka

Zu seinem ersten öffentlichen Auftritt auf der Hannover-Messe im April 2017 band er sich extra eine orange Krawatte um. Es sollte ein Statement pro Kuka sein. Orange ist die Farbe von Kuka. Und Krawattenträger Fang Hongbo ist der Chef von Midea, dem Konzern, der Kuka gekauft hat. Seine Rede in Hannover sollte besänftigend wirken. Das Management bleibe selbstverständlich. Man werde mit Sicherheit die Spielregeln in Deutschland einhalten, sagte der neue Besitzer von Kuka.

Kuka ist ein technologisches Juwel. Kuka stellt Industrieroboter her. In vielen Autofabriken sind sie im Einsatz. Roboter verkörpern Zukunft. Also kamen gleich Zukunftsängste auf, als Midea im Frühjahr 2016 ankündigte, Kuka übernehmen zu wollen. Es folgte eine sehr emotionale Diskussion – vor allem im politischen Raum. Sigmar Gabriel, damals Bundeswirtschaftsminister, versuchte auf die Schnelle eine deutsche oder gar europäische Allianz von Unternehmen zu schmieden, die ein Alternativangebot zu den Chinesen vorlegen sollte. Sie kam nicht zustande.

Aber die Diskussion blieb und kreiste um die Frage: Darf ein chinesisches Unternehmen nach den Filetstücken der deutschen Wirtschaft greifen? Fließt hier wichtiges Know-how ab? Das schlimme Wort vom Ausverkauf der deutschen Industrie geisterte durch die Diskussion.

Dass es so weit kam, war auch Mitschuld von Midea. Midea machte den Fehler, den viele chinesische Firmen begehen: Sie bereiteten ihr Auftreten auf dem deutschen Markt nicht PR-begleitend vor. Eine PR-Agentur – in diesem Falle war es die Brunswick Group – erst parallel zur Verkündigung des Übernahmeangebots zu engagieren, ist zu spät, viel zu spät. Dann darf man sich nicht wundern, wenn viele fragen: Midea wer? Welche – womöglich finsteren – Absichten haben sie? Steckt etwa der Staat dahinter?

Also, wer ist Midea?

Midea ist ein Hersteller einer breiten Palette weißer Waren – von Klimaanlagen bis Waschmaschinen. Umsatz: mehr als 22 Milliarden Dollar, mehr als 100 000 Mitarbeiter. Sehr exportorientiert, vielleicht das internationalste chinesische Unternehmen in der Branche.

He Xiangjian (1942) ist der Gründer des Unternehmens und inzwischen Multimilliardär, der angeblich täglich auf dem Golfplatz den Schläger schwingt. Er arbeitete erst als Bauer. Mit 5 000 Yuan starteten er und 23 weitere Einwohner von Shunde 1968 – die Kulturrevolution war damals in vollem Gange – mit der Produktion von Plastikverschlüssen für Flaschen. 1980 folgte der erste elektrische Ventilator mit dem Namen Pearl. 1981 kaufte er die Marke Midea, 1985 produzierte er die ersten Klimaanlagen.

Chef ist seit August 2012 Fang Hongbo und nicht Gründersohn He Jianfeng (1967), der aber im Vorstand sitzt. Fang war es auch, der den Deal mit Kuka einfädelte und die Konditionen aushandelte. Interessant ist die verbindliche Investorenvereinbarung. Sie hat eine Laufzeit von siebeneinhalb Jahren. »Das ist ungewöhnlich lange«, sagt Kuka-Vorstandschef Till Reuter. In der Vereinbarung bekennt sich Midea zu den deutschen Standorten und Mitarbeitern. Es gibt keinen Personalabbau, keine Standortschließungen- oder verlagerungen. In den zwölfköpfigen Aufsichtsrat von Kuka ziehen lediglich vier Midea-Vertreter ein. Vizepräsident Gu Yanmin ist Chef des Gremiums, Personalchefin Liu Min einfaches Mitglied. Einfluss sieht anders aus.

Von beiden Seiten hört man das – bei Übernahmen in aller Welt übliche – Win-win-Gerede. Es gebe nur Sieger, keine Verlierer. Aber vielleicht profitieren im Falle Midea-Kuka wirklich beide Unternehmen. Denn ihre Stärken ergänzen sich. Die einen (Midea) sind im Bereich weiße Waren stark, die anderen (Kuka) bei Robotern. Weil beide Bereiche künftig zusammenwachsen – Stichwort: *Personal Robots* –, eröffnet sich ein Riesenpotenzial. Till Reuter kündigt denn auch an: »Wir wollen mit Midea auch Roboter für zu Hause bauen. Als Haushaltsgerätehersteller kennen die Chinesen das Konsumentengeschäft sehr gut.«

Wer weiß, vielleicht wird dann die Ehe Midea/Kuka so erfolgreich enden wie der Zusammenschluss von Wanchei und Kion.

Win-win-Situation – Wenchai/Kion

Kion war im Jahre 2012 hochverschuldet. Und jedes Jahr erhöhte sich der Schuldenberg, denn die Verluste betrugen damals fast 100 Millionen Euro im Jahr. Eigentlich kein lukratives Objekt der Begierde. Trotzdem fand Kion – so heißt die 2006 ausgegliederte und danach selbstständige Gabelstaplersparte von Linde – im Sommer 2012 einen Käufer, und zwar aus China.

Der Motorenbauer Weichai Power zahlte 738 Millionen Euro für einen Anteil von zunächst 25 Prozent an Kion. Es war damals das höchste Investment eines chinesischen Unternehmens in Deutschland. Inzwischen hält Weichai nach mehreren Zukäufen rund 43 Prozent an dem Unternehmen, das kürzlich seinen Sitz von Wiesbaden nach Frankfurt verlegte.

Seit 2012 hat Kion also einen chinesischen Großaktionär. Kein anderes großes deutsches Unternehmen hat mehr Erfahrung mit chinesischen Besitzern. Kion-Chef Gordon Riske, der den Deal damals einfädelte und durchzog, ist immer noch im Amt und kann also viel erzählen, wie man denn so unter und mit einem chinesischen Dienstherrn arbeiten und managen kann.

Der Amerikaner sitzt ganz entspannt in seinem Büro und plaudert erst einmal über die Zeit vor der Übernahme, was man da alles falsch und richtig machen kann. Viel und rechtzeitig kommunizieren sei ganz entscheidend, sagt Riske. Nachdem sich ein Einstieg von Weichai abzeichnete, informierte er die Politik auf allen Ebenen. Die Oberbürgermeister der Städte, in denen Kion Fabriken hatte. Auf Landesebene den damaligen bayerischen Wirtschaftsminister Martin Zeil und Hessens Ministerpräsident Volker Bouffier und im Bund Lars-Hendrik Röller, der im Bundeskanzleramt die Abteilung für Wirtschaft und Finanzen leitete. Parallel dazu führten er und sein Team aufklärende Gespräche mit den Betriebsräten und den Gewerkschaften. Niemand sollte überrumpelt werden und vor vollendete Tatsachen gestellt werden.

Aber auch der neue chinesische Partner musste aufgeklärt werden. Vor allem über die deutsche Mitbestimmung. »Die Chinesen dachten, das gehört jetzt uns, damit haben wir jetzt das Sagen.« Dass da Arbeitnehmervertreter und Gewerkschaftler mit am Tische saßen und mitbestimmten, war den Herren aus dem formal noch kommunistischen Land doch etwas suspekt.

Drei von insgesamt 16 Aufsichtsräten stellt die chinesische Seite, darunter der Chairman und Präsident von Weichai Tan Xuguang, der aber nicht mal Vorsitzender des Gremiums ist. Die Runde trifft sich vier-, fünfmal im Jahr. Zusätzlich reist Riske im Schnitt jedes Quartal nach China. Ein Gewalttrip: Meist fliegt er Donnerstagabends los, konferiert den ganzen Freitag entweder in Beijing oder Hongkong und fliegt in der Nacht auf Samstag wieder zurück. »Und das Abendessen nicht vergessen. Das ist ganz wichtig, manchmal wichtiger als die Meetings zuvor.«

Wenn Riske nach fünf Jahren chinesischer Miteigentümer Bilanz zieht, kann er nur lobende Worte finden. Fühlt er sich am

Gängelband der Chinesen? »Nein. Die Leine ist eher lang als kurz.« Die Zahlen sprechen für sich: Umsatz, Gewinn sind gestiegen. Die Marktposition gefestigt. Und strategische Investitionen getätigt wie zum Beispiel die Übernahme des Lagerlogistikausrüsters Dematic durch Kion für 2,1 Milliarden Dollar. Oder der Bau eines neuen Hydraulikwerkes in Aschaffenburg für 70 Millionen Euro.

Ein deutsch-chinesisches Lehrstück. Es gibt auch ein amerikanisch-chinesisches, das zu Beginn nicht ganz so harmonisch verlief.

Der Fall Lenovo/IBM – ein Lehrstück

Gina Qiao erinnert sich noch gut an die ersten Meetings: »Reden, reden, reden – warum reden diese Amerikaner dauernd, selbst wenn sie nichts zu sagen haben?« Diese Treffen mit ihren neuen amerikanischen Kollegen war für sie ein Kulturschock. Gina Qiao war seit 1990 beim chinesischen Computerbauer Lenovo. Dann, im Jahre 2004, übernahm Lenovo die Computersparte von IBM.

Und zwei Welten, zwei Kulturen prallten aufeinander. Ein unternehmerischer Ost-West-Konflikt. Ein spannendes Experiment. In ihrem Buch *The Lenovo Way* beschreibt Gina Qiao zusammen mit ihrer amerikanischen Kollegin Yolanda Conyers den schwierigen und ereignisreichen Weg, den Lenovo nach der Übernahme gegangen ist.

Ein Lehrstück.

Die Vorgeschichte: Elf junge Wissenschaftler – allesamt Mitglieder des Instituts für Computertechnologie unter der Chinesischen Akademie für Wissenschaften (CAS) – trafen sich im Herbst 1984. Der jüngste – damals gerade 40 Jahre alt – war Liu Chuanzhi, der Wortführer. Er hatte schon eine illustre Vergangenheit hinter sich, war bei Maos Roten Garden. Doch nun plante er etwas Konterrevolutionäres: Er wollte zusammen mit seinen Mitstreitern eine Firma gründen, die sie Legend nannten.

Die CAS gab ihnen 200 000 Yuan. Liu: »Wir waren vor allem Wissenschaftler und verstanden den Markt nicht. Wir lernten durch Versuch und Irrtum.« Sie versuchten sich zunächst als Vertriebsfirma für ausländische Computerunternehmen wie IBM und Toshiba, was ihnen auch nach anfänglichen Schwierigkeiten gelang.

1989 stieß zu der Truppe ein 25-jähriger Absolvent der Jiatong Universität – Yang Yuanqing, kurz YY genannt. Eigentlich wollte er die Hochschullaufbahn einschlagen, Professor werden. Doch stattdessen fing YY bei Legend als Vertriebsmann an – für 30 Dollar im Monat. Sie waren sehr ehrgeizig. Sie gaben sich nicht damit zufrieden, nur ausländische Computer zu verkaufen. Sie sagten sich: Das können wir auch. Und sie bauten ihren eigenen Computer. Der erste war 1990 auf dem Markt. 1998 wurde der millionste verkauft. YY war längst CEO, Liu Chairman.

Um 2000 gab das Duo die Parole aus: Wir wollen global werden. Dazu brauchte es aber erst einmal einen neuen Namen, eine neue Brand. Legend war zu austauschbar. Man kreierte stattdessen den neuen Kunstnamen Lenovo – eine Kreuzung aus dem alten Namen Legend und *novo*, dem lateinischen Wort für neu.

Sie waren sich aber auch im Klaren, dass sie die Globalisierung nicht aus eigener Kraft schaffen werden und sie deshalb eine entsprechende Firma im Ausland kaufen müssen. Schon Anfang 2003 kam IBM auf die Chinesen zu, ob sie denn nicht die Hardware-Sparte übernehmen wolle, denn IBM wolle sich künftig nur noch auf den Servicebereich konzentrieren. Zu der Zeit traute sich das Lenovo-Management die Übernahme noch nicht zu, oder – besser gesagt – man war sich an der Spitze nicht einig: YY wollte eigentlich, aber Liu war skeptisch.

Etwas mehr als ein Jahr später war die Übernahme wieder auf der Tagesordnung. Am 20. April 2004 traf sich das Topmanagement zu einer dreitägigen Klausurtagung im Beijinger Headquarter von Lenovo und diskutierte das Pro & Contra einer Übernahme im Beisein von Consultants von McKinsey und Goldman Sachs. Schließlich entschied man sich für das Pro.

Im Dezember 2004 wurde der Kauf der IBM-Computer durch Lenovo verkündet. Für 1,25 Milliarden Dollar. Es war bis dato die größte Übernahme durch ein chinesisches Unternehmen. Entsprechend groß war auch die Schar der Skeptiker. Die meisten Branchenkenner prognostizierten ein Scheitern. Chinesen und Amerikaner – das passe nicht zusammen. Konkurrent Michael Dell unkte nicht ganz uneigennützig: »Das geht nicht gut.«

Normalerweise pfropft das übernehmende Unternehmen dem übernommenen Unternehmen seine Kultur und seine Strategie auf, setzt Leute seines Vertrauens an die Spitze. Diesen üblichen Weg nach einer Übernahme ging Lenovo nicht. Die Chinesen behielten überwiegend das IBM-Management und engagierten noch zusätzlich neue Manager, vor allem von Dell.

Das Ergebnis: Es gab plötzlich drei Kulturen, die sehr unterschiedlich waren – Lenovo, IBM und Dell. Sie nannten es die »drei Flüsse«.

Der neue Chef kam Ende Dezember 2005 von Dell, Bill Amelio. FOB – Friends of Bill – wurden seine Dell-Gefolgsleute genannt. Und sie waren bei den Chinesen wegen ihres aggressiven Stils nicht beliebt. »Wir wurden permanent mit Zahlen bombardiert – monatlich, wöchentlich, täglich. Es war alles sehr kurzfristig getrieben, und es gab viel Druck.« Das Quartalsergebnis war wichtiger als eine mittelfristige Strategie. Permanent mussten sie in irgendwelche *review meetings*. In dieser Phase verlor das Unternehmen einige gute Leute.

Es war kein Vertrauen untereinander da. So konnte es nicht weitergehen.

Yolanda Lee Conyers, eine Afroamerikanerin wurde im Januar 2007 eingestellt. Als Chief Diversity Officer – ein Titel, den es bis dato in einem chinesischen Unternehmen noch nie gab. Sie erarbeiteten sich Core Values, bildeten »Culture Action Teams«. Man zeigte sich gegenseitig Videos über die Kultur der anderen. Es gab »East Meets West Gala Dinners« in einem eher westlich-orientierten Hotel in Beijing, wo den chinesischen Mitarbeitern, die häufig in die USA reisten, westliche Etikette gelehrt wurde – was der Unterschied zwischen einem Fleisch- und einem Fischmesser ist, aber auch, wie man Small Talk auf einer Party führt.

Auf den unteren Ebenen kamen sich die Mitarbeiter jetzt näher, aber auf der Führungsebene knirschte es dagegen. Bill Amelio und YY gerieten zunehmend aneinander. Es war der klassische Konflikt: YY war der langfristig, Amelio der kurzfristig Orientierte.

Amelio verlor den Machtkampf, YY wurde wieder CEO, Liu wieder Chairman.

Unter chinesischer Führung ging es bergauf. Im ersten Quartal 2014 war Lenovo weltweit die Nummer eins im Computergeschäft. Irgendwie ein Pyrrhussieg. Denn das Geschäft mit Computern und Laptops hatte seinen Höhepunkt überschritten. Aber noch ist Lenovo sehr PC-lastig, macht 70 Prozent seines 43-Milliarden-Dollar-Umsatzes mit diesen Geräten.

Weil das Smartphone mehr und mehr den Laptop ablöst, investierte das Lenovo-Management folgerichtig in den Aufbau einer Handy-Sparte, kaufte deshalb auch den etwas in die Jahre gekommenen amerikanischen Handyhersteller Motorola. Aber sie bekamen im Handy-Business anders als Huawei noch nicht richtig die Kurve.

Diese hat ein Autohersteller längst elegant genommen.

Geely und Volvo – gemeinsam in der Erfolgsspur

Vor der Hauptverwaltung stehen Dutzende von Fahnenmasten mit Flaggen von Ländern aus allen Kontinenten. Fast wie vor dem UN-Gebäude in New York. Doch wir sind hier in Hangzhou, dem Sitz von Geely, dem größten privaten Autokonzern Chinas. 27 Stockwerke hoch ist das imposante Gebäude. Davor eine Ausstellungshalle oder, man kann auch sagen ein kleines Museum, wie es viele chinesische Unternehmen haben. Es ist eine kleine, kurze Zeitreise, die zeigt, in welchem Tempo sich die Autoproduktion bei Geely entwickelt hat. In 20 Jahren vom zerbrechlich wirkenden Haoqing bis zum kompakten Vorzeige-SUV Boyue.

Der Mann hinter dem Lenkrad des Konzerns ist Li Shufu (1963). Der Bauernsohn startete 1984 mit der Produktion von Komponenten für Kühlschränke, die er schnell landesweit verkaufte. 1989 begann der Staat, die Industrie zu regulieren. Li hatte keine Lizenz und musste schließen. Egal, dann produziere ich eben Motorräder, sagte sich Li. Doch auch dazu brauchte er eine Genehmigung vom zuständigen Ministerium. Er pilgerte nach Beijing, schaffte es aber nicht, zum entscheidenden Bürokraten vorzudringen. Zurück in Hangzhou schnappte er sich eine nahezu bankrotte staatliche Motorradfabrik, schaffte den Turnaround, übernahm sie und nannte sie Geely – gut Glück.

1998 kam dann sein erstes Auto. Im September 2005 stellte er als einer der ersten chinesischen Autobauer auf der IAA in Frankfurt aus. Er wurde mitleidig belächelt. Aber so war das fast immer in der Karriere des Li Shufu und seines Unternehmens: Sie wurden stets unterschätzt.

So war es auch 2011, als er seinen größten Coup landete. Geely kaufte damals den schwedischen Hersteller Volvo, der im amerikanischen Ford-Konzern ein ungeliebtes fünftes Rad am Wagen war. Viele Experten in der Autoindustrie gaben dem Geely-Volvo-Deal freilich keine große Chance. Ein Massenproduzent aus China und ein nobler, aber nicht profitabler Hersteller aus Schweden – das passt nicht zusammen, das kann nicht gut gehen. Auch innerhalb Chinas Führung hatte man Sorge, dass ein mögliches späteres Scheitern des Mergers sich negativ aufs Image des Landes auswirken könnte.

Nichts davon ist eingetreten. In Gegenteil: Die Absatzzahlen beider Unternehmen sind nach der Übernahme gestiegen. Geely verkaufte erstmals mehr als eine Million Autos. Der Sprung über diese Marke gelang vor allem durch die neuen SUVs von Geely. Sie sind ein Renner, auch weil sie von Volvos Designchef Peter Horbury mitentwickelt wurden.

Die Volvo-Absatzzahlen stiegen ebenfalls, in China und anderswo. Inzwischen exportiert Volvo sogar Autos aus China in die USA.

Heute kann die chinesisch-schwedische Ehe als Erfolgsmodell bezeichnet werden. »Chinesische Geschwindigkeit verband sich mit schwedischer Qualität«, sagt Ash Sutcliffe, PR-Manager bei Geely. Wichtig war auch hier: Die Chinesen ließen Volvo viel

Spielraum. Håkan Samuelsson, seit Oktober 2012 Volvo-Chef, sagt: »Sie vertrauten uns und gaben uns die Freiheit, die nötig war, um den Transformationsprozess hinzubekommen.« Oder wie es Li Shufu in simplen Worten ausdrückt: »Volvo ist Volvo, und Geely ist Geely.«

Was nicht heißt, dass die beiden nicht zusammenarbeiten. Sie haben gemeinsame Plattformen, auf denen sie dann ihre unterschiedlichen Modelle draufsetzen. Sie haben ein Global Shared Purchasing System, also einen gemeinsamen Einkauf.

Mehrere hundert Millionen Dollar – und die kamen zum größten Teil von Geely – wurden in das Technologiecenter China Euro Vehicle Technology (CEVT) in Göteborg, dem Sitz Volvos an der schwedischen Westküste, gesteckt. 1700 chinesische und europäische Ingenieure arbeiteten dort an einem geheimen Projekt mit dem Code »L«.

Inzwischen ist das Geheimnis gelüftet. L steht für Lynk & Co. – eine neue Automarke. Michael Dunne, ein exzellenter Kenner von Chinas Autoindustrie, urteilt: »Mit dem Lynk bekommt der Kunde ein Auto mit Volvo-Qualität zu einem erschwinglichen Preis.« Und dazu bieten die beiden noch ein Novum: Die Käufer bekommen eine lebenslange Garantie.

Und auch bei der Elektromobilität machen die beiden zunehmend gemeinsame Sache. Sie gründeten dafür ein Fifty-Fifty-Joint-Venture. Sie wollen zusammen Motoren entwickeln. Dazu passt die nahezu revolutionäre Ankündigung, die die Branche im Frühjahr 2017 überraschte: Volvo verabschiedet sich vom Verbrennungsmotor. Ab 2019 wird es unter der etablierten Marke Volvo und der neuen Brand Polestar nur noch Elektromodelle geben. Ein radikaler Schnitt, den bislang kein Hersteller auf der Welt wagte. Aber Volvo konnte sich das leisten, weil sein chinesischer Eigentümer diese Entscheidung forcierte und unterstützte. Nebenbei bemerkt: Das war eine geniale Marketingidee. Volvo – das Unternehmen mit dem Saubermann-Image.

Geely geht unterdessen weiter auf Einkaufstour. Vergangenes Jahr wurde Geely unternehmerischer Beifahrer beim malaysischen Hersteller Proton, was den Chinesen ganz neue Absatzchancen in Südostasien eröffnet. Und dann Ende November

2017 die überraschende Ankündigung von Geely, im Rahmen einer Kapitalerhöhung bis zu fünf Prozent an der Daimler AG kaufen zu wollen, was die Stuttgarter (vorerst?) dankend ablehnten.

Neben Geely gibt es noch einen anderen privaten Autohersteller mit globalen Ambitionen: Great Wall Motors. Der Konzern hat eine Frau an der Spitze: Wang Fengying. Sie trat schon 1991 in das Unternehmen ein, wurde erst Marketingchefin, später dann CEO. Sie sagt: »Frauen sind Perfektionisten, was besonders die Qualität fördert.« Sie traf zwei wichtige strategische Entscheidungen: den Einstieg ins Pick-up-Geschäft und die starke Fokussierung auf SUVs.

In diesem Segment ist Great Wall zusammen mit Geely in China führend. Doch das reicht Frau Wang nicht. »Unser strategisches Ziel ist es, der weltgrößte Hersteller von SUVs zu werden«, sagt ein Sprecher des Unternehmens. Eine Übernahme könnte zur Erreichung dieses Ziels hilfreich sein. Offenbar hat Great Wall Interesse an der Marke Jeep, eigentlich die Urform des SUV, aus dem Hause Fiat Chrysler.

Ob Autos von Great Wall oder von Geely – das Billigimage ist längst Vergangenheit. Diese Hersteller produzieren schon lange keine schlechte Qualität mehr. Das bescheinigen Studien der unabhängigen Marktforscher von JD Power. Warum sie sich trotzdem im Westen noch schwertun, ist die mangelnde Bekanntheit, das Fehlen einer klaren Marke.

Doch das ist nur eine Frage der Zeit. Sie werden in den westlichen Märkten reüssieren. Davon ist Berater Bill Russo, seit Jahrzehnten in Sachen Autos in China unterwegs, überzeugt: »Chinesische Brands sind heute da, wo in den 60er und 70er Jahren die Japaner und in den 80er Jahren die Koreaner waren.« Deren Erfolgsgeschichten sind ja hinreichend bekannt.

Chinas erfolgreiche private Autokonzerne konzentrieren sich auf ihr ureigenes Geschäft, mit dem sie groß geworden sind – das Autobauen. Sie verzetteln sich nicht wie die chinesischen Konzerne, die als Viererbande schwere Zeiten durchmachen.

Die »Viererbande« oder die Warren-Buffett-Klone

Der Amerikaner Warren Buffett – mittlerweile auf die 90 zugehend – ist der Altmeister der Geldanlage, der durch geschicktes Investment sein Vermögen auf gar nicht wundersame Weise vermehrt hat, indem er zur rechten Zeit in die richtigen Unternehmen investierte. Solche Leute mögen die Chinesen, von denen viele nur ans Reichwerden denken und deshalb zumindest in diesem Punkt, verglichen mit den Amerikanern, gar nicht so wesensfremd sind. Das Orakel von Omaha – so der Spitzname von Buffett – wird deshalb in China hochverehrt.

Wenn Buffett zu der alljährlichen Hauptversammlung seines Konzerns Berkshire Hathaway lädt, kommen auch Hunderte von Chinesen nach Nebraska eingeflogen, um ein paar Wortfetzen oder – bildhaft gesprochen – den Rockzipfel des Investmentgurus zu ergattern. Zum 50. Jubiläum von Berkshire Hathaway im Jahre 2015 kamen sogar Tausende Chinesen nach Omaha. Darunter auch eine Gruppe, die sich im China Wealth Forum zusammengeschlossen hat. Immerhin gab ihnen der Guru höchstpersönlich eine 25-minütige Audienz. Und anschließend speisten sie in Piccolo Pete's, eines der Lieblingssteakhäuser von Buffett.

Die Chefs von Anbang und Fosun sind die größten Buffett-Fans. Beide sind mit Versicherungen großgeworden wie ihr Vorbild. Beide wollten das Geld, das sie dort verdienten, einsetzen, um sich ein Konglomerat aufzubauen. Anbang-Chairman Wu Xiaohui läßt sich von Chinas Medien als Warren Buffett Chinas titulieren. Fosun-Chairman Guo Guangchang sagt: »Es ist ein langer Weg, um Buffett zu erreichen. Aber mein größter Vorteil ist, ich bin jünger, und ich kenne China besser.«

Anbang und Fosun sind in den vergangenen Jahren auf weltweite Einkaufstour gegangen. Dabei begleitet haben sie zwei andere chinesische Konzerne – HNA und Wanda.

Anbang, Fosun, HNA und Wanda – eine Viererbande, die weltweite Schlagzeilen machte.

Dieses Quartett hat Hunderte von Milliarden Dollar ausgegeben und – so scheint es – ziemlich wahllos Unternehmen in aller

Welt aufgekauft: Banken, Filmstudios, Flughäfen, Fußballklubs, Hotels, Modefirmen und Hightech-Unternehmen.

Die Welt als gigantisches Warenhaus.

Die vier verfolgten offensichtlich eine deutlich andere Strategie als die großen westlichen Konzerne. Bei diesen heißt die Devise seit Jahren, ja fast seit Jahrzehnten: Fokussierung aufs Kerngeschäft. Alles, was nicht zum *Core Business* gehört, wird abgestoßen. Das predigen ihnen die Management-Gurus und die Unternehmensberater. Und die Börse honoriert solche fokussierten Konzerne. Diversifizierte Konglomerate – also Unternehmen, die in verschiedenen Geschäftsbereichen unterwegs sind – werden hingegen an den westlichen Börsen mit einem Abschlag gehandelt und bestraft.

Doch bei der Viererbande war das anders. Das Ziel dieser Alleinherrscher war es, große Unternehmensimperien zu bilden. Größe ist für sie offenbar ein Wert an sich. Gewinn und Effizienz kommen bei ihnen erst an zweiter Stelle und dann erst Strategie, wenn sie denn überhaupt eine haben.

Sie sind alle politisch gut *connected*, wie das so schön heißt. HNA-Chairman Chen Feng war zum Beispiel Delegierter des Nationalen Volkskongresses. Bei der Einweihung der Strecke Beijing – Manchester seiner Hainan Airlines war Xi Jinping zugegen. Chen, der Multimilliardär, bekennt: »Ich bin KP-Mitglied, ich glaube definitiv an den Kommunismus.«

Fosun-Gründer Guo Guangchang war früher Funktionär bei der Kommunistischen Jugendliga und auch mal Delegierter beim Nationalen Volkskongress. Der Vater von Wanda-Eigentümer Wang Jianlin war Mitglied in der Roten Armee und nahm am legendären und mythosumrankten Langen Marsch unter Maos Führung teil.

Aufgrund ihrer politischen Verbindungen glaubten sie deshalb, sich vieles erlauben zu können. Aber unter Xi Jinping ist niemand sicher: Weder viel Geld noch gute Connections schützen sie. Shauna Rein von der China Market Research Group in Shanghai sagt: »Manchmal vergessen diese Leute, wenn sie immer reicher werden, wer wirklich die Macht hat.« Und die hat mehr denn je Xi Jinping, der keine mächtigen Unternehmensfürsten neben sich duldet.

Im Dezember 2016 kamen erste kritische Stimmen auf. Regierungsvertreter warnten vor »irrationalen Auslandsinvestments« in Bereichen wie Immobilien, Hotels, Kinos, Unterhaltung und Sportclubs. Dies würde das Land auf seinem Weg zu einer Hightech-Nation nicht voranbringen. Klar, wer damit gemeint war: die Viererbande.

Liu Shiyu, Chef der Börsenaufsicht, wurde noch drastischer. Vor Fondsmanagern nannte er chinesische Versicherungen »Barbaren und Räuber«. Was er damit meinte: Sie verkaufen ihren Kunden hochriskante Papiere, versprechen ihnen tolle Renditen und benutzen dieses Geld, um selbst zweifelhafte Deals einzugehen.

Ende Juni 2017 tagte die Central Leading Group for Comprehensively Reforms, eine der vielen kleinen Gruppen, die Xi Jinping gebildet hat und denen er vorsteht. Ergebnis: Künftig würden Auslandsinvestitionen stärker überwacht, ob sie in Chinas wirtschaftlichem Interesse stünden und der nationalen Sicherheit dienten.

Im August verabschiedete dann der Staatsrat klare Leitlinien, in welchen Branchen und Bereichen Auslandsinvestitionen erwünscht sind und in welchen nicht. Wer sich nicht daran hält, kommt auf eine schwarze Liste und wird sanktioniert.

Die neuen Regeln funktionieren wie eine Ampel: rot, gelb, grün – verboten, eingeschränkt, erlaubt. Verboten sind Investitionen in die Spiel- und Sexindustrie und solche, die Chinas nationale Interessen und Sicherheit verletzen. Nur eingeschränkt, das heißt nur mit staatlicher Genehmigung, sind Auslandskäufe in den Bereichen Immobilien, Hotels, Kinos, Unterhaltung und Sportclubs möglich. Ausdrücklich erwünscht dagegen sind Investitionen in folgenden Bereichen: Infrastruktur (vor allem im Zusammenhang mit OBOR – der neuen Seidenstraßen-Initiative von Xi Jinping) – Hightech und innovative Forschung, Energie und Mining, Landwirtschaft und Dienstleistung.

Diese Richtlinien zielen eindeutig gegen die vier wilden Aufkäufer. Sozusagen eine »Lex Viererbande«. Die Regierung spricht und die Unternehmer kuschen. Das zeigt mal wieder überdeutlich, wie sich private Firmen unter der Kuratel des Staates befinden.

Die Kritik und die staatlichen Verdikte zeigten denn auch bei diesen vier Konzernen schnell Wirkung. Die vier aggressiven Giganten halten sich inzwischen zurück, sind kleinlaut und zeigen Reue.

Fosun Co-Präsident Xu Xiaoliang sagte nach der Verkündigung des Katalogs des Staatsrats: »Nun, nachdem wir wissen, was die Regierung will und nicht will, sehen wir nun klarer, wie wir uns international aufstellen können.«

Bei HNA spricht man etwas nebulös von einer neuen »nationalen Strategie«. Sie wollen oder müssen Assets im Ausland verkaufen.

Wanda-Chef Wang hat auch begriffen. Er sagt dem Magazin *Caixin*: »Wanda wird dem Aufruf des Staates folgen und hat entschieden, seine großen Investitionen in China zu machen.«

Anbang-Chef Wu Xiaohui sagte gar nichts mehr.

Bange Zeiten für Anbang

Plötzlich war er weg. Von heute auf morgen. Am 14. Juni 2017 kam die dürre Mitteilung aus dem Hause Anbang, dass Herr Wu »aus persönlichen Gründen« nicht mehr seine Rolle als Unternehmenschef ausfüllen könne. In Klartext übersetzt: Wu wurde aus dem Verkehr gezogen.

Dabei fühlte sich Wu Xiaohui (1966) so sicher. Er prahlte mit seinen Verbindungen. Bei der Regulierungsbehörde kenne er jeden – vom Chairman bis zum Doorman. Er ist – manche sagen auch: war – in zweiter Ehe verheiratet mit Zhuo Ran, der Enkelin von Deng Xiaoping.

Zu seinen Geschäftspartnern zählten Chen Xiaolu, Sohn von Chen Li, einem Top-Militär unter Mao, sowie Levin Zhu, ältester Sohn des ehemaligen Ministerpräsidenten Zhu Rongji.

»Wus Aufstieg und dramatischer Fall ist ein Produkt der unklaren Verbindung zwischen Business und Politik in Mainland China«, analysiert die *South China Morning Post* in Hongkong. Anbang ist auch ein Fallbeispiel, was in China alles möglich war und ist: Wie ein kleiner Bürokrat fast aus dem Nichts einen Giganten schaffen kann.

2004 gründete Wu Anbang als Autoversicherer in Ningbo. Schon damals zeigte sich sein Netzwerk. Der staatliche Ölkonzern Sinopec beteiligte sich mit 20 Prozent an dem kleinen Versicherer. Es war wohl mehr eine Gefälligkeit als eine ökonomische Notwendigkeit für Sinopec. Später stieg auch noch der (staatliche) Autokonzern SAIC mit ebenfalls 20 Prozent ein.

Wu kaufte später auch Versicherungen im Ausland, in Belgien, den Niederlanden und Korea, dort unter anderem das Geschäft der Allianz. Er nahm in Verhandlungen fast nie Investmentbanker mit. Er gilt als guter Redner, der überzeugend argumentieren kann. Und er ist ein sehr tougher Verhandler. Wenn es unbequem wurde, redete seine Verhandlungstruppe plötzlich Chinesisch untereinander. Die Aufkäufe und Beteiligungen im Versicherungsgewerbe machten alle irgendwie noch Sinn, denn Anbang blieb ja damit in seinem Stammgeschäft.

Doch dann wurde Wu offenbar etwas größenwahnsinnig. Er kaufte für knapp zwei Milliarden Dollar das renommierte Waldorf Astoria Hotel in New York. Aber dann wollte er plötzlich eine ganze Hotelgruppe und zwar Starwoods Hotels and Resorts Worldwide (unter anderen Sheraton, Westin, Le Meridien) kaufen. Rund 14 Milliarden Dollar wollte er dafür hinblättern, aber letztendlich bot die Marriott-Gruppe mehr.

In dieses Beuteschema passt, dass Anbang Anfang 2017 sogar Interesse an dem deutschen Versicherungsriesen Allianz bekundet haben soll. Nach Angaben der *Süddeutschen Zeitung* habe der Konzern auf der Vorstandsebene in München angefragt, ob ein Einstieg als Ankeraktionär, ja sogar als Mehrheitsaktionär denkbar sei. Das Management der Allianz zeigte sich überrascht, aber freilich wenig interessiert.

Nicht nur das Allianz-Management fragte sich, woher Herr Wu das Geld habe, wie eine doch kleine chinesische Versicherung ein so großes Rad drehen könne. Und wer steckt eigentlich hinter Anbang?

Die Geldfrage ist bereits geklärt: Die Anbang-Vertreter haben ihren Kunden hochriskante Papiere aufgeschwatzt und dieses Geld genommen, um auf globale Einkaufstour zu gehen.

Schwieriger ist die Beantwortung der Frage nach den Hintermännern. Antworten darauf gab es nicht, jedenfalls nicht von Anbang. Es blieb Journalisten vorbehalten, etwas Licht in das mysteriöse Dunkel des Konzerns zu bringen. Die *New York Times* (»A Chinese Mystery: Who Owns a Firm on a Global Shopping Spree?«) und das sehr gute investigative chinesische Magazin *Caixin* brachten Stories über seine verstrickten, undurchschaubaren Strukturen.

Caixin berichtete unter dem Titel »Dark Hose Anbang« von obskuren kleinen Firmen, die an dem Versicherer beteiligt sind. *Bai shou tao* – weiße Handschuhe – nennt man diese Statthalter. Die wirklichen Eigner wollen sich die Hände nicht schmutzig machen, zeigen sich in den Registern nicht als Besitzer.

Die Reaktion auf die Artikel von Wu war nicht Aufklärung, sondern Vertuschung. Er wies seine Beschäftigten an, so viele *Caixin*-Ausgaben wie möglich aufzukaufen und sie somit aus dem Verkehr zu ziehen. Als *Caixin* im Frühjahr 2017 einen weiteren kritischen Artikel nachlegte, konterte Anbang mit juristischen Schritten gegen *Caixin* und deren Chefredakteurin Hu Shuli. Das waren die letzten vergeblichen Versuche des Herrn Wu, seinen Kopf zu retten.

Dann war er weg – wie auch schon mal kurz Fosun-Chef Guo Guangchang.

Gemischtwarenladen Fosun

Guo Guangchang war auf Dienstreise in Xi'an, hielt vor der dortigen Handelskammer einen Vortrag. Sein Dienstjet war nicht verfügbar, also flog er Linie. Doch der Flug hatte Verspätung. So kam es, dass er fast einen Tag lang nicht gesichtet wurde. Und schon brodelte vor allem in den Sozialen Medien die Gerüchteküche: Wo ist Guo? Verhaftet? Der Aktienkurs sackte ab.

Kaum zurück in seinem Büro in der neuen schicken Hauptverwaltung direkt am Bund in Shanghai angekommen, arrangierte er einen Conference-Call, der live ins Netz gestellt wurde. Die Botschaft: Ich bin ein freier Mensch.

So nervös sind Börsianer, wenn es um Fosun und deren Chef geht. Denn schon einmal ist Guo für ein paar Tage, damals im Dezember 2015, verschwunden. Auch damals hieß es gerüchteweise, er sei verhaftet werden. Später klärte er auf. Es habe sich nur um eine Kooperation mit den Behörden gehandelt. Keine weiteren Details.

Seither steht Guo unter verschärfter Beobachtung. Aber auch sein Unternehmen, der Mischkonzern Fosun, das vor allem mit Versicherungen und Pharmaprodukten groß wurde. Es ist nämlich wie die drei anderen aus der Viererbande durch expansive Käufe im Ausland aufgefallen. Und auch hier stellen sich die immer gleichen Fragen: Welchen Sinn haben diese Übernahmen? Und wie wurden sie finanziert?

Die Frage nach dem Sinn beantwortete Guo gegenüber der Nachrichtenagentur Reuter im Mai 2016 so: »Unser Ziel für die nächsten fünf bis zehn Jahre ist es, der führende Anbieter in der Welt für Dienstleistungen in den Bereichen Gesundheit, Reichtum und Happiness zu werden.« Darunter lässt sich vieles fassen und fast alles begründen.

Um Übernahmeziele zu identifizieren, die in dieses Raster passen, leistet sich Fosun inhouse eine große Investmentabteilung. Das ist ein Trend bei vielen akquisitionswilligen chinesischen Unternehmen. Sie vertrauen nicht mehr auf die großen – meist ausländischen und teuren – Investmentbanken, sondern sie holen sich die Expertise ins Haus. Rund 40 Manager scouten zum Beispiel bei Fosun potenzielle Übernahmekandidaten in aller Welt.

Bislang haben sie sehr unterschiedliche Ziele gefunden.

Erstmals im Ausland aufgefallen ist Fosun im Jahr 2010 mit dem Einstieg beim französischen Tourismusanbieter Club Med. Erst hatte er nur eine Minderheitsbeteiligung. Doch Guo wollte die Mehrheit. Doch das wollte der Italiener Andrea Bonomi auch. Er und Guo lieferten sich eine fast zweijährige Übernahmeschlacht, an deren Ende Guo siegte.

Fosun will viel mehr Club-Med-Anlagen in China bauen. Vier gibt es schon, darunter eine auf der Tropeninsel Hainan und eine im Skigebiet im Nordosten. Bis zum Jahr 2020 soll es in China bereits 20 Club-Med-Resorts geben.

Dienen die Übernahmen im Ausland dazu, um für Chinas wachsende Mittelschicht ein Unterhaltungs- und Freizeitangebot bereitstellen zu können? Unter diesem Aspekt kann man den Club-Med-Kauf verstehen – und auch die Beteiligung an dem Reiseveranstalter Thomas Cook sowie vielleicht auch noch den Einstieg bei der kanadischen Truppe des Cirque du Soleil. Sie soll nämlich künftig häufiger in China auftreten. Weitere Akquisitionen im Unterhaltungssektor schließt das Unternehmen nicht aus.

Aber warum der Einstieg bei der portugiesischen Versicherung Caixa Seguros e Saúde? Gut, die waren günstig zu haben. Und Fosuns Kerngeschäft sind – oder besser waren – die Versicherungen.

Warum die Beteiligung an dem englischen Fußballklub Wolverhampton Wanderers? Gut, das ist ein Traditionsverein auf der Insel, aber er spielt dort in der zweiten Liga.

Ganz bunt wird es in Deutschland. Dort hat sich Fosun den Hamburger Bekleidungshändler Tom Tailor geschnappt, den Autozulieferer Koller, aber auch die Privatbank Hauck & Aufhäuser. Hierzulande wollten sie sich auch noch die BHF Bank einverleiben, kamen aber nicht zum Zuge.

Bei Tom Tailor ist Fosun schon 2012 eingestiegen, wollte die Marke in China groß rausbringen. Doch das Gegenteil ist eingetreten. Tom Tailor musste sich aus dem chinesischen Markt zurückziehen. Sie hatten sich – nicht nur auf diesem Markt – übernommen. Tom Tailor ist inzwischen fast ein Sanierungsfall.

Vielleicht sollte Guo seine Vorbilder etwas genauer studieren. Als solche nennt er neben Warren Buffett's Berkshire Hathaway auch Li Ka-shings Hutchison Whampoa und General Electric (GE). Bei Buffett bewundert er dessen langfristiges Investieren, bei Li Ka-shing dessen Management eines Imperiums in Asien und bei GE deren Diversität von Geschäftsfeldern. Von den Erfolgen dieses Trios ist Guos Fosun noch weit entfernt.

Immerhin hat Guo seine Lektion gelernt: Sei nett zu der Regierung und investiere zu Hause. Als die NDRC den Modellversuch einer privaten Hochgeschwindigkeitsbahnstrecke (von Hangzhou nach Taizhou) genehmigte, war Fosun sofort dabei.

Ob auch das Management bei HNA gelernt hat?

HNA in Turbulenzen

Die 38-stöckige Hauptverwaltung der HNA Group hat eine gewisse Ähnlichkeit mit einem ruhenden Buddha. Kein Zufall: Hausherr Chen Feng, der Gründer der Gruppe, ist Buddhist. »Ich führe ein einfaches Leben«, sagte er vor ein paar Jahren der *South China Morning Post*, »ich trinke nicht, rauche nicht, gehe nicht zu Banketten, zum Karaoke oder Massagen.«

Entweder ist seine Definition von einfachem Leben etwas anders, als gemeinhin so angenommen wird, oder es hat bei ihm in den vergangenen Jahren ein Sinneswandel stattgefunden.

Er fliegt mit einem Privatjet der Marke Gulfstream 550 durch die Gegend. Die Gruppe hat auch eine Boeing 787 Dreamliner, die für 100 Millionen Dollar mit viel Liebe zu teuren Details umgebaut wurde: Baderäume aus Marmor, Besteck von Hermès, Leuchter von Baccarat. Sie wird auf Dienstreisen benutzt, aber auch an reiches Klientel vermietet.

Ach ja, eine ganze Etage (die 86.) im luxuriösen One57 Tower (Spitzname: The Billionaire Building) in New York mit freiem Blick auf den Central Park gehört auch noch zu den Räumlichkeiten, in denen Chen Feng sein einfaches Leben genießt.

Ende Juni 2017 feierte er in Paris seinen 64. Geburtstag im Petit Palais. Sie delektierten sich an Lobster und kandierter Ente, zubereitet von Spitzenkoch Joël Robuchon. Dazu gab es Vorstellungen der Peking Oper. Ein paar Wochen später wurde wieder jubiliert, diesmal in London. Grund: HNA war auf Platz 170 unter den Forbes 500 geklettert. Zum Abendempfang im Hampton Court Palace kamen die ehemaligen Regierungschefs David Cameron und Nicolas Sarkozy.

Es war für Chen Feng (1953) ein weiter Weg ins westliche Establishment. Er ist in Beijing als Sohn eines Parteifunktionärs aufgewachsen. Zu Zeiten der Kulturrevolution diente er in der Volksbefreiungsarmee in der Luftwaffe. Nachdem der maoistische Spuk vorbei war, arbeitete er erstmals in der Luftverkehrsbehörde. Während dieser Zeit, Mitte der 80er Jahre, bekam er auch ein Stipendium im Lufthansa-Schulungszentrum in Seeheim. Es folgten ein paar Bürokratenjobs auf der chinesischen Tropeninsel Hainan.

Dort wollte die Provinzregierung eine eigene Fluglinie aufbauen. Man wollte die Insel, die auf der Höhe des nördlichen Vietnams liegt, als Touristenziel aufbauen. Eine kluge Idee, denn Hainan hat schöne Strände und die dazu passenden Temperaturen. Eine eigene Airline könnte – so das sinnvolle Kalkül – hilfreich sein. Leider setzte die Regierung das Projekt in den Sand, rief aber noch rechtzeitig Chen Feng um Hilfe.

Er gründete 1993 Hainan Airlines, startete mit einer Boeing 737. 1995 schon flog die junge Airlines in die ersten Turbulenzen. Liquiditätskrise. Die lokale Regierung wollte nichts zuschießen, erlaubte aber Chen, dass er nach ausländischen Geldgebern suchen dürfe. 1995 flog er nach New York, trieb sich drei Monate an der Wall Street herum, bis er schließlich bei George Soros vorsprach und diesen überzeugen konnte, 25 Millionen Dollar in die Airline zu investieren. Das war der Durchbruch. Mit einem solch renommierten Investor im Rücken konnte er weitere Investoren gewinnen (Soros stieg übrigens 2011 mit einem guten Schnitt wieder aus).

Heute ist Hainan Airlines eine respektierte, mit vielen Preisen überhäufte Airline. Sie ist die einzige private Fluglinie Chinas, die mit den drei großen staatlichen Carriern mithalten kann. (Sie fliegt übrigens direkt Berlin-Beijing.)

So weit – so gut. Eine respektable Erfolgsstory eines Highflyers.

Auch die nächsten Schritte des Unternehmens waren nachvollziehbar. Der Kauf von Caterern (Gategroup), Duty-free-Shops (Dufry), Flughäfen (unter anderen Frankfurt-Hahn und Rio de Janeiro) und Hotels (Hilton, Radisson) ließ sich noch unter dem Thema Tourismus fassen. Auch die Ein-Milliarden-Dollar-Übernahme der Logistikgruppe CWT in Singapur hat ja noch etwas mit dem Stammgeschäft einer Airline zu tun.

Aber dann wurde es unverständlich. Fragen über Fragen gilt es zu stellen: Warum die Übernahme des amerikanischen IT-Konzerns Ingram Micro für 6 Milliarden Dollar? Warum der Kauf des Gebäudes 245 Park Avenue für 2,2 Milliarden Dollar, eine der höchsten Summen, die je für einen Wolkenkratzer in New York bezahlt wurde? Warum das sündhaft teure Überbieten bei den Grundstückskäufen auf dem Gelände des alten Hongkonger Flughafens Kai Tak? Warum erwarben sie eine 25-Prozent-Beteiligung an Old Mutual Asset Management für 445 Millionen Dollar?

Und – in Deutschland heiß diskutiert – warum der scheibchenweise Einstieg bei der Deutschen Bank? Erst 3, dann 4,8 und schließlich 9,92 Prozent. Man blieb wohl bewusst unter der 10-Prozent-Marke, denn jenseits dieser Grenze hat die Aufsichtsbehörde Bafin das Recht, den Einsteiger etwas genauer unter die Lupe zu nehmen. Bafin-Chef Felix Hufeld urteilt hier ziemlich blauäugig: »Wir halten das grundsätzlich für eine positive Geschichte.« Es gebe keine schwarze Liste für bestimmte Investoren, auch nicht für solche aus China.

Aber immerhin prüft die Europäische Zentralbank, ob sie HNA einem sogenannten Inhaberkontrollverfahren unterziehen soll. Mittlerweile ist selbst dem Topmanagement der neue Großaktionär HNA ziemlich suspekt. Deutsche-Bank-Chef John Cryan weigerte sich bislang, CEO Tan Xiangdong (Adam Tan) zu treffen.

Solange die Investments im Bereich der Luftfahrt und der Touristik blieben, konnte man die Strategie ja noch nachvollziehen. Das ergab ja alles Sinn. HNA war auf dem Weg zu einem globalen Touristik- und Logistikkonzern. Aber was soll das Engagement bei der Deutschen Bank? Hat das HNA-Topmanagement eine Strategie?

Unternehmensberater Edward Tse sagt: »Wenn es bei HNA eine Strategie gibt, dann die, möglichst viel im Ausland zu kaufen.«

CEO Tan Xiangdong, der einen amerikanischen MBA besitzt, hat eine einfache Erklärung: »Wir bewegen Leute – das ist unser Luftfahrt- und Tourismusgeschäft. Dann bewegen wir Waren, das ist unser Logistikgeschäft. Und als Nächstes bewegen wir Kapital, deshalb der Einstieg in den Finanzbereich.«

Chen selber vergleicht sein Kaufverhalten mit dem auf einem Wochenmarkt: »Du siehst so viel frisches Gemüse, du probierst und kaufst dieses und jenes.« Eine neue Theorie? Management by Wet Market?

Offenbar wird einfach nur Umsatz gekauft. Harvard-Professor William Kirby, der Chen seit Jahren kennt, sagt: »Dies ist ein unglaublich ambitiöses Unternehmen. Chens Ziel ist es, 2025 zu den Top-Ten-Unternehmen der Welt zu gehören.«

Über 30 Milliarden Dollar gab HNA in den vergangenen Jahren für Übernahmen und Beteiligungen aus. Da muss die Frage erlaubt sein: Woher kommt das viele Geld?

Ein erfahrener ausländischer Banker sagte gegenüber der *Financial Times*: »Wir verstehen nicht, woher das Geld kommt.« Die größten Kreditgeber sind wieder mal die zwei großen staatlichen Entwicklungsbanken China Development Bank und Exim-Bank. Aber auch die China Construction Bank ist dabei. Laut *New York Times* haben Chinas Staatsbanken dem Unternehmen 60 Milliarden Dollar geliehen.

Der Nachrichtendienst Bloomberg berichtet, dass sich HNA auch auf dem Markt der Schattenbanken mit Krediten eingedeckt habe. Das ist an sich nicht illegal, aber für ein Unternehmen dieser Größenordnung ist es ungewöhnlich, sich dort zu bedienen.

Inzwischen sind viele Banken vorsichtig: Goldman Sachs stieg aus einem IPO-Projekt für HNA aus. Die Bank of America entschied, keine Geschäfte mit HNA zu machen. Auch chinesische Banken werden zurückhaltender. Drei von ihnen gaben an, an HNA keine weiteren Kredite zu geben. Eine vierte reduzierte ihre Kreditlinie.

Der Rückzug der Banken hatte auch mit der zunehmenden Kritik an dem undurchsichtigen Gebilde HNA zu tun. Bis heute ist eigentlich unklar, wer genau die Eigner sind. Das Konglomerat besteht aus einem Geflecht von vielen Unternehmen. *The Beijing News* berichtet von 454 Töchtern in der ganzen Welt. *The New York Times* hat nach einer umfangreichen Recherche etwas Klarheit geschaffen: Nicht weniger als 18 börsennotierte Gesellschaften sind unter dem Dach der HNA Group versammelt. Aber: »Zu verstehen, wie diese Firmen zusammenarbeiten und wer diese HNA Group kontrolliert, ist eine Herausforderung«, schreibt die Zeitung.

Ende Juli 2017 lüftete HNA selbst das Geheimnis: 47,5 Prozent der Gruppe werde von einer Gruppe von zwölf Spitzenmanagern, einschließlich des Gründers Chen Feng und Wang Jian – kontrolliert, 52 Prozent von zwei Stiftungen – eine in China, die andere in New York – namens Cihang. 29,5 Prozent von Hainan Cihang Charity Foundation (New York), 22,75 Prozent von Hainan Province Cihang Foundation (China).

Seit Ende 2017 leitet der ehemalige Bundeswirtschaftsminister Philipp Rösler die New Yorker Dependance dieser Stiftung. Ist er nur ein Strohmann? Denn: Wer hinter diesen Stiftungen steckt, ist weiterhin unklar.

Immerhin klarer sind die Verhältnisse bei Wanda.

Wanda – ein hollywoodreifes Drama

Die Wanda-Gruppe gehört mehrheitlich der Familie Wang. Die ist überschaubar: Vater Jianlin und Sohn Sicong. Früher waren noch Verwandte von Politgrößen an Wanda beteiligt. Darunter immerhin Qi Qiaoqiao, die ältere Schwester von Xi Jinping, und Verwandte von ehemaligen Mitgliedern des Politbüros. In einer Rede an der Harvard University bestätigte Wang dies, sagte aber auch gleichzeitig, dass der Erfolg von Wanda nicht auf Beziehungen, die in China *guanxi* genannt werden, beruhe, sondern auf dem innovativen Geschäftsmodell.

Wandas Modell: ganz schnell bauen. Er fing mit Wohnhäusern an, dann kamen Malls (die Wanda Plaza genannt wurden) und Hotels dazu, schließlich ganze Vergnügungsparks. Ein stolzer Wang sagt: »Wandas Wettbewerbsvorteil ist unsere Geschwindigkeit. Alle unserer Projekte werden in weniger als zwei Jahren realisiert, typischerweise sogar in eineinhalb Jahren.« Wanda sei bekannt für seine starke Exekution. »Wir haben niemals unseren Zeitplan für ein Wanda-Plaza-Projekt geändert.« Außerdem seien stets die Kostenpläne eingehalten, meist sogar unterschritten worden.

Von Vorteil ist sicher, dass Wanda nur mit einem Bauunternehmen zusammenarbeitet, der China State Construction Engineering Corporation, dem größten staatlichen Baukonzern. Alle Projekte sind generalstabsmäßig durchgeplant. Wang sagt: »Als ehemaliger Militär lege ich großen Wert auf Regeln und Disziplin.« Diese Strenge durchzieht das ganze Unternehmen: »Wir haben ein Mitarbeiter-Handbuch mit Etiketteregeln. Männer müssen formale Anzüge tragen, Frauen Businesslook.« Er wies das Personal am Empfang an, die Leute, die sich nicht an den Dresscode halten, anzuzeigen und zu bestrafen. Die Kleidungskontrolleure haben den Spitznamen »Dress Police«.

Wang Jianlin (1954) ging mit 15 oder 16 Jahren – so genau weiß er es selber nicht mehr – zum Militär, zu Maos Volksbefreiungsarmee. Geboren und aufgewachsen in der eher angenehm temperierten Provinz Sichuan verschlug es ihn zur Truppe in den Nordosten des Landes, wo es winters verdammt kalt wird. Dort nahm er an einem Gewaltmarsch über 1 000 Kilometern teil, mit Rucksack und einem Sack Weizen auf dem Rücken. Er stapfte durch zum Teil 30 Zentimeter tiefen Schnee. Von 1 000 kamen 400 durch. Er war dabei.

1986 gab er seinen Traum auf, General zu werden. Er wurde Beamter in Dalian, einer für chinesische Verhältnisse sehr grünen Stadt am Meer. Schon kurze Zeit später, 1989, wechselte er ins Immobiliengeschäft und wurde in Dalian Chef einer Wohnungsbaufirma, die kurz vor dem Bankrott stand. Die Wohnungen schienen unverkäuflich zu sein. Wang schaffte die Wende, verkaufte innerhalb von zwei Monaten 800 Wohnungen. Wie er das schaffte? Er ließ bessere Fenster (Aluminium- statt Holzrahmen) und Sicherheitstüren einbauen.

»Von da an war er nicht mehr zu stoppen«, heißt es in seiner Biografie *The Wanda Way*. Er hatte in Dalian den Ruf eines Anbieters guter Wohnungen und beherrschte nach relativ kurzer Zeit ein Viertel des Markts in der Stadt.

Er expandierte. Ging 1992 nach Guangzhou, dem ehemaligen Kanton, baute dort einen Riesen-Wohnkomplex. Weitere in anderen Städten folgten.

2000 dann der nächste strategische Schritt – der Bau gewerblicher Immobilien, weil man da mehr verdienen konnte. Er nannte sie Wanda Plaza – große Konsumtempel mit Shops, Restaurants und Kinos. Fast jede große Stadt in China hat inzwischen ein Wanda Plaza.

Als auch das geschafft war, widmete sich Wang dem Thema Freizeitpark. Ein Dutzend sogenannter Themenparks baute Wanda. Mit starken Sprüchen attackierte er Disneyworld, die im Juni 2016 einen Park in Shanghai eröffneten: »Wir sind ein Wolfsrudel, während Disney nur ein einzelner Tiger ist, und ein einzelner Tiger kann nie ein ganzes Wolfsrudel besiegen.«

Und irgendwann war Wang Jianlin das große China zu klein. »Mein Lebensziel ist es, ein großes Unternehmen in der Welt zu schaffen«, sagte er schon im April 2012 in einer Rede an der Tsinghua Universität, »um zu zeigen, dass die Chinesen genauso gut oder gar besser sind wie die im Westen.«

Wang, der schon Hotels in China besaß, fragte sich: Warum gibt es nur ausländische Hotelketten und keine chinesischen? Um dieses Manko zu beheben, wollte er in ausländischen Metropolen Luxushotels bauen. London sollte den Anfang machen. In Madrid hatte er mit dem berühmten Gebäude Plaza de España Nummer 19 ebenfalls große Pläne. Daraus sollte ein Luxushotel mit 200 Zimmern, Apartments und Shops werden, aber es gab lokalen Widerstand. Wanda verlor das Interesse und verkaufte das Gebäude.

Hotels waren nur ein kleiner Teil der Internationalisierung. Wichtiger waren zwei andere Branchen. Wang setzte Schwerpunkte: »Wir haben ganz klare Ziele bei unserer Auslandsexpansion: Unterhaltung und Sport.«

2012 kaufte Wanda die amerikanische Kinokette AMC mit seinen 8 200 Kinoleinwänden. Später folgte die Übernahme der Odeon & UCI Cinemas Group mit 2 236 Kinoleinwänden in Europa. Inzwischen ist Wanda der größte Kinobetreiber der Welt.

Wang wollte das Monopol Hollywoods brechen. Deshalb kaufte er das Filmstudio Legendary Entertainment für 3,5 Milliarden Dollar. Und deshalb baute er in Qingdao das Oriental Movie Metropolis, der Antwort Chinas auf Hollywood. Am Hügel westlich der Stadt prangen die Schriftzeichen Zeichen Dong Fang Ying Du, Oriental Movie Metropolis. Es ist ein 200-Hektar-Komplex mit Studios, Themenpark und Luxushotels. Zur Grundsteinlegung wurden die Hollywood-Stars Nicole Kidman, Catherine Zeta-Jones und Leonardo DiCaprio eingeflogen. Wang sprach vom »Hollywood des Ostens«.

Nicht weniger ambitiös sind (oder muss man waren sagen?) Wandas globale sportliche Aktivitäten. Sitz der Tochter Wanda Sports Holding ist Guangzhou, aber das operative Geschäft wird in Zug in der Schweiz gemacht. Chef dort ist Philippe Blatter, der Neffe des berühmt-berüchtigten Ex-Fifa-Präsidenten Joseph Blatter. Philippe Blatter war Chef der Sportvermarktungsagentur Infront, die Wanda im Februar 2015 für 1,05 Milliarden Euro erworben hat. Die Strategie von Wang ist, lieber in Sportevents zu engagieren als in Sportvereine. Der plausible Grund: Mit Vereinen ist kein Geld zu verdienen, was freilich Wanda nicht davon abhielt, sich im Frühjahr 2015 am spanischen Fußballklub Atlético Madrid zu beteiligen.

Wanda wollte sogar eine Gegenveranstaltung zur UEFA Champions League aufbauen. Bis zu sechs Klubs aus den großen europäischen Ligen in England, Deutschland, Frankreich, Italien und Spanien sollten in einem neuen Wettbewerb gegeneinander antreten. Wanda-Abgesandte sprachen auch schon mit Vertretern der La Liga (Spanien) und Serie A (Italien). Aber daraus wurde bislang nichts.

Wie aus seiner gesamten Strategie nichts wurde, als die Regierung im Frühsommer 2017 gegen die expansionswütige »Viererbande« vorging. Als dann die ersten Gerüchte auftauchten, dass die Regulierungsbehörde chinesische Staatsbanken davor warnte, Wanda weitere Kredite zu geben, war an die Fortführung der Expansion nicht mehr zu denken.

Im Gegenteil: Seine Hotelpläne brachen zusammen wie ein Kartenhaus. Die Attacken auf Hollywood und Disneyworld mussten abgeblasen werden. Anfang Juli 2017 musste Wanda Teile seines Imperiums ziemlich überstürzt verkaufen. Erst gingen seine 13 Themenparks an Sunac China Holdings, darunter auch der Qingdao Filmkomplex, kurze Zeit später dann 76 (seiner insgesamt 102) Hotels und weitere Immobilien an R&F Properties.

Weitere Verkäufe aus dem steinernen Portfolio sind nicht ausgeschlossen. Für die Immobilienhaie aus Hongkong ein gefundenes Fressen.

Die gar nicht armen Verwandten aus Hongkong und Taiwan

Fährt man aus Shenzhen auf der Autobahn Richtung Nordwesten, kommt man nach ein paar Kilometern an eine interessante Kreuzung. Auf den grünen Hinweisschildern stehen in weißen Lettern keine Ortsangaben, sondern Firmennamen. Rechts geht es ab zu Huawei, links zu Foxconn. Obwohl nur ein paar Meter voneinander entfernt, könnte der Kontrast nicht größer sein. Hier der schmucke Campus von Huawei mit seinen in Grünanlagen gebetteten Bürohäusern, dort die schmucklosen Fabrikhallen und Wohnsilos, um die Netze gespannt sind, damit die Selbstmörder nicht auf den Boden klatschen. Das klingt brutal, ist oder war aber leider Realität bei Foxconn.

Der Ruf des Unternehmens ist nicht der beste, um es milde auszudrücken. Selbstmorde in den Fabriken. Unmenschliche Arbeitsbedingungen. Kinderarbeit. Rauer Umgangston. Das sind die negativen Stichworte, die man mit Foxconn verbindet. Das Unternehmen heißt eigentlich Hon Hai Precision Industry Corp.

Gründer ist Terry Gou (1950), mit 10 Milliarden Dollar der reichste Taiwanese. Seine Eltern flüchteten 1949 aus der Volksrepublik auf die Insel Taiwan, die von der Volksrepublik bis heute als abtrünnige Provinz betrachtet wird. Gou fing 1974 mit 7 500 Dollar Startkapital und zehn Mitarbeitern an. Sie produzierten Plastikverkleidungen für TV-Geräte.

Seine erste Fabrik in China eröffnete er 1988 in Shenzhen. Und dort steht heute noch seine größte Fertigungshalle. Foxconn ist ein sogenannter Auftragsfertiger. Er produziert für andere. Den Namen wird man auf keinem Produkt von Apple, Dell, Microsoft, Nintendo oder Sony lesen. Wenn dort aber »Made in China« steht, ist die Wahrscheinlichkeit sehr groß, dass dieses Produkt in einer der riesigen Foxconn-Fabriken in China hergestellt wurde.

Rund 1,3 Millionen Beschäftigte hat Foxconn auf seiner Gehaltsliste. Gerade wird in Nanjing die größte Smartphone-Fabrik der Welt hochgezogen.

Doch wie viele Hersteller von Konsumgütern leidet auch Foxconn unter den steigenden Löhnen in der Volksrepublik. Terry

Gou möchte deshalb eine eigene Marke haben, nicht mehr nur für andere produzieren. Das ist ein wachsender Trend in China und Taiwan. Foxconn kauft sich deshalb zunehmend Marken. Erst Sharp für 3,5 Milliarden Dollar, dann die Nokia Brand von Microsoft für 350 Millionen Euro.

Inzwischen ist Gou selbst eine Marke. »Taiwans Trump« nennen ihn bereits die Medien auf der Insel. 2020 finden dort die nächsten Präsidentschaftswahlen statt. So richtig deutlich hat Gou sein mögliches Antreten nicht dementiert.

Foxconn ist sicher die bekannteste Marke Taiwans, auch wenn die meisten gar nicht wissen, dass das eigentlich ein taiwanesisches und kein chinesisches Unternehmen ist. Zudem ist die negative Bekanntheit eher kein Ruhmesblatt – weder für Foxconn noch für Taiwan.

Die Taiwanesen verweisen deshalb lieber auf ein paar andere, positiv besetzte Namen von der Insel:

- Der Handyhersteller HTC wurde 1997 gegründet. Eine der Gründer und heutige Chefin ist Cher Wang (1958). Sie hat einst in Berkeley studiert. In den vergangenen Jahren machte HTC allerdings Verluste und musste Teile an Google verkaufen.
- Acer ist einer der weltgrößten PC-Hersteller, muss sich aber auf einem rückläufigen Markt gesundschrumpfen. Ebenso Asus. Dessen Gründer Jonney Shih war mal Forschungschef bei Acer, ehe er zu Asus wechselte.
- In der Chipproduktion gibt es in Taiwan einige bekannte Firmen. Doch deren Produkte sieht man nicht und deren Namen (TSMC oder MediaTek, der Chipdesigner) kennen deshalb nur die Branchenexperten.
- Giant ist eine der größten Radfirmen der Welt. Sie ist in Taichung zu Hause, dem Zentrum der Fahrradindustrie oder auch »Königreich der Mechanik« genannt. Giant macht fast zwei Milliarden Umsatz, hat eigene Läden in 50 Ländern. Gründer ist King Liu, inzwischen schon Mitte 80. Zum 80. Geburtstag umkreiste er die Insel mit dem Fahrrad. 968 Kilometer in 12 Tagen.

Noch schlimmer als auf Taiwan sieht es in Hongkong aus. Es gibt kein bedeutendes, global operierendes Unternehmen aus der ehemaligen Kronkolonie. Hier gibt es zwar viele superreiche Clans, aber die sind nicht zu ihren Millionen und Milliarden gekommen, weil sie großartige, international agierende Unternehmen aufgebaut haben. Sie sind steinreich geworden, weil sie den völlig absurden Immobilienmarkt in ihrer Stadt beherrschen. Und der funktioniert so: Der Stadt gehört der knappe Boden. Und den versteigert sie meistbietend an die seit Jahrzehnten immer gleichen Hongkonger Immobilienhaie. Die zahlen zwar horrende Summen für die Grundstücke, aber dafür zocken sie die privaten wie gewerblichen Mieter ihrer Immobilien, die sie auf den Grundstücken errichten, ab. Dieses Spielchen zulasten der Hongkonger Bürger funktioniert seit Jahrzehnten.

Doch damit nicht genug: Mit dem Geld, das die Immobilienkonzerne durch die horrenden Mieten verdienen, kaufen sie sich in andere Hongkonger Unternehmen ein. Supermärkte, die Metro, Telekombetreiber, die Fluglinie – die meisten gehören den großen Tycoons, die die Sieben-Millionen-Stadt beherrschen. Li Ka-shing (Hutchison Whampoa) ist der bekannteste Clanführer, der in Dutzenden von Branchen investiert. Er hat auch eine kleine geschäftliche Beziehung zu Deutschland. Seine Drogeriekette Watsons ist an Rossmann beteiligt.

Aber es gibt noch einige andere Tycoons. Sie heißen Lee Shau Kee (Henderson Land), Peter Woo (Wheelock), Vincent Lo (Shui On), Robert Kuok (Kerry Group) oder Henry Keswick (Jardine Matheson), um nur ein paar dieser Dutzend Milliardäre zu nennen.

Viele von ihnen investieren natürlich auf dem Festland – vor allem in Prestigebauten. Ein Kerry Center gibt es fast in jeder chinesischen Metropole. Und Vincent Lo ist der Finanzier und Betreiber des mittlerweile berühmten Shanghaier Szene-Hotspots Xintiandi. Aber außerhalb Chinas sind sie eher zurückhaltend, warum sollten sie auch dort aktiv werden, wo sie doch in ihren chinesischen Heimatmärkten die Monopoly-Spielregeln kennen und bestens beherrschen?

Einzige nennenswerte Ausnahme ist das Imperium von Li Ka-shing. Der über lange Jahre reichste Asiate ist noch etwas älter als der legendäre Warren Buffett, aber er hat auch ein gutes Näschen für das rechtzeitige Einsteigen in Firmen, deren Wert Explosionspotenzial hat.

Hierzulande wurde Li Ka-shing berühmt, als er in Deutschlands größter Übernahmeschlacht im Jahr 2000 seinen Mannesmann-Anteil an Vodafone verkaufte und dabei 11 Milliarden Euro verdiente.

Milliarden hier, Milliarden dort. Was machen diese superreichen Chinesen mit all dem Geld?

Wir werden in den kommenden Jahren und Jahrzehnten immer mehr chinesische Marken auf dem Weltmarkt erleben. Sie werden vor allem in den konsumnahen Bereichen – von Bekleidung über Elektronik bis hin zu Autos – entstehen. Es wird ein langwieriger Prozess sein, da Markenbildung dauert und China sein negatives Billigimage nur sukzessive abstreifen kann. Parallel dazu werden nach einem eher durchwachsenen Jahr 2017 auch die Beteiligungen an und Übernahmen von Unternehmen im Westen wieder zunehmen. Chinas private Unternehmen werden sich auf diese Weise Know-how und Marktanteile hinzukaufen.

Viertes Kapitel
BEINE, STEINE, WEINE –
die Einkaufsliste der Neureichen aus China

>»Alle fünf Tage wird in China
ein neuer Milliardär geboren.«
*Billionaires Report 2016 von UBS
und PricewaterhouseCoopers*

Die Devil's Place Whisky-Bar im vornehmen Hotel Waldhaus am See in St. Moritz hat eine der besten und größten Whisky-Sammlungen weltweit. 2 500 verschiedene Labels lagern dort. Auch eine Flasche Macallan Scotch aus dem Jahre 1878. Auf der 56-seitigen Whisky-Karte war das Zwei-Zentiliter-Glas des edlen Tropfens mit 9 999 Franken aufgeführt. Moderne Prohibition sozusagen. Hotelier Sandro Bernasconi betrachtete die Flasche als Sammlerstück, wollte den Whisky eigentlich gar nicht verkaufen.

Bis am letzten Juliwochenende 2017 eine Gruppe Chinesen in der Bar auftauchte. Einer von ihnen verlangte ein Gläschen 1878er Macallan und bekam es nach hektischer Beratung hinter den Kulissen serviert. Zufrieden zog der chinesische Connaisseur von dannen. Monate später stellte sich die Flasche freilich als Mogelpackung heraus.

Sicher, nur eine kleine süffisante Episode, aber symptomatisch: Es gibt reiche Chinesen, die sich vieles leisten können und wollen.

Durch den Wirtschaftsboom der vergangenen fast 30 Jahre hat sich in China ein ungeheurer privater wie staatlicher Reichtum angehäuft. Die Billionen Yuan, Dollar und Euro werden nicht nur (re-)investiert und gespart, sondern auch zunehmend konsumiert. Deshalb erleben wir und werden wir einen Konsumboom vor allem im Luxusbereich erleben, den es in dieser Dimension noch nie gegeben hat. Das hat auch mit dem Generationswechsel unter Chinas Reichen zu tun. Die Gründergeneration, aus Zeiten großer Armut kommend, war beim Ausgeben zurückhaltender, die jüngere, die nur Zeiten des Wohlstands kennt, ist spendabler.

Die chinesische Kauflust ist nicht vergleichbar mit der der Scheichs aus dem Nahen Osten oder der der Oligarchen aus Russland, die beide auch im Westen auf Einkaufstour gingen. Bei den Neureichen aus dem Fernen Osten ist alles ein paar Nummern größer, weil es viel, viel mehr sind. Kein Land hat inzwischen mehr Milliardäre und Millionäre als die Volksrepublik China.

Ihr Auftreten wird deshalb viele Märkte verändern. Märkte, auf denen der Westen bislang weitgehend unter sich war. Plötzlich investieren die Chinesen in Beine, Steine und Weine. Beine: Fußballspieler und -klubs, Steine: Hotels und andere Immobilien, Weine: Châteaus und Flaschen. Und sie betätigen sich als Sponsoren sportlicher Top-Ereignisse. Solche finanziellen Engagements entsprechen eher typischem Neureichen-Verhalten. Sie sammeln Trophäen, um zu zeigen: Seht her, was wir uns alles leisten können.

Dabei benehmen sie sich wie Lemminge. Einer kauft einen Fußballklub, und schon kommen andere, die es ihm nachtun. Dasselbe bei Hollywood-Studios, Hotels und Weingütern. Wenn einer anfängt, folgen ihm andere Landsleute prompt. Viele dieser Trophäen-Investments führen freilich nicht unbedingt zu einer Vermehrung des Vermögens.

Eher schon ökonomischen Hintergrund haben Investitionen in Kunst und Immobilien. Sie sind Anlageprojekte, die gute Renditen abwerfen sollen. Bei Immobilien kommt bei vielen noch ein weiteres Motiv hinzu: In manchen Ländern – USA und Südeuropa – erwerben sich Chinesen durch den Kauf einer Wohnung oder eines Hauses ein Visum. Für viele reiche Chinesen ist es wichtig, diese Option zu haben, denn man weiß schließlich nie, ob man zu Hause mal in Ungnade fällt.

Das Auftauchen der chinesischen Immobilienkäufer wird die Preise in vielen Regionen nach oben treiben. Profiteure werden die Verkäufer sein, Verlierer die leer ausgehenden Käufer. Das stößt manchenorts auf anti-chinesische Ressentiments. In Australien zum Beispiel.

Nur Gewinner gibt es dagegen in der globalen Luxus- und Tourismusindustrie. Nach einem Einbruch durch die Antikorruptionskampagne von Staatspräsident Xi Jinping haben sich die Firmen der Luxusbranche – von Burberry bis Zegna – wieder erholt. Die Chinesen dominieren diesen Markt der edlen Handtaschen, Kleider, Schuhe, Spirituosen und Uhren.

Auch der Tourismus floriert. Die Chinesen sind längst Reiseweltmeister. Dabei sind sie nicht mehr nur in Reisegruppen unterwegs, die in Bussen zehn Tage durch halb Europa touren. Es sind Familien und Freunde, die in der Business- oder gar First Class an ihren Urlaubsort fliegen, dort in Fünf-Sterne-Hotels übernachten, vielleicht mal einen Tauchkurs buchen oder sich in einer Klinik durchchecken lassen.

Und manchmal machen sie – aus unserer Sicht – verrückte Sachen.

Chinas Nouveau Riche oder Crazy Rich Chinese

Privatjets mit Bädern und Masseuren, Schönheitsoperationen für Fische aus dem Aquarium, eine 40-Millionen-Dollar-Hochzeit auf einer Insel, Apartments mit gläsernen Aufzügen für Autos, eine chinesische Familie, die, nachdem sie an der Rezeption in England beleidigt wurde, gleich das ganze Hotel kaufte.

Wo gibt's denn so was?

In den Büchern von Kevin Kwan, der eine Trilogie geschrieben hat. Die Titel seiner drei Bücher heißen *Crazy Rich Asians, China Rich Girlfriend, Rich People Problems*.

Dort stehen die schön erfundenen Stories. Erfunden? Kevin Kwan antwortet: »Die Realität ist viel verrückter als meine Fantasie.« Er sagt, obwohl die Figuren in seinen Büchern erfunden sind, kamen Leute in China auf ihn zu und dachten, er hätte über sie geschrieben, weil sie sich wiedererkannten.

Crazy Rich Chinese. Crazy China.

Willkommen in der Volksrepublik China, deren Verfassungsartikel eins lautet: »Die Volksrepublik China ist ein sozialistischer Staat unter der demokratischen Diktatur des Volkes, der von der Arbeiterklasse geführt wird und auf dem Bündnis der Arbeiter und Bauern beruht.« Die Verfassung stammt aus dem Jahre 1949.

Heute regiert das Geld. In China gibt es inzwischen 647 Milliardäre. Wohlgemerkt: Dollar-Milliardäre. Zum Vergleich: Im kapitalistischen Mutterland USA sind es nur 552. Allein in Beijing leben 94 Milliardäre, mehr als in jeder anderen Stadt auf diesem Globus. Und für Nachwuchs ist gesorgt. Nach Berechnungen von der Bank UBS und dem Beratungsunternehmen PwC wird in China alle fünf Tage ein neuer Milliardär »geboren«.

In der Vermögensklasse darunter ist China auch sehr prominent vertreten. Ende 2016 gab es 1,6 Millionen Chinesen, die ein Vermögen von 10 Millionen Yuan (1,3 Millionen Euros) hatten. In der Fachsprache der Vermögensverwalter nennt man dieses Klientel High Net Worth Individuals, abgekürzt: HNWI.

Es sind nicht nur Gründer und Unternehmer, die zu dieser vermögenden Schicht zählen.

In der Bain-Studie *China's Private Wealth Machine* heißt es: »Mit dem schnellen Wachstum der chinesischen Wirtschaft, insbesondere des Tech-Sektors, hat sich neben den Unternehmern eine immer größer werdende Klasse von gutbezahlten Vorständen, Managern, Ingenieuren, Finanzexperten und anderen Berufen entwickelt.« Nur ein Beispiel: Allein der Börsengang des Internetkonzerns Tencent machte rund 4000 Mitarbeiter, die zuvor schon Anteile an dem Unternehmen besaßen, zu HNWIs.

Was machen aber die vielen reichen Chinesen mit dem vielen Geld? Sie zeigen, dass sie reich sind. Sie verstecken nicht wie erfolgreiche schwäbische Mittelständler ihren Daimler oder gar Porsche in der Garage. Nein, der Bentley/Ferrari/Jaguar/Maserati/Rolls-Royce wird in aller Öffentlichkeit im Stau gezeigt. Schmuck und Uhren werden offen getragen, Letzteres auch schon mal gut sichtbar über dem Ärmel des Armani-Anzugs.

Ein Drittel der globalen Luxusprodukte – von Chanel bis Louis Vuitton – werden inzwischen in China verkauft. 2025 wird es nach dem McKinsey-Report *Chinese luxury consumers: the 1 trillion renminbi opportunity* mindestens die Hälfte sein. Aber gibt es da nicht diese Antikorruptionskampagne von Xi Jinping, die den Umsatz von Luxuswaren aller Art drastisch einbrechen ließ?

Ja, die gab es und gibt es immer noch. Die Kampagne hat auch gewirkt, aber sie hat auch eine Veränderung des Markts bewirkt. Man beschenkt nicht mehr Beamte, sondern sich selbst. Weniger Männer kaufen teure Produkte, sondern immer mehr Frauen. Das heißt konkret: weniger Uhren (die ein beliebtes Bestechungsgeschenk waren), mehr Parfüms und Handtaschen.

Vor allem das Hermès-Modell Birkin, benannt nach der Schauspielerin Jane Birkin, ist begehrt. Diese Handtasche ist nicht nur ein Trage-, sondern auch ein Anlageobjekt. Seit 1984 hat dieses Kunststück, das in Handarbeit mitten in Paris hergestellt wird, eine jährliche Rendite von 14,2 Prozent erzielt. Eine dieser Taschen ging im Mai 2017 auf einer Christies-Auktion in Hongkong für 380 000 Dollar weg. Der Käufer wurde nicht genannt, aber die Vermutung über seine Herkunft ist naheliegend: China.

Noch verrückter als Anlageobjekt der Chinesen ist der Whisky. Die Brokerfirma Rare Whisky 101 hat ausgerechnet, dass der Wert eines 18 Jahre alten Macallan-Whiskys innerhalb des Jahres 2016 um 142 Prozent gestiegen sei. Vor allem Chinesen seien als Käufer aufgetreten.

Neben Handtaschen und Whisky ist Kunst fast ein normales Objekt der chinesischen Begierde. China hat sich inzwischen zu einem der größten Kunstmärkte der Welt entwickelt. So verwunderte es niemanden mehr, als »Nu couché« (Liegender Akt) von Amedeo Modigliani für 170 Millionen Dollar an den Milliardär Liu Yiqian, ein Pharmaunternehmer, ging. Liu zahlte übrigens mit seiner American-Express-Kreditkarte, was ihm so viele Bonuspunkte einbrachte, das er für den Rest seines Lebens Erste Klasse fliegen kann.

Chinas Reiche reisen gerne (im Schnitt machen sie sechs Auslandsreisen im Jahr), und sie shoppen gerne. Sie suchen deshalb ihre Ziele nach Einkaufsmöglichkeiten aus. Hongkong, Südkorea und Japan stehen ganz oben. Geflogen wird meist Business oder First Class und genächtigt am liebsten im Ritz-Carlton oder

Four Seasons. Das ergab der Report *Chinese Luxury Traveller 2017*. Und in dem Report steht auch, dass sie immer mehr Abenteuer-Tourismus mögen. Sie jetten nach Afrika und in die Polarregion. Sie entdecken Kreuzfahrten. Sie buchen Tauch- und Yogakurse sowie Spa-Aufenthalte.

Die Themen Health und Wellness werden für sie immer wichtiger. Ein Viertel ihres monatlichen Budgets wird dafür ausgegeben – von Gesundheitsprodukten über den Besuch von Gyms bis hin zu medizinischen Check-ups. Über 60 Prozent sagen, sie lassen sich regelmäßig durchchecken und reisen dazu ins Ausland. An erster Stelle stehen dabei Japan und die USA, gefolgt von Deutschland, Südkorea und Großbritannien.

Wer es sich leisten kann, fliegt mit seinem eigenen Jet zum Arzt, in den Urlaub oder zu Geschäften. Jack Ma (Alibaba), Robin Li (Baidu) und Wang Jianlin (Wanda) haben eine Gulfstream G550. He Xiangjian (Midea) besitzt eine Boeing 737 und eine Gulfstream G450.

Die Flugzeugbauer passen sich an, erfüllen die Wünsche der reichen chinesischen Kunden. So gibt es im Gulfstream die Version mit einem Reiskocher an Bord. Airbus bietet einen runden Tisch an, damit die Herren auch in luftigen Höhen Mahjong spielen können.

Freilich achten die Unternehmer inzwischen darauf, dass sie nicht mit und in ihren Flugzeugen fotografiert werden und möglicherweise Bilder davon in den sozialen Netzwerken kursieren. Das kommt im Zuge der Antikorruptionskampagne von Xi Jinping bei der Bevölkerung nicht so gut an.

Viele Reiche stehen sowieso vor der Frage: Kaufen oder mieten? Immer mehr mieten. Chris Wu, Manager von Sino Jet Beijing, einer der führenden Vermieter von Jets, sagt: »Immer mehr Kunden realisieren, dass die Charterkosten eines Privatjets nicht viel höher sind als ein Ticket Erster Klasse, wenn man in einer Gruppe reist«. Die Kosten pro Flugstunde: 12 000 bis 17 000 Dollar.

Geld ausgeben ist die eine Seite der Medaille, die andere Seite: Geld behalten und es vermehren. Und auch in dieser Disziplin verhalten sich die reichen Chinesen etwas anders als ihre westlichen Pendants. 40 Prozent des chinesischen Privatvermögens wird bar gebunkert oder schlicht auf Sparkonten. Rat von außen holen vor allem die älteren Chinesen nicht ein. Sie vertrauen lieber auf ihren Instinkt oder die Urteile von der Familie oder engen Freunden.

Die jüngere Generation unter den HNWI investiert mehr in Aktien, Bonds und Immobilien, zunehmend auch im Ausland. Und sie ist bereit, Anlagetipps von Profis anzunehmen. In der Bain-Studie *China's Private Wealth Machine* wird deshalb gefolgert: »Das bietet enorme Gelegenheiten für Banken und andere Wealth Managers.«

Riesenpotenzial witternd machen sich die privaten Geschäftsbanken aus aller Welt nach China und Hongkong auf und bauen dort ihr Beratungsgeschäft auf und aus. Die LGT, Liechtensteins Privatbank, schickte zum Beispiel Prinzessin Marie von Liechtenstein auf den Weg Richtung Asien und ließ sie bei Weinproben diskrete Werbung für eine Institution ihres Fürstentums machen. Die Schweizer UBS veranstaltet Summer Camps für Kinder reicher Chinesen.

Zu ihren Staatsbanken haben die chinesischen HNWI wenig Vertrauen. Gerade mal 15 Prozent vertrauen ihnen ihr Vermögen an, um es eventuell zu vermehren.

Da investiert manch reicher Chinese lieber noch in Pferde. Jedenfalls tauchen bei den Magic Millions in Australien, *der* Auktion der Pferdezüchter, inzwischen immer mehr Chinesen auf.

Und wer nicht auf Vierbeiner steht, kann in Zweibeiner investieren – und zwar in solche, die gegen einen Ball treten können.

Balla Balla in China

Im Oktober 2015 war Xi Jinping auf Staatsbesuch in Großbritannien. Königliches Bankett im Buckingham-Palast, Treffen mit dem damaligen Premier David Cameron. Das übliche Programm eben. Aber dann kam etwas Unübliches: Manchester, Etihad Stadium, Heimat des Erstligisten Manchester City. Small Talk mit der Vereinsführung und ein paar Spielern, ein Selfie mit Sergio

Agüero. Und die obligatorische Überreichung eines hellblauen ManCity-Trikots mit seinem Namen und – wie es sich für den ersten Mann im Staate China gehört – der Nummer eins. Xi Jinping grinste zufrieden – fast wie ein kleines Kind.

Xi hat ja viele Träume. Einer davon betrifft den Fußball. Er will China auch im Fußball zu einer Weltmacht machen. Er war noch Vizepräsident, als er seinen dreifachen Wunsch äußerte: Erstens soll sich China für die nächste Weltmeisterschaft qualifizieren, zweitens eine Weltmeisterschaft ausrichten und drittens eine Weltmeisterschaft gewinnen.

Kein leichtes Spiel. Im Schnitt dümpelt das Riesenreich China im Ranking des Weltfußballverbandes Fifa um den Platz 70 herum, zwischen den Karibikstaaten Jamaika und Trinidad. Zur Weltmeisterschaft hat es China nur einmal geschafft, 2002 nach Japan und Korea. Dort verabschiedete sich China punkt- und torlos nach der Vorrunde. Und auch 2018 in Russland wird China nicht vertreten sein. Sie scheiterten auf dem Weg dorthin in der Qualifikation unter anderen an den Fußball-Großmächten Syrien und Usbekistan.

Das schmerzt Xi und seine Untertanen, von denen viele große Fußballfans sind. Fußball ist populär in China, obwohl das Nationalteam so grottenschlecht ist. Kneipen und Sportbars sind voll, selbst spätabends oder gar nachts, wenn dort die Spiele der europäischen Top-Ligen live übertragen werden. Viele Chinesen können die Namen fast aller Spieler von Liverpool, Bayern München oder Barcelona auswendig aufzählen.

Inzwischen können sie viele dieser Stars live auf dem grünen Rasen im eigenen Lande sehen. Denn die Vereine der Chinese Super League (CSL) haben in den vergangenen Jahren gewaltig aufgerüstet. Haben sie früher nur abgehalfterte Stars kurz vor dem Eintritt ins Fußball-Rentenalter – also so um die Mitte 30 – eingekauft, so locken sie seit zwei, drei Jahren Fußballer im Zenit ihres Könnens nach China. Weil Kicken in China für die meisten dieser Stars ein Abstieg ist, bekommen sie traumhafte Gehälter als Schmerzensgeld. Absurde Summen wurden gezahlt, vor allem vor Beginn der Saisons 2016 und 2017 (in China ist die Fußballsaison mit dem Kalenderjahr identisch).

Im Januar 2016 wechselte sowohl Chelseas Mittelfeldspieler Ramires für 37 Millionen Dollar als auch Alex Teixeira von Shakthar Donezk für 56 Millionen Dollar zu Fußballklub Jiangsu Suning. Mal eben 280 Millionen Dollar wurden in dieser Transferperiode ausgegeben.

Christian Heidel, Manager von Schalke 04, kommentierte: »Das ist natürlich Wahnsinn, was da abgeht.« Arsène Wenger, der ewige Coach von Arsenal London, sagt völlig illusionslos: »China scheint die finanzielle Macht zu haben, die Liga von Europa nach China zu bewegen. Das ist die Folge der wirtschaftlichen Macht.«.

In der Transfersaison 2017 wurde der Wahnsinn noch getoppt. Shanghai SIPG zahlte 64 Millionen Dollar für Oscar von Chelsea.

Das war offenbar auch dem chinesischen Fußballverband CFA zu viel. Er verkündete im Januar 2017 einen 18-Punkte-Plan, der sich wie ein Parteidokument liest: »Strengthen Management and Guidance to Promote the Healthy and Stable Development of the Professional League«. Danach dürfen nur noch drei statt vier Ausländer im Team spielen. Zwei Chinesen müssen unter 23 Jahren alt sein. Außerdem müssen die Clubs künftig 15 Prozent ihrer Ausgaben für Jugendarbeit reservieren, sonst setzt es Strafen.

Weil Fußball freilich Chefsache in China ist, mischte sich auch das Bildungsministerium ein. Sein Plan: Bis 2020 sollen 20 000 neue Fußballschulen entstehen, bis 2025 dann 50 000. Jede dieser Schulen, die an die normalen Grund- und Mittelschulen angegliedert werden soll, kann 1 000 junge Fußballer trainieren. Macht also zusammen 50 Millionen junge chinesische Fußballspieler. Darunter müssten doch elf zu finden sein, die das Land aus der Misere schießen!

So lange wollte man bei Guangzhou Evergrande, dem chinesischen Meister, nicht warten. Deshalb baute der Klub schon 2012 eine der größten Fußballschulen der Welt: 48 Fußballplätze und ein schlossartiges Gebäude für die Unterkunft von Trainern und den jungen Talenten, die rund 9 000 Dollar pro Jahr für die Ausbildung zum (nicht garantierten) Fußballstar zahlen müssen. Kosten der Aufzuchtstation: rund 200 Millionen Euro.

Kooperationspartner ist Real Madrid. Dort wurden auch die 20 Trainer ausgebildet. Liu Jiangnan, der Leiter der Schule, ist ziemlich optimistisch: »Ich schätze, dass in sieben oder acht Jahren die Hälfte der Nationalmannschaft von dieser Schule kommen wird.« Hui Ka Yan, Chef des Clubmitbesitzers und Immobilienkonzerns Evergrande, sagt: »Das ideale Team von Evergrande besteht aus einem Weltklassetrainer und elf chinesischen Spielern.«

So weit ist es aber heute noch nicht ganz. Sie haben zwar als Nachfolger des Brasilianers Felipe Scolari mit Fabio Cannavaro einen weiteren Weltklassetrainer verpflichtet, aber noch muss Guangzhou Evergrande mit teuren Ausländern antreten. Zum Beispiel in Shanghai.

Eine Liga im Besitz der Konzerne

Shanghai, ein schwül-heißer Samstagabend im August. In den Zügen der beiden Metro-Linien 3 und 8, die die Station Hongkou-Stadion anfahren, sind Männer und Frauen in blauen T-Shirts und Trikots. Es sind Fans von Shanghai Shenhua, einer der beiden Shanghaier Clubs in der Chinese Super League (CSL). Es ist eine überschaubare Fangemeinde. Auf dem Weg zum Stadion hört man kein alkoholgeschwängertes Gegröle, niemand ist mit einer Bierflasche in der Hand unterwegs. Alles wirkt wohltuend zivilisiert im Vergleich zu den Vorspielen in Deutschland.

Vor dem Stadion bedrängen einen die Schwarzmarkthändler, die so kurz vor Spielbeginn immer aggressiver werden, weil sie ihre Karten nicht loswerden. Das Spiel ist längst nicht ausverkauft. Und das obwohl der Spitzenreiter an diesem Abend in Shanghai gastiert – Guangzhou Evergrande.

Trotz ausländischer Stars, trotz günstiger Eintrittspreise – eine Dauerkarte kostet lediglich rund 1 000 Yuan (rund 120 Euro) – schauen Chinas Fußballfans offenbar lieber die englische Premier League im Fernsehen anstatt die chinesische Super League live. Das hat Folgen für die Vereine. Nach einer Untersuchung der Wirtschaftsprüfergesellschaft Deloitte haben Chinas führende Klubs gerade mal Einnahmen zwischen 15 und 60 Millionen Euro.

Neben geringen Zuschauerzahlen und dementsprechend niedrigen Umsätzen kassieren sie auch wenig Geld aus Sponsoring- und anderen Marketingaktivitäten. Die gesamte Liga wird gesponsert von der Versicherung Ping An, die dafür lediglich 150 Millionen Yuan pro Jahr zahlt. Auch die TV-Gelder sind nicht gerade üppig. Die Fernsehrechte gingen 2015 für fünf Jahre an das Medienunternehmen CSM. Es zahlte dafür rund 1,15 Milliarden Euro. Das sind etwas mehr als 200 Millionen Euro pro Jahr.

Geringe Einnahmen, hohe Kosten – das ergibt ein dickes Minus. Ausgleichen müssen dies die Eigentümer der Klubs. Die sind alle Unternehmer. Ein ziemlich bunter Haufen: Immobilienhaie sowie Bosse von staatlichen wie privaten Unternehmen.

Die Vereine im Besitz von Immobilienkonzernen sind folgende:

- Seriensieger *Guangzhou Evergrande Taobao* gehört zu 60 Prozent dem Immobilienkonzern Evergrande Real Estate Group. Chef ist dort Hui Ka Yan (das ist sein kantonesischer Name, in Mandarin: Xu Jiayin). Er ist der reichste Chinese, er sitzt auch im Beratenden Ausschuss des Nationalen Volkskongresses (NVK). Co-Investor ist seit Sommer 2014 der Internetkonzern Alibaba. Deshalb auch das Taobao im Namen.
- *Guangzhou R&F* ist im Besitz der R&F Properties. Der Verein hat eine wechselvolle Geschichte mit mehreren Ortswechseln hinter sich. Er gastierte schon in Shenyang, Changsha und Shenzhen, ist aber seit 2011 in Guangzhou angekommen.
- *Beijing Guoan*: Der Staatskonzern Citic verkaufte im Januar 2017 die Mehrheit seiner Anteile an den Immobilienkonzern Sino Land. Seitdem heißt der Klub Beijing Sinobo Guoan. Der Klub aus Beijing hat eine der größten Fangemeinden in der CSL, seine Heimspiele im altehrwürdigen Arbeiterstadion sehen durchschnittliche 40 000 Zuschauer.
- *Hebei China Fortune*: Derzeitiger Besitzer des Klubs, der in Qinhuangdao spielt, ist seit Januar 2015 der Immobilienkonzern China Fortune Land Development. Berühmt wurde er durch das Gerücht, dass er Lionel Messi kaufen und ihm ein Jahresgehalt von 100 Millionen Euro (netto) zahlen wollte.

Staatsunternehmen als Inhaber haben folgende Klubs:

- *Shanghai SIPG*: Das Kürzel steht für Shanghai International Port Group, ein lokales Staatsunternehmen. Es stieg erst Ende 2014 ins Fußballgeschäft ein, schaffte es aber in dieser kurzen Zeit, 40 Spieler aus aller Welt einzukaufen. Leistete sich Sven-Göran Eriksson als Trainer und die Brasilianer Hulk und Oscar als Spieler.
- *Shandong Luneng Taishan*: Dahinter steckt eine Tochter von State Grid, dem chinesischen Stromkonzern. Trainer ist Felix Magath. Fast der ganze Stab wurde importiert, darunter auch der Deutsche Daniel Stenz, der als technischer Direktor fungiert. Er sagt: »Ein Budget gibt es bei uns nicht. Wenn wir Geld brauchen, bekommen wir es.«

Folgende Privatleute leisten sich als teures Hobby einen Fußballklub:

- *Shanghai Shenhua* ist im Besitz des Internet-Tycoons Zhu Jun. Ihm gehört das Onlinegame The Nine City. Er hatte als einer der Ersten alternde Stars aus Europa nach China gelockt. Zum Beispiel Didier Drogba (Wochengehalt 300 000 Dollar) und Nicolas Anelka.
- *Chongqing Lifan*: Jiang Lizhang, der durch den Verkauf seiner Sportmarketingagentur Desports zu Geld kam, kaufte Anfang 2017 zusammen mit Dangdai International Group 90 Prozent von Chongqing Lifan und nannte den Club um in Chongqing Dangdai Lifan.
- *Tianjin Quanjian*: Der Klub in der Hafenstadt wurde im Juli 2015 von Quanjian Nature Medicine, einem Hersteller von Kosmetika, übernommen.
- *Jiangsu Suning*: Besitzer ist die Elektromarktkette Suning, in Deutschland mit Saturn oder Mediamarkt vergleichbar, nur eben um einiges größer. Suning-Gründer Zhang Jindong kaufte den Klub, der wie Suning in Nanjing beheimatet ist, im Dezember 2015.

Jiangsu Suning tummelt sich allerdings in der unteren Tabellenhälfte der CSL. Das entspricht gar nicht den Ansprüchen des ambitiösen Zhang Jindong. Er suchte deshalb nach einer alternativen Spielwiese mit viel größerem Auditorium. Gefunden hat er sie in Mailand.

Egal, ob Madrid oder Mailand – Hauptsache Ausland

Mailand – eine Stadt, zwei legendäre Fußballklubs. Nur kurz Milan wird der eine genannt – der AC Mailand; Inter heißt in Kurzform der andere – Internazionale Mailand. Beide sind so etwas wie regionale Heiligtümer, angebetet von Millionen Tifosi, wie die Fans im fußballgläubigen Italien genannt werden.

Und nun das: Die beiden traditionsreichen Klubs wurden 2017 von Chinesen aufgekauft. Der AC Mailand – bis dato in Besitz von Ex-Regierungschef und Milliardär Silvio Berlusconi – ging an den chinesischen Geschäftsmann Li Yonghong. »Er hat mir erklärt, dass er wenig von Fußball versteht, aber viel von Business. Er ist davon überzeugt, dass Milan ihn bei seinen Geschäften in China voranbringen kann«, sagte Milan-Geschäftsführer Marco Fassone dem *Corriere della Sera*. Li spuckt große Töne. In einer Stellungnahme nach der Übernahme ließ er verbreiten: »Wir versprechen, dieses legendäre Team Schritt für Schritt wieder an die Weltspitze zu bringen.« Sprach's und ließ sich kaum mehr in Mailand blicken. Er kommandierte lediglich einen Adjutanten ab, der allerdings auch nichts von Fußball versteht.

Li ist selbst in chinesischen Wirtschaftskreisen eine unbekannte und dubiose Größe. Dies dokumentiert sich an dem Übernahmeprozess. Erst wollte er mit der Firma Shenzhen Jieande Industrial Co. Ltd. den AC Mailand übernehmen. Aber angeblich hat die Firma die nötigen Bankunterlagen gefälscht. Flugs zauberte Li eine andere Firma hervor, die Sino-Europe Sports Investment Management Changxing Co. Ltd. Sie kündigte im August 2016 die Übernahme an. Bis Ende 2016 sollten die hierzu nötigen Gelder überwiesen werden. Doch auf Berlusconis

Konto ging nichts ein. Offenbar hatte auch die neue Firma Schwierigkeiten, das Geld aufzubringen. Also gründete Li nochmals eine Firma, diesmal mit dem passenden Namen Rossoneri Sport Invest Luxembourg (Rossoneri ist der italienische Spitzname für AC Mailand).

Freilich konnte Li die von Silvio Berlusconi geforderten 740 Millionen Euro gar nicht aufbringen, sodass der amerikanische Hedgefonds Elliott einspringen musste; er lieh Li Yonghong 300 Millionen Euro zu einem horrenden Zinssatz.

So verrückt kann nur die Fußballwelt sein: Ein nicht ganz solventer Chinese kauft einen klammen Fußballverein. AC Mailand machte 2015 einen Verlust von rund 90 Millionen Euro, 2016 soll dieser immerhin auf 70 bis 80 Millionen reduziert worden sein.

Seriöser als Li ist der Aufkäufer von Inter Mailand. Es ist der Elektrohandelskonzern Suning unter Zhang Jindong, der im Juni 2016 für knapp 70 Prozent von Inter 270 Millionen Euro hinblätterte. Doch auch nach diesem Deal kam Kritik auf. In der Magazinsendung *1+1* des staatlichen Fernsehens CCTV durfte ein Experte des staatlichen Thinktanks CASS den Einstieg Sunings bei Inter Mailand als »irrational« einstufen. Was sei die Logik – fragte der Wissenschaftler –, für so viel Geld einen hoch verschuldeten Verein zu übernehmen?

Eine Frage, auf die es nur eine Antwort gibt: Mit dem Kauf eines Fußballklubs wird meist nur das Ego eines Unternehmensführers befriedigt – insofern handeln die chinesischen Bosse nicht anders als westliche Unternehmensfürsten, russische Oligarchen oder arabische Scheichs. Ein Fußballklub als Spielzeug von jüngeren und älteren Herren. In China kam neben den Eitelkeiten noch ein weiteres Motiv hinzu: Die Herren Investoren wollten sich beim fußballvernarrten Präsidenten Xi Jinping einschmeicheln.

So sind vor allem die beiden englischen Top-Ligen inzwischen ein Tummelplatz von chinesischen Investoren geworden. Die China Media Capital Holding (CMC) stieg mit 13 Prozent bei Manchester City ein. Das kostete 400 Millionen Dollar. Hinter CMC steckt Li Ruigang, der auch im Aufsichtsrat von ManCity sitzt. Außerdem haben die beiden Premier-League-Vereine West Bromwich Albion und FC Southampton chinesische Besitzer. In der Liga darunter, der Football League, sind gleich mehrere Investoren aus China aktiv: Aston Villa, Birmingham City, Hull City und Wolverhampton Wanderers.

Gerade die Engagements bei den beiden Clubs in Birmingham – Aston Villa und City – zeigen aber auch, welch dubiose Gestalten da teilweise unterwegs sind. Birmingham City gehörte einst dem Hongkonger Geschäftsmann Carson Yeung. Doch der landete wegen Geldwäsche hinter Gittern. Mit Paul Suen ist der neue Mehrheitseigner erneut ein Unternehmer aus Hongkong. Aston Villa ist im Besitz von Tony Xia, von dem man wenig weiß, wie er zu Geld kam. Auf seiner Website sagt er, er sei schon seit Jahren Villa-Fan. Sein Interesse gilt aber der Landschaftsarchitektur und der Poesie. Und offenbar auch den Märchen, ist man geneigt hinzuzufügen, wenn man liest, was er auf der Website des Clubs verkündete. Es sei sein »langfristiges Ziel, Aston Villa zum größten Klub in der Welt zu machen«.

Neben den englischen Ligen sind chinesische Investoren noch in weiteren europäischen Ligen aktiv:

In Frankreich ist der OGC Nizza in Besitz eines chinesischen Konsortiums, angeführt von dem Hotelbesitzer Chien Lee. Er sagt, er hätte eigentlich nach Hotels gesucht, hat aber offenbar einen Fußballklub gefunden. Am Spitzenklub Olympique Lyon ist die chinesische Investmentfirma IDG Capital Partners mit 20 Prozent beteiligt.

In Spanien zahlte Wanda 45 Millionen Euro für einen 20 Prozent-Anteil an Atlético Madrid, das seit September 2017 im neu erbauten Stadion Wanda Metropolitano spielt. Espanyol Barcelona gehört mehrheitlich Chen Yansheng, einem Hersteller von Spielzeugautos.

In den Niederlanden hat Wang Hui, Chef des Sportveranstalters UVS, seit 2015 die Mehrheit an ADO Den Haag. Das Geld für die Übernahme ließ aber monatelang auf sich warten, was ihm viel Kritik in den Medien und bei den Fans einbrachte.

In Tschechien besitzt CEFC China Energy den Traditionsklub Slavia Prag. CEFC-Besitzer Ye Jianming hat wohl gute Kontakte zum Militär. Das Unternehmen ist stark im Osten Europas engagiert, fiel zuletzt durch den Einstieg beim russischen Ölkonzern Rosneft auf.

Tschechien, Niederlande, Spanien, Frankreich und England – warum machen die Chinesen einen Bogen um Deutschland? Warum interessieren sie sich nicht für die Bundesliga? Das Desinteresse grenzt ja fast an Beleidigung des Landes, aus dem die Weltmeister kommen. Doch, doch, es gab schon Kontakte. Im Frühjahr 2017 sind Emissäre des Mischkonzerns Fosun an mehrere deutsche Vereine herangetreten: Werder Bremen, HSV, Borussia Dortmund, Hertha BSC, VfL Wolfsburg und Borussia Mönchengladbach.

Doch es kamen keine Deals zustande. Abschreckend für die Chinesen war die hierzulande geltende 50+1-Regelung. Sie besagt: Die Mehrheit eines Clubs, egal in welcher Rechtsform, muss beim Verein bleiben.

So ist das chinesische Engagement im deutschen Fußball nur eine – im wahrsten Sinne des Wortes – Randerscheinung, beschränkt auf Bandenwerbung.

Werbung bei Olympia und Fußball-WM? Logo!

Es ist der 10. Juli 2016, der Tag des Endspiels bei der Fußball-Europameisterschaft in Frankreich. Die Sonne knallt schon an diesem relativ frühen Sonntagmorgen von einem wolkenlosen blauen Himmel. Drinnen im noblen Hotel Westin Paris Vendôme gibt es schon die ersten Fußballkünste zu bewundern. Fußballartisten tanzen und tänzeln durch die Hall Concorde des Hotels, vorbei an Fernsehgeräten, Kühlschränken und Waschmaschinen.

Nach deren zirkusreifer Vorstellung tritt ein Chinese an das Mikrofon – Lin Lan, er ist Vizepräsident von Hisense, dem Hersteller von brauner und weißer Ware. Sein Unternehmen ist für das Spektakel verantwortlich. Denn Hisense ist seit Januar 2016 einer von acht Sponsoring-Partnern des europäischen Fußballverbandes UEFA. Wer zu diesem exklusiven Kreis gehört, darf sich während der Europameisterschaft präsentieren, in und außerhalb der Stadien, auch auf Hotelfluren.

Am wichtigsten ist die Bandenwerbung. Im Falle Hisense zeigte diese Art von Werbung Wirkung. Zeitungen erklären ihren Lesern, wer hinter diesen bis dato unbekannten Logos und Namen am Spielfeldrand steckt. »Das ist das smarteste Investment, das wir je gemacht haben«, sagt deshalb Lin Lan in bestem Englisch, »das erhöht unseren Bekanntheitsgrad.«

Hisense ist schon länger im Sport-Sponsoring unterwegs. Bereits 2008 erwarb das Unternehmen die Namensrechte der Melbourne & Olympic Parks, berühmt durch die Austragung des Tennisturniers Australian Open am Anfang jeden Jahres. Es war das erste Stadion weltweit, das den Namen eines chinesischen Unternehmens trug.

Aber eine der ersten chinesischen Firmen, die die Bedeutung von Sport-Sponsoring erkannten, war Lenovo. Der Computerhersteller war schon bei den Olympischen Winterspielen 2006 in Turin und zwei Jahre später bei den Sommerspielen im heimischen Beijing Sponsor.

Den Spuren Lenovos folgt nun Alibaba als einer der Sponsoren der Olympischen Spiele. Der Internetkonzern ist Mitglied beim »The Olympic Partner« (TOP)-Programm. Das ist ein exklusiver Kreis von Weltkonzernen. Nur globale Top-Adressen wie Coca Cola oder McDonalds sind dort vertreten. Bei allen Olympischen Spielen von 2018 bis 2028, darunter auch die Winterspiele 2022 in Beijing, wird künftig sehr prominent und omnipräsent das orange Alibaba-Logo zu sehen sein. Der TOP-Deal ist eines der teuersten Sponsoring-Pakete weltweit. Sein Preis wird auf mindestens 150 Millionen Dollar taxiert.

Der Weltfußballverband Fifa schnürt ähnliche Pakete. Über einen Zeitraum von vier Jahren darf man in und mit den Fifa-Wettbewerben werben. Gleich drei chinesische Firmen haben solche Deals unterschrieben und sind an den Banden präsent: Wanda, Vivo und – wieder – Hisense. Hier hat sich ein interessanter Wandel vollzogen: Während sich treue Fifa-Sponsoren wie Sony und Emirates verabschiedeten, weil sie zum Teil die exorbitanten Summen (die Rede ist von fast 100 Millionen Dollar) nicht mehr zahlen wollten und auch nicht mehr mit der permanent korruptionsverdächtigen Fifa paktieren wollten, springen chinesische Unternehmen bereitwillig in die freie Flanke.

Von den drei chinesischen Sponsoren hat sich Wanda am längsten verpflichtet. Sie sind bis zum Jahr 2030 dabei. Ein besonders delikater Fall. Denn der Mischkonzern Wanda ist nicht nur Sponsor, sondern auch Inhaber einer der dominierenden Sportrechteagenturen der Welt, der Infront in der Schweiz. Für rund 1 Milliarde Euro hat Wanda Anfang 2015 das Unternehmen in Zug gekauft, das in Deutschland vor allem durch seinen ehemaligen Manager Günter Netzer bekannt ist. Infront vergibt unter anderen die Fifa-Rechte in Asien. Wanda verhandelt also gewissermaßen mit sich selbst. Wen wundert das noch, in dem an Merkwürdigkeiten nicht gerade armen Weltreich der Fifa?

Chinas Regierung freut sich, dass Chinesen nun auch im globalen Markt der Sportrechte mitmischen. Sie hat das Sportbusiness in den vergangenen Jahren als eine wichtige Branche identifiziert. Das gipfelte in einem im Oktober 2014 verabschiedeten Strategiepapier des Staatsrates mit dem etwas umständlichen Titel *Opinions on Accelerating the Development of Sports Industry and Promoting Sports Consumption*.

Die Regierung verspricht wie einst die Römer ihren Untertanen Brot und Spiele. Brot haben inzwischen alle genug. Jetzt ist es an der Zeit für Spiele – und Spielfilme.

Neue Regisseure in Hollywood

Donald Tang wohnt selbstverständlich in Beverly Hills, dem Luxusghetto für Regisseure und Schauspieler. Sein 25-Mann-Büro hat er – wie es sich für einen Akteur im Filmgeschäft gehört – in Century City im Westen von Los Angeles. Dort konzentriert sich das Entertainment-Business, dort residieren Agenten, Anwälte, Filmstudios. Und eben Tang Media Partners, dessen Namensgeber und Chef Donald Tang ist.

Tang ist eine illustre Figur, ein Strippenzieher. Seit 1992 ist er in LA, er gilt als bestens verdrahtet. Er glaubt, dass in zehn Jahren zwei der sechs großen Hollywood-Studios chinesische Namen haben werden. Noch tragen die *Big Six* ihre alten, amerikanischen Namen: 20th Century Fox, Warner Bros., Paramount Pictures, Columbia Pictures, Universal Pictures und Walt Disney Pictures.

Tang will das ändern. Er ist der Mittler zwischen Hollywood und China. Er will die beiden größten Filmnationen der Welt – China und die USA – zusammenbringen. Die Zeit ist günstig. Und das Interesse an einer Kooperation ist in beiden Ländern in den vergangenen Jahren gewaltig gestiegen.

Chinesische Firmen investierten kräftig in Hollywood und den USA. Vor allem der Wanda-Konzern, dessen Besitzer Wang Jianlin sagt, er schaue sich vielleicht zwei, drei Filme im Jahr an. Erst kaufte er für 2,6 Milliarden Dollar die Kinokette AMC, dann für 3,5 Milliarden Dollar das Filmstudio Legendary Entertainment. Bei beiden Deals mischte Donald Tang mit.

Wie es mit Wandas Plänen in Hollywood weitergeht, ist angesichts der finanziellen Probleme ungewiss.

Gewiss ist dagegen, dass Alibaba auch Großes im Filmbusiness vorhat. Dazu wurde Alibaba Pictures gegründet. Präsidentin ist Zhang Wei. »Die mächtigste Frau in der chinesischen Unterhaltungsindustrie«, urteilt *The Hollywood Reporter*. Zhang machte ihren MBA in Harvard, kehrte aber 1999 nach China zurück. Sie war dann beim Staatssender Gastgeberin der Business-Show *Dialogue*, in der dem chinesischen Publikum die Chefs der Fortune 500 präsentiert wurden. Zhang interviewte in der Serie unter anderen Jeffrey Immelt (GE), Larry Ellison (Oracle) und Sumner Redstone (Viacom). Sie wurde deshalb als »Oprah von China« bezeichnet.

Aber eine One-Woman-Show wie die Amerikanerin strebte sie nie an. Sie sah sich eher als Business-Woman. 2008 ging sie deshalb zu Alibaba, wo sie sich um Corporate Development und Akquisitionen kümmerte. Als Jack Ma dann 2014 Alibaba Pictures gründete, war es für ihn klar, wer dieses Unternehmen führen sollte: Zhang Wei. Ma gab ihr ein hohes Ziel mit auf den Weg: Sie solle »die größte Unterhaltungsfirma der Welt« kreieren. Ein Büro in LA hat sie bereits gegründet.

Ebenfalls wichtige chinesische Player in Hollywood sind China Media Capital (CMC) und sein Gründer Li Ruigang. Das Branchenblatt *Variety* urteilt: »CMC ist einer von Hollywoods bedeutendsten Investoren und Partner aus China.« CMC ist übrigens wie unter anderem Tencent an Tang Media Partners beteiligt. Und CMC hat ein Joint Venture mit Warner Brothers Entertainment.

Sinn all dieser Aktivitäten ist es, Filme zu produzieren, die in beiden Ländern erfolgreich laufen. Das ist leichter gesagt, als getan. Denn es gibt in Chinas Kinosälen eine Ausländerquote. Nur 34 amerikanische Filme dürfen jährlich in China gezeigt werden. Aber Co-Produktionen fallen nicht unter dieses Verdikt. Deshalb hat Hollywood großes Interesse an Co-Produktionen, von denen es schon einige gibt. Doch das Fazit von *The Hollywood Reporter* fällt ernüchternd aus: »Es gibt keine US-China-Co-Produktion, die bislang in beiden Ländern finanziell erfolgreich war.«

Die chinesischen Behörden haben hohe regulatorische Hürden aufgestellt. Der Film muss beträchtliche Elemente chinesischer Kultur enthalten, ein Großteil der Crew und der Schauspieler müssen Chinesen sein. Das sind schwammige Definitionen, die es den Chinesen erlauben, sie eher zu ihren Gunsten auszulegen. Aber Filme mit einem hohen China-Anteil laufen außerhalb Chinas nicht gut.

Jüngstes Beispiel einer solchen Co-Produktion: *The Great Wall*. Gedreht wurde der Film in China. Regisseur war der berühmte Zhang Yimou. Matt Damon spielte eine Hauptrolle. Trotz dieser Starbesetzung kam ein »ziemlich plumpes Propaganda-Plädoyer für die Großartigkeit Chinas« heraus, urteilt die *Süddeutsche Zeitung*. Der Film floppte im Westen.

Die Chinesen in Hollywood sind ernüchtert. Anders sieht es in New York aus.

Hotels und Häuser – die steinernen Trophäen

Das Waldorf Astoria in New York zählt zu den besten Adressen in der Stadt. Hier nächtigten Stars und Politiker, wenn sie in Manhattan waren. Derzeit ist die edle Herberge an der Park Avenue geschlossen. Sie wird komplett renoviert. Aus einem Großteil der Zimmer werden Luxuswohnungen. Ob es überhaupt noch einen Hotelbetrieb geben wird und wie viele Zimmer dieser dann haben wird, darüber schweigt sich der neue chinesische Eigentümer aus. Für 1,95 Milliarden Dollar wechselte 2014 das weltberühmte Hotel an der Park Avenue den Besitzer. Von der bekannten Hilton-Kette an eine unbekannte Firma namens Anbang, einem Versicherungskonzern. So viel wurde noch nie für ein einzelnes Hotel bezahlt.

Einmal im Kaufrausch, kaufte Anbang später für 6,5 Milliarden Dollar 15 Luxusherbergen von Strategic Hotels & Restaurants, darunter das Hotel del Coronado an der Küste von San Diego und das JW Marriott Essex House Hotel in New York.

Völlig größenwahnsinnig wurde Anbang dann, als sich das Unternehmen aus China anschickte, Starwoods Hotels & Restaurants (berühmteste Brands: Sheraton und Westin) zu schlucken. Es lieferte sich mit dem amerikanischen Konkurrenten Marriott einen Bieterwettbewerb, ehe Anbang bei 12 Milliarden Dollar ausstieg.

Anbang war nicht der einzige Konzern, der auf Hotels scharf war. HNA kaufte Carlson Hotels (unter anderem die Marke Radisson), die staatliche Jin-Jiang-Hotelkette übernahm die private Louvre Hotelkette (unter anderem Golden Tulip).

In Paris ging das Marriott Hotel an der Champs Elysees für 350 Millionen Euro an die Kai Xuan Holding. Die Firma, die gerade mal 75 Millionen Euro Umsatz machte, musste dafür über 200 Millionen Euro Kredite aufnehmen. Vorteil: Die Firma gehört einem Verwandten von Ex-Staatschef Hu Jintao.

Warum dieser Sturm auf Hotels?

Weil man damit Geld verdienen kann, denn Chinesen gehen lieber in ein Hotel, von dem sie wissen, dass es Chinesen gehört. Chinesen mögen Marken, und davon hat die Hotelbranche viele zu bieten. Und vielleicht das Wichtigste: Hotels sind für die neureichen Chinesen eine Art von Trophäen, steinerne Symbole ihrer neuen wirtschaftlichen Macht und Stärke. Seht her, was wir uns leisten können!

Chinesen mögen Immobilien generell. Chinesen haben traditionell eine Vorliebe für Wohnungen, Häuser und in gewissen

Kreisen auch für Paläste und ähnliche Protzbauten. Wer als junger Mann keine Wohnung sein Eigen nennen kann, hat es schwer auf dem sehr kompetitiven Heiratsmarkt. China hatte nie eine Mietkultur. Eine Studie des Immobilienmaklers Savills ergab: Weniger als 10 Prozent der Reichen aus dem Westen geben Geld für Immobilien aus, in China sind es dagegen 30 Prozent.

Ihre Leidenschaft für die eigenen vier Wände tobte sich zunächst in ihrem Heimatland aus.

Seit Jahren boomt dort der Immobilienmarkt ohne erkennbares Ende. Die Preise steigen und steigen. Vor allem in den Metropolen. Der durchschnittliche Kaufpreis einer Wohnung in Beijing beträgt inzwischen 900 000 Euro. Wahnwitzige Preise bis zu 24 000 Euro pro Quadratmeter werden in der Hauptstadt bezahlt.

Weil die heimischen Objekte so teuer geworden sind, schauen sich immer mehr Chinesen im günstigeren Ausland um. Chinesen sind inzwischen weltweit begehrte Käufer von Wohnungen und Häusern. Die Website Juwai.com ist der digitale Treffpunkt. Dort finden Chinesen Immobilien im Ausland. Aber die Seite ist auch für Leute aus aller Welt interessant, die Wohnungen und Häuser anbieten wollen. Knapp 150 Mitarbeiter von Juwai sitzen in den Büros in Shanghai und Hongkong und sprechen 15 Sprachen, darunter auch Deutsch.

Die chinesischen Immobilienkäufer lösen aber auf den ausländischen Märkten sehr unterschiedliche Reaktionen aus. Die Verkäufer jubeln, weil die Chinesen horrende Preise bezahlen. Käufer, die nicht zum Zuge kommen, ziehen über die neureichen Chinesen her, die die Preise und den Markt kaputt machen.

Zum Beispiel in Singapur, wo immer mehr Chinesen Immobilien kaufen. Die Preise steigen. Die Stimmung ist nicht gut. Zumal die Chinesen, wenn sie den Zuschlag für ein Bauprojekt bekommen, nicht mit lokalen Firmen zusammenarbeiten. »Sie bringen ihre eigenen Leute mit, sie beschäftigen ihre eigenen Arbeiter, und sie importieren auch noch die Materialien aus China«, klagt ein anonym bleibender Bauunternehmer aus Singapur gegenüber der *South China Morning Post*.

Ähnliche Kritik gibt es in Australien, vor allem in Melbourne und Sydney. Dort sind die Chinesen auf Landkauf, insbesondere

Äcker und Weiden. Ein besonders umstrittener Fall war eine riesige Landfläche, auf der 200 000 Rinder weideten. Drei private chinesische Firmen hätten dafür gerne 235 Millionen US-Dollar bezahlt. Doch es gab in Australien heftige Diskussionen und jede Menge Ressentiments gegen diesen Verkauf. Nach einer Umfrage des Lowy Institute sind 80 Prozent der Australier dagegen, dass Ausländer australisches Land kaufen. Im April 2016 verbot die australische Regierung den Verkauf aus nationalem Interesse. Im Dezember 2016 kamen die Chinesen dann doch noch durch die Hintertür zumindest teilweise an das gewünschte Land. Zwar kaufte Australiens reichste Frau Gina Rinehart nun die Mehrheit der Fläche, aber überließ ein Drittel den Chinesen.

Australien ist Zielland Nummer eins der chinesischen Land- und Immobilienkäufer – noch vor den USA, Kanada und Großbritannien. Dort ist London nach wie vor begehrt – trotz oder gerade wegen des Brexit, weil viele davon ausgehen, dass die Immobilienpreise aufgrund des EU-Austritts fallen werden.

Aber auch Deutschland rückt in den Fokus und dort gelten insbesondere Berlin und Frankfurt als interessant. Die Rhein-Main-Metropole deshalb, weil sie wegen ihres Flughafens bekannt ist und weil dort viele chinesische Unternehmen, vor allem alle großen Banken, ihren Sitz haben. Berlin, weil deren Ruf als hippe Hauptstadt auch bis nach China vorgedrungen ist.

Der Berliner Makler Rubina Real Estate hat Niederlassungen in Beijing, Shanghai sowie Hongkong und veranstaltet Seminare in China, wo seine Verkäufer vor allem mit den niedrigen Einstiegspreisen hierzulande werben. Carsten Heinrich, Rubina-Geschäftsführer, sagt: »Durchschnittlich investieren chinesische Anleger in Berlin um die 500 000 Euro und sind in erster Linie an Neubauwohnungen mit hochwertiger Ausstattung interessiert.« Berlin gilt als sicherer Investmentstandort mitten in Europa.

Interessant: Die meisten Käufer sind Privatpersonen und (noch) nicht die großen Immobilienkonzerne Chinas. Sie haben noch viel in China zu tun – und zu verdienen.

Knacki, Zocker, Gipfelstürmer – die Immobiliengiganten

Solche irren Stories gibt es nur in China, wenn die Geschichte denn so stimmt, wie sie das Nachrichtenportal Sina Finance kolportierte. Wir schreiben das Jahr 2008, das Jahr der globalen Finanzkrise. Wie so viele Unternehmen hatte auch Xi Jiayin (1958) und sein Unternehmen, der Immobilienkonzern Guangzhou Evergrande, finanzielle Probleme. Er löste sie, indem er nach Hongkong ging und sich bei deren stets flüssigen Tycoons einschmeichelte, indem er drei Monate lang mit ihnen Karten spielte. Danach flossen die Millionen, Guangzhou Evergrande überlebte.

Heute ist Xi nach der aktuellen Hurun-Liste der reichste Chinese mit einem geschätzten Vermögen von 43 Milliarden Dollar. Sehr viel Geld für jemanden, der sein Unternehmen erst 1996 startete. Xi, der aus einer armen Familie in der Provinz Henan stammt, kam 1992 von dort ins boomende Shenzhen, schlug sich mit diversen Jobs durch und landete zwei Jahre später in Guangzhou im Immobilienbusiness. Damals waren große Wohnungen angesagt. Er sah aber die Zukunft in kleineren Einheiten für die Masse. Um diese zu bedienen, gründete er 1996 seine eigene Firma, Guangzhou Evergrande. Seine Strategie ging auf, weil er noch eine weitere kluge Idee hatte: Er ging frühzeitig vor allen anderen Konkurrenten in die kleineren Städte.

Nach der wundersamen Rettung 2008 wuchs Guangzhou Evergrande (das seit 2016 China Evergrande heißt, um seinen nationalen Anspruch zu unterstreichen) zum zweitgrößten Immobilienkonzern Chinas heran. Doch die Gerüchte um finanzielle Probleme verstummten nie. Aber das scheint offenbar branchenimmanent zu sein. Wer sich in dieser Branche bewegt, wandelt auf einem schmalen Grat zwischen existenzgefährdetem Absturz und märchenhaftem Aufstieg.

Chinas Immobilienhaie stehen nicht in einem besonders guten Ruf. Sie gelten als die Profiteure des Booms, als kapitalistische Halsabschneider. Ihre Geschäfte spielen sich im Verborgenen ab. Keiner weiß so richtig, wie sie an Grundstücke kommen. Sie umgibt die Aura der Bestechung.

Es ist – wie fast überall in der Welt – eine ruppige Branche, in die eigentlich Wang Shi (1951) nicht so richtig passt. Schöngeist, Umweltschützer, Philantrop, Extremsportler, der am Nordpol Ski fährt und den Mount Everest besteigt. Shi baute den größten Immobilienkonzern Chinas auf: Vanke. Niemand hat mehr Wohnungen gebaut als er. Keine architektonischen Meisterleistungen, sondern Hochhäuser als Massenware. »Das Geheimnis des Erfolges von Vanke waren Effizienz und Geschwindigkeit«, schreiben Jonathan Woetzel und Jeffrey Towson in ihrem Buch *The 1 Hour China*.

In den vergangenen Jahren war Vanke, das an der Börse gelistet ist, Gegenstand eines Übernahmekampfes. Man warf Wang vor, sich nicht genügend um das Unternehmen zu kümmern, sich stattdessen lieber in Harvard oder Cambridge rumzutreiben. Inzwischen gehört Vanke mehrheitlich der Shenzhen Metro Group, ist aber immer noch die Nummer eins in China – vor Evergrande.

Bald aber bekommt das Spitzenduo einen großen Rivalen. Sun Hongbin (1963), dessen Firma Sunac mächtig aufholt. Vergangenes Jahr kaufte er von Wanda Immobilien im Wert von knapp 7 Milliarden Dollar. Sunac ist dadurch die Nummer drei hinter Vanke und Evergrande.

Der Aufstieg Sun Hongbins ist auch wieder so eine verrückte Story, vielleicht sogar verrückter als die von Xi Jiayin. Der Ehrgeizling fing schon Mitte der 80er Jahre bei der damals noch kleinen Computerfirma Lenovo an, stieg dort schnell auf und machte sich aufgrund seiner Erfolge viele Feinde im Unternehmen. Und plötzlich landete er wegen Unterschlagung im Gefängnis. Fünf Jahre bekam er aufgebrummt, wurde aber etwas früher entlassen und meldete sich gleich zwecks Versöhnung bei Lenovo-Chef Liu Chuanzhi zurück. Der gab ihm 50 000 Yuan als Startkapital, und Sun gründete Mitte der 90er Jahre eine Immobilienfirma, die durch viele Höhen und Tiefen ging.

Im Moment ist er mal wieder oben auf, aber eher, weil er auf einem gigantischen Schuldenberg sitzt.

Aber im Notfall gibt es immer noch ein Hintertürchen.

Fluchtweg durchs Hintertürchen

Vielen reichen Chinesen stinkt die schlechte Luft in den großen Städten, allen voran Beijing. Sie nerven die Lebensmittelskandale, die regelmäßig auftreten. Ihnen gefällt das rigide, auf Drill basierende Ausbildungssystem Chinas nicht. Sie wollen deshalb weg aus ihrem Heimatland. »Bildung und Umweltverschmutzung treiben Chinas Reiche in die Emigration«, sagt Rupert Hoogewerf. Nach einer Umfrage von Hoogewerf's Hurun-Report und Visas Consulting Group überlegt die Hälfte der chinesischen Millionäre, auszuwandern.

Fluchtland Nummer eins sind die USA, danach folgen Kanada, Großbritannien und Australien. In den USA sind die beliebtesten Städte die drei Westküsten-Metropolen Los Angeles, Seattle sowie San Francisco. An vierter Stelle folgt dann New York.

Ein wichtiges Kriterium bei der Auswahl der Städte ist die Nähe zu einer renommierten Universität, wenn die Flüchtlinge Kinder haben. Deshalb stehen auf der Liste neben Los Angeles (California Institute of Technology), San Francisco (Stanford) und New York (Columbia und Cornell) auch noch Boston (MIT und Harvard) sowie Miami (University of Miami) ganz oben. In Kanada ist ganz klar Vancouver die Nummer eins. Die Metropole jenseits des Pazifiks ist fast schon eine asiatische Stadt, fast die Hälfte der Bevölkerung stammt aus der Region.

Nicht alle Auswanderer wollen permanent in den USA oder den anderen Gastländern bleiben. Manche wollen auch »nur« ein zweites Standbein im Ausland haben. Denn vor allem für hochrangige Manager – egal ob in privaten oder staatlichen Unternehmen – ist es immer gut, einen Fluchtweg zu haben, denn man weiß nie, ob und wann man bei den hohen Funktionären in Ungnade fällt. Ein Zweitwohnsitz in den USA ist da allemal besser als ein permanenter Sitz in einem chinesischen Gefängnis.

Aber bekommen die Chinesen denn so einfach ein US-Visum in dem unter Trump zunehmend fremdenfeindlichen Land? Es ist nur eine Frage des Geldes. Viele Chinesen nutzen nämlich das EB-5-Programm. Es besagt: Wer 500 000 Dollar in den USA in ein Business investiert und dadurch zehn Arbeitsplätze erhält oder schafft, bekommt ein Visum. 40 000 Chinesen haben es auf diesem etwas teurem Wege in den vergangenen zehn Jahren legal in die USA geschafft.

Die Frage drängt sich auf: Woher haben so viele Chinesen so viel Geld? Die Antwort: Sie haben satt an dem Immobilienboom in China verdient, wo die Preise in den vergangenen Jahren permanent nach oben gegangen sind. In Beijing zum Beispiel stiegen die Immobilien allein in einem Jahr von Ende 2015 bis Anfang 2017 um 63 Prozent. Eine 130-Quadratmeter-Wohnung in der Hauptstadt geht schon mal für 1 Million Dollar weg. Wer da vor ein paar Jahren rechtzeitig gekauft hat, hat locker sein Geld für ein amerikanisches Visum zusammen.

Die *South China Morning Post* erzählt die Story von Jenny Liu, einer Doktorandin aus Nanjing. Sie verkaufte dort ihr Apartment. Vom Verkaufspreis investierte sie 500 000 Dollar in ein Hotelprojekt in den USA. Wenn dort innerhalb von zwei Jahren die erforderliche Anzahl von Jobs geschaffen wird, bekommt sie eine Greencard und wird mit ihrem derzeit neunjährigen Sohn in die USA ziehen. Sie hofft, dass dann ihr Sohn drüben eine bessere Ausbildung bekommt. »Hier lernt man ja nur, wie man Tests besteht.«

Amerikas Immobilienhändler gehen offensiv auf die potenziellen chinesischen Käufer zu. Sie veranstalten regelmäßig Seminare und andere Veranstaltungen – auch in China. Auch Nicole Kushner Meyer, Schwester von Trump-Schwiegersohn Jared Kushner, war in dieser Mission schon in Beijing. Im dortigen Ritz Carlton warb sie um Investoren für One Journal Square, einem Bürotower in New Jersey. Dabei gab sie den Ratschlag: Beeilen sie sich, denn man weiß nicht, wie lange das EB-5-Programm noch läuft.

Doch sollten Trump und/oder der Kongress das Programm kippen oder die 500 000-Dollar-Grenze erhöhen, gibt es genug andere Länder und Regionen, die die Chinesen mit offenen Armen empfangen, selbst in Europa.

Solche Deals – Visa gegen einen Batzen Geld – bieten inzwischen fast alle südeuropäischen Länder an. Portugal (sie waren die Ersten 2012), Spanien, Italien, Malta, Griechenland, Zypern und die Türkei. Aber auch der Baltenstaat Lettland und das extrem china-freundliche Ungarn. In Ungarn muss man mehr als 300 000 Euro in eine Regierungsanleihe investieren, dann bekommt man ein Aufenthaltsvisum.

Unter reichen Chinesen kursieren Hitlisten über Vor- und Nachteile der europäischen Länder. Ganz wichtig für sie: Zugang zum Schengen-Raum und damit visumfreies Ein- und Herumreisen in fast der gesamten EU. Und den bieten bis auf die Türkei alle. Dafür hat die Türkei, aber auch Malta und Zypern die kürzesten Wartezeiten bei einem Visum. Am billigsten ist der Eintrittspreis nach Europa in Griechenland, Lettland und Zypern – alle drei verlangen den Kauf einer Immobilie von unter 300 000 Euro. In Malta reichen zum Beispiel 220 000 Euro.

Aber am beliebtesten ist dann doch Spanien, dahinter folgen Portugal und Griechenland.

Frankreich bietet keine solcher Deals an, aber trotzdem lockt es Chinesen an.

Chinesische Schlossherren im Bordelais

Horst Geicke ist einer der reichsten Deutschen in Asien. Er sagt sogar von sich, er sei der reichste. Der gebürtige Hamburger, der schon in den frühen 80er Jahren nach Asien kam, taxiert sein Vermögen auf rund 600 Millionen Dollar. Geschickte Immobilien- und Investmentdeals im boomenden Asien machten Geicke so vermögend.

Eher zu seinen Mini-Investitionen gehört ein Weinkeller in Aberdeen auf der Südseite von Hongkong Island. Weinkeller ist eigentlich eine gewaltige Untertreibung. Auf den acht Etagen des ehemaligen Fabrikgeländes befinden sich Dutzende von Weinkellern unterschiedlicher Größe. Überall stapeln sich Kisten teurer und superteurer – vor allem französischer – Rotweine. »Hier lagern Weine, deren Wert ich auf einen mindestens sechsstelligen Betrag schätze«, sagt Geicke vor einem dieser Keller. Ein Blick durch die Holzgitter läßt ahnen, welche flüssigen Schätze dort bei 13 Grad und 70 Prozent Luftfeuchtigkeit lagern. Château Pétrus und Château Margaux steht auf den Dutzenden von Kisten.

Manche der Besitzer trinken die Weine, manche handeln mit ihnen. »Die meisten Mieter sind Chinesen«, sagt Geicke und beeilt sich hinterher zu sagen, »Festlandchinesen.«

Rotwein trinken oder auch nur besitzen ist in China salonfähig geworden. Schon 2013 übernahm China die Rolle des größten Rotweinkonsumenten von Frankeich. Der große Teil stammt nach wie vor aus heimischen Weinbergen, aber der Importanteil steigt stetig. Am beliebtesten sind die Weine aus Frankreich.

Dort kaufen die Chinesen nicht nur Flaschen oder Kisten, sondern am besten gleich ganze Weinberge.

Beliebteste Gegend ist die Bordeaux-Region. Das hat auch damit zu tun, dass andere französische Weingegenden wie zum Beispiel Burgund oder die Champagne nicht so aufgeschlossen gegenüber kauffreudigen Ausländern sind wie das Bordelais.

Dort begann der Kaufrausch aus China um das Jahr 2010. Auf Weingüter spezialisierte Immobilienhändler in Frankreich heuerten Chinesisch sprechende Mitarbeiter an, gestalteten ihre Homepages auf Chinesisch und organisierten Weinproben in China, aber auch VIP-Touren in Frankreich.

Schnell kam allerdings Kritik auf. Ein Angriff auf das nationale Kulturgut Wein sei das. Und man solle den Anfängen wehren. Von einem Ausverkauf kann freilich keine Rede sein. Es gibt 7500 Weingüter im Bordelais. Davon sind vielleicht 160 in chinesischer Hand. »Chinesische Käufer sehen Bordeaux-Châteaus als sicheren und stabilen Ort, um ihr Geld zu parken,« schreibt Suzanne Mustachich in ihrem Buch *Thirsty Dragon*.

Es gibt zwei Gruppen von chinesischen Käufern.

Da sind zu einem die Chinesen, für die französische Weingüter und -schlösser lediglich Trophäen sind. Die Schauspielerin Zhao Wei (Vicki Zhao) machte 2011 den Anfang. Für geschätzte 4 bis 5 Millionen Euro kaufte sie das Château Monlot in Saint Emilion. Inzwischen hat die wohl am besten bezahlte Schauspielerin Chinas wohl noch ein paar französische Schlösser mehr.

Und der offenbar ubiquitäre Jack Ma ist natürlich auch vor Ort. Sein erstes Objekt der Begierde: Das Château de Sours, ein Schloss aus dem 18. Jahrhundert im Entre-deux-Meres. Die Weinberge geben 500 000 Flaschen pro Jahr her, kein Grand Cru, eher durchschnittliche Weine. Der Verkäufer des Châteaus, der Brite Martin Krajewski, sagte, es sei nicht profitabel gewesen. Aber das wird einen Jack Ma wenig jucken. Inzwischen kaufte der Internet-Guru (»Ich habe keine Zeit, Geld auszugeben«) zwei weitere Châteaus in der Bordeaux-Region.

Aber zum anderen gibt es auch die Chinesen, die wirklich am Wein interessiert sind und ihn auch nach China exportieren wollen. »In den vergangenen drei Jahren nahm die Ernsthaftigkeit der Investoren zu«, sagt Michael Baynes, Gründer des auf Weingüter spezialisierten Immobilienhändlers Maxwell-Storrie-Baynes.

In diese Kategorie der Weingutkäufer fallen zum Beispiel die staatlichen Lebensmittelkonzerne Cofco und Bright Foods. Aber auch Getränkefirmen und Hotelketten seien unter diesen seriöseren Käufern, sagt Baynes. Für sie stellt Baynes folgende Erfolgsrechnung auf: »Wenn du Hotelier bist und Luxushotels in ganz China hast, kannst du den Wein für 4 bis 5 Euro pro Flasche produzieren, Versand und Steuern verteuern ihn auf 12 Euro, aber du kannst ihn für 50 Euro verkaufen. Das ist dann ein Selbstläufer.«

Wein wird in China immer beliebter. Jacques-Olivier Pesme, Direktor der Wine & Spirits Academy der Kedge Business School, sagt: »In der weltweiten Weinindustrie vollzieht sich derzeit ein beachtlicher Wandel.« Die lange dominierenden europäischen Weinnationen würden von Ländern wie China herausgefordert, sowohl als Konsument als auch als Produzent.

China hat nach seiner Rechnung die zweitgrößte Anbaufläche der Welt nach Spanien. Doch in den nächsten fünf Jahren würden die Chinesen auch Spanien überholen. In mehreren Provinzen wie Shandong, Hebei und Tianjin wird Wein angebaut, aber auch in den autonomen Regionen von Xinjiang, Ningxia und der Inneren Mongolei.

Changyu ist Chinas ältestes Weingut. Es produziert die Marken Dynasty and Great Wall. Derzeit baut Changyu an seinem Standort in Yantai einen 900 Millionen Dollar teuren Themenpark. Eine Wein-City mit drei Châteaus. Jedes Schloss widmet sich einem Thema, zum Beispiel Brandy.

Nachhilfeunterricht für Weinliebhaber. Bildung ist in China permanent ein Thema. Tag und Nacht.

Die Entdeckung der Wohltätigkeit

Chen Yidan (1971) ist einer der Gründer des Internetkonzerns Tencent und gehört deshalb zu den reichsten Chinesen. Seit 2013 hat er keine operative Tätigkeit mehr im Unternehmen. Ruhig schlafen kann er aber offenbar trotzdem nicht. So wachte er eines Nachts auf und schrieb in sein bereitliegendes Notizbuch: »Gründe einen Preis jenseits von Religion, Rasse und Nationalität. Ermutige das Nachdenken über das Universum und Beiträge zur Humanität.«

Nicht am nächsten Morgen, aber ein paar Monate später gründete er die Chen-Yidan-Stiftung und stattete sie mit 320 Millionen Dollar aus. Sie vergibt alljährlich einen Preis für innovative Ideen im Bereich Bildung. Er sieht das auch als Hommage an seine Großmutter, die arm war und weder schreiben noch lesen konnte, aber stets Kinder und Enkelkinder zum Lernen ermutigte.

Chens philanthropisches Engagement unter Chinas Neureichen ist kein Einzelfall mehr. In dreierlei Hinsicht. Erstens ist die Bereitschaft unter Chinas Neureichen, sich sozial mit privatem Geld zu engagieren, deutlich gestiegen. Auch wenn sie bei Weitem noch nicht die Dimensionen Europas und vor allem der USA erreicht hat.

Das hat auch Tradition, sagt Edward Cunningham, Harvard Kennedy School, in *China's Most Generous – Understanding China's Philanthropic Landscape*. Es habe schon immer Spenden in der chinesischen Gesellschaft geben, meist aber nur im Clan oder Dorf oder gegenüber Tempelbewohnern.

Zweitens: Wenn der neue Geldadel Chinas spendet oder Stiftungen gründet, dann meist im Bereich Bildung. Da schimmert das alte Gedankengut von Konfuzius durch, der stets die Bedeutung von Bildung betonte. Cunningham sagt: »Umwelt ist unter ferner liefen, aber Bildung ist Spitze.« Lobenswerte Ausnahme: Milliardärin und Landschaftsarchitektin He Qiaonv, die viele Millionen zur Erhaltung aussterbender Tierarten spendiert.

Und drittens: Rupert Hoogewerf, der inzwischen auch eine Liste der spendabelsten Reichen (Hurun Philanthropy List) veröffentlicht, erklärt: »Die größten Philanthropen sind meistens

Menschen, die Armut gesehen haben und denen schreckliche Dinge passierten.« Viele haben in der Tat Armut am eigenen Leibe erfahren. Manche sogar extrem bittere Armut.

Niu Gensheng zum Beispiel. Er wurde im Alter von nur einem Monat von seinen Eltern an eine etwas besser gestellte Familie in seinem Heimatdorf verkauft, die zumindest sein Überleben garantieren konnte. Heute ist Niu Milliardär, Gründer von Mengniu Dairy, Chinas größtem Produzenten von Milchprodukten. 600 Millionen Dollar hat Niu in seine Lao Niu Foundation gesteckt. Sie unterstützt die Bildung von Kindern in armen Gegenden Chinas, von denen es – und das vergisst man allzu leicht angesichts der Glitzerwelt Beijings und Shanghais – noch einige gibt.

Der Gründer der Midea Gruppe, He Xiangjian, ist besonders spendabel. Er ist inzwischen 75 Jahre alt. Er hat bereits 2013 die He Xiangjian Foundation gegründet. Im Sommer 2017 spendete er weiter 6 Milliarden Yuan, was ungefähr 900 Millionen Dollar waren. Auch sein Engagement gilt vor allem Projekten, die die Armut bekämpfen.

He ist auch aus einem anderen Grund Vorbild. Er inszenierte ziemlich geräuschlos seine Nachfolge. Weil sein Sohn He Jianfeng nicht wollte (ihn zog es als Venture Capitalist in die Finanzwelt) übergab He Xiangjian, als er im Herbst 2012 70 Jahre alt wurde, den Posten des CEO an Fang Hongbo, einen langjährigen Midea-Manager.

Ein Fall zum Nachahmen. Denn das Problem der Nachfolge wird sich in den nächsten Jahren sehr häufig stellen.

Fuerdai oder das Nachfolgeproblem auf Chinesisch

Sein Schoßhündchen bekam zum Geburtstag zwei Apple Watches, für jedes Vorderpfötchen eine. Zu seinem 27. Geburtstag ließ er eine koreanische Popgruppe einfliegen. Und in Shanghai am Bund ließ er für eine halbe Milliarde Dollar ein Luxushotel (The Wanda Reign on the Bund) bauen, das er großzügig das erste Sieben-Sterne-Hotel der Welt nennt.

Über seinen extravaganten Lebensstil wurde in den Medien – den offiziellen wie den sozialen – ausgiebig berichtet. Meist mit negativem Unterton. Auch als er in vulgärer Wortwahl über sein Frauenideal sprach, wurde er als sexistisch beschimpft.

Die üble Rede ist von Wang Sicong (1988), dem Sohn von Wanda-Chef Wang Jianlin. Er fing ein Philosophiestudium in London an, schmiss aber nach einem Jahr hin. Danach versuchte er es mit diversen Investments und großen Sprüchen wie »wenn sein Unternehmen größer wäre, wolle er die Wanda-Gruppe kaufen«.

Sein Vater ist von den unternehmerischen Qualitäten seines Sohnes offenbar nicht so überzeugt. Er zitiert ein altes chinesisches Sprichwort: Wenn der Sohn nicht so gut ist wie der Vater, warum ihm das Erbe überlassen? Wenn der Sohn besser ist als der Vater, warum braucht er dann das Erbe? Sein Sohn wird also nichts erben.

Wang Sicong ist sicher eines der bekanntesten Unternehmerkinder in China. Die Kinder der ersten Generation von Unternehmern sind eine besondere Spezies. Sie haben inzwischen auch einen eigenen Namen – *Fuerdai*, wörtlich: Reiche, zweite Generation.

Ihr Ruf in der Bevölkerung ist aufgrund ihrer Extravaganzen – wobei Wang Sicong einer der Extremen ist – nicht gerade der beste.

Dabei sind sie qua Geburt die Hoffnungsträger der chinesischen Wirtschaft. Viele aus der Generation, die ihre Unternehmen in den 80er Jahren gegründet haben, sind inzwischen über 70 Jahre alt. Für sie stellt sich die Frage der Nachfolge. Und siehe da: Auch in China steht man vor Nachfolgeproblemen. In den nächsten fünf bis zehn Jahren steht bei drei Millionen Unternehmen die Übergabe an die nächste Generation an. Wenn die denn will. Und viele wollen nicht.

Das ergab eine Studie der Said Business School an der University of Oxford zusammen mit Guanghua School of Management and Harvard Business School. Die Wissenschaftler befragten 500 chinesische Unternehmerfamilien, ob denn die zweite Generation zur Übernahme der Geschäfte bereit sei. Das ernüchternde

Ergebnis: Gerade mal 20,5 Prozent konnten sich das vorstellen. Nach einer anderen Studie, dem *Chinese Family Business Succession Report*, wollen immerhin 40 Prozent der *Fuerdai* ins elterliche Unternehmen.

Die Nachfolge – es ist ein Thema, das tabuisiert wird. Auch und gerade in den Familien. »In der chinesischen Kultur ist es schwierig für Kinder, mit ihren Eltern über die Nachfolgeregelung zu reden«, sagt Roger King, Direktor des Tanoto Center for Asian Family Business and Enterpreneurship Studies. Es sei einfach unhöflich zu fragen, was nach deren Tod passiere.

Warum aber besteht die Abneigung, ins elterliche Unternehmen zu wechseln? Die Kinder haben einen völlig anderen Lebenslauf als ihre Eltern. Es ist eine verwöhnte Generation. Sie sind bestens ausgebildet, haben meist im Ausland studiert. Sie haben gesehen, wie ihre Eltern schuften mussten, um diesen Status zu erreichen. Diese Ochsentour wollen sie sich nicht antun. Und sie wissen auch, dass die Zeiten härter werden, die Konkurrenz größer. Auch auf das notwendige Antichambrieren im politischen Raum haben sie keinen Bock. Zumal sie auch gar nicht diese Kontakte zur Partei und Politik haben und auch nicht haben wollen. Sie wollen sich lieber selbst verwirklichen, gehen in künstlerische Berufe. Oder sie sind auf dem modischen Trip und gehen ins Investmentbanking oder zu einer anderen finanziellen Institution.

Für die Eltern ist das frustrierend. Denn die meisten Unternehmer haben keine Wahl, sie haben ja aufgrund der Ein-Kind-Politik nur eben dieses eine Kind. Manche schicken ihre Kinder in sogenannte Bootcamps, wo ihnen noch die alten chinesischen Werte vermittelt werden, also auch die konfuzianische Pflicht, dass Kinder ihre Eltern ehren sollen. Daneben gibt es noch die Relay China Youth Elite Association. Eine Non-Profit-Organisation, die die *Fuerdai* ermutigt, die Firmen ihrer Eltern zu übernehmen.

Vielleicht ist der Fall der Kelly Zong (Zong Fuli) exemplarisch, wie Vater und Tochter miteinander ringen. Kelly Zong galt einst als Chinas reichste Tochter, weil ihr Vater Zong Qinghou einer der reichsten Chinesen war. Er hatte den Getränkekonzern Wahaha aufgebaut. Die Tochter schickte er – wie es in diesen Kreisen üblich ist – in die USA. Dort ging sie ans College und studierte an der Pepperdine University in Kalifornien. Sie strebte sogar kurzzeitig die amerikanische Staatsbürgerschaft an. Dann ging sie aber doch nach Hangzhou zurück ins väterliche Unternehmen, wo sie die Einkaufsabteilung leitet und schon Präsidentin ist.

Will sie ihren über 71-jährigen Vater beerben? Sie sagt: Nein.

Soll seine 35-jährige Tochter das Unternehmen übernehmen? Der Vater sagt: Ja.

Noch ist hier die Nachfolge offen.

Bei Lenovo zum Beispiel ist sie bereits entschieden. Lenovo-Gründer Liu Chuanzhi hat an Yang Yuanqing übergeben und nicht an seine Tochter Jean (Liu Qing). Sie geht ihren eigenen, offenbar erfolgreichen Weg. Sie ist CEO bei Didi, das erfolgreich den US-Rivalen Uber aus dem chinesischen Markt boxte.

Symptomatisch: Die Kinder der ersten chinesischen Unternehmergeneration steigen lieber ins Internetbusiness ein. Das ist für sie die Zukunft.

Und man kann ihnen nur zustimmen, denn dort boomt es in China wie in keinem anderen Land der Welt.

Nach einem Investitionsboom in europäische Fußballclubs und amerikanische Filmstudios wird nun eine Phase der Konsolidierung eintreten. Die chinesische Führung hat klargemacht, dass sie diese Art von irrationalen Investments nicht wünscht. Was es hingegen weiterhin geben wird, sind Engagements von chinesischen Unternehmen als Sponsoren von Sportevents, denn dies trägt zur Markenbildung bei. Ebenfalls eher zu- als abnehmen wird der weltweite Kauf von Immobilien durch chinesische Privatleute, aber auch Unternehmen.

Fünftes Kapitel

ANGRIFF AUF FACEBOOK & CO. – warum China dank seiner Internetgiganten Alibaba und Tencent eine digitale Weltmacht wird

> »Es ist schon komisch. Da leite ich eines der größten E-Commerce-Unternehmen in China, vielleicht sogar der Welt, aber verstehe nichts von Computern. Das Einzige, was ich kann, ist E-Mails senden und im Internet herumsurfen.
>
> *Jack Ma, Gründer und Präsident des Internetkonzerns Alibaba*

Warum pilgern eigentlich so viele deutsche Manager, Politiker und Wissenschaftler ins kalifornische Silicon Valley, um dort bei Besuchen von Facebook, Google & Co. die Onlinewelt von morgen zu erfahren und zu verstehen? Sie sollten und müssten eigentlich nicht nach Westen, sondern in die andere Richtung, nach Osten, fliegen, nach China und dort Städte wie Beijing, Hangzhou und Shenzhen besuchen, weil dort Firmen ihren Sitz haben, deren Namen sie wahrscheinlich noch nie gehört haben: Baidu, Alibaba und Tencent.

Alibaba kennen sie vielleicht noch, wegen des witzigen Namens oder wegen des noch viel witzigeren Gründers Jack Ma oder dem milliardenschweren Börsengang in New York vor ein paar Jahren. Aber Baidu oder Tencent? Was ist WeChat, was ist AliPay? Wer ist Didi, wer Ofo? Mark Zuckerberg (Facebook), Jeff Bezos (Amazon) oder Larry Page (Google) kennen wir im Westen, aber nicht die mindestens genauso genialen chinesischen Gründer Jack Ma, Pony Ma oder Robin Li.

Die Möchtegern-Auguren sollten umbuchen. Denn wer wissen will, wie die Onlinewelt von morgen aussehen wird, kann sie heute schon zum größten Teil besichtigen – in China. Keine Gesellschaft dieser Welt ist so internetaffin wie die chinesische. Nirgendwo auf dem Planeten gibt es so viele Menschen, die täglich mit ihrem Handy einkaufen, bezahlen oder chatten.

Hier ein paar Zahlen (Stand: Mitte 2017), die das eben Gesagte unterstreichen. In China gibt es

- 750 Millionen Internetnutzer;
- 656 Millionen mobile Internetnutzer;
- 455 Millionen, die online bezahlen;
- 448 Millionen, die online einkaufen;
- 264 Millionen, die online Reisen buchen.

Weil so viele Menschen im Netz unterwegs sind, hat sich eine gigantische Onlineindustrie in dem Land entwickelt. Es gibt weit über 100 Millionen Beschäftigte, die direkt oder indirekt im chinesischen Internetbusiness ihr Geld verdienen. Die großen Firmen der Branche heißen Baidu, Alibaba und Tencent. Das Trio wird nach ihren Anfangsbuchstaben mit BAT abgekürzt. Sie sind alle in ihren Bereichen Marktführer: Baidu bei Suchmaschinen, Alibaba im E-Commerce und Tencent im Chatten.

Tencent hat die 500-Milliarden-Dollar-Grenze bei der Marktkapitalisierung überschritten, Alibaba ist knapp darunter. Beide rücken damit in die Nähe der US-Giganten Amazon und Facebook. Der große Unterschied ist allerdings: Sie machen viel mehr Gewinn als die Amerikaner.

Aber es sind nicht nur Alibaba, Tencent und Baidu, die man nicht kennt. Es sind die noch unbekannteren Firmen NetEase, JD.com und Ctrip, die jetzt schon an der Weltspitze sind. Silicon-Valley-Legende Michael Moritz, Chairman des Wagniskapitalgebers Sequoia Capital, prophezeit: »Heute befinden sich sechs der 20 wertvollsten Internetfirmen in China – und das ist erst der Anfang.«

Aber das sind doch nur Kopien, beschwichtigen viele im Westen geringschätzig, um sich auch selbst zu beruhigen. Oft werden die chinesischen Internetkonzerne mit den amerikanischen Gegenspielern verglichen. Alibaba ist dann zum Beispiel das »eBay von China«, Baidu das »chinesische Google« oder Tencent mit seinem Messenger-Dienst WeChat das »Facebook von China«. Diese Vergleiche sollen suggerieren, dass die chinesischen Firmen eben nur billige Kopien der amerikanischen seien. China sei halt auch in diesem Bereich die *Copycat Nation*.

Dieses (Vor-)Urteil gilt schon länger nicht mehr, und erst recht nicht in der Onlinewelt. Wer deshalb in diesen alten Schemata denkt, macht einen großen Fehler und unterschätzt die Macht der chinesischen Internetriesen. Kaiser Kuo, eine legendäre Figur in Chinas Hightech-Welt, sagt: »Niemand kann mehr behaupten, China kopiert nur. Wir entwickeln vielmehr etwas total anderes.« Und er meint damit die Bezahlsysteme, das Nutzen des QR-Codes oder das Bike-Sharing. Porter Erisman, Autor des Buches *Alibaba's World*, bringt einen interessant-witzigen Vergleich: »Wer sagt, Alibaba sei eine Kopie von eBay, kann auch sagen, Steve Job kopierte die Idee des iPhone von Alexander Graham Bell.« Bell war der Erfinder des Telefons.

Zwar gibt Tencent-Chef Pony Ma überraschend offen zu: »In der Vergangenheit waren Chinas Internetmodelle Kopien der USA und hatten deshalb wenig Chancen außerhalb China.« Aber das war gestern. Heute sieht die Welt anders aus. Nochmals Pony Ma: »Aber nun, da das mobile Internet und die Mobiltelefonentwicklung hier schneller ist als zum Teil im Westen, bieten sich chinesischen Unternehmen große Möglichkeiten.«

Der Lehrling hat seinen Lehrmeister überholt. WeChat ist besser als WhatsApp, Alipay schneller als Paypal, Alibaba innovativer als Amazon.

Natürlich hat Chinas Regierung mitgeholfen, indem sie den sogenannten Firewall errichtete, den amerikanische Internetkonzerne wie Facebook oder Google nicht überwinden konnten. Im Schutze dieser Mauer konnten WeChat oder Baidu erst zu dem werden, was sie heute sind. Und die Regierung hat ihnen auch noch in anderer Sicht geholfen. Sie hat gar nichts getan und sie erst mal machen lassen. Die Kommunisten als Liberale. In dem McKinsey-Report *China's Digital Economy: A Leading*

Global Force heißt es: »Die Regierung gab den digitalen Playern Raum zum Experimentieren, bevor sie mit Verordnungen oder Gesetzen eingriff.«

Das Ergebnis ist in einem Ranking zu besichtigen: Unter den zehn größten Internetunternehmen der Welt sind fünf amerikanische und fünf chinesische (aber kein einziges europäisches – das nur am Rande bemerkt). Die Amerikaner sind Google (das neuerdings Alphabet heißt), Amazon, Facebook, Priceline und Netflix. Die Chinesen sind Alibaba, Tencent, Baidu, JD.com und Netease.

Und Chinas Internetgiganten werden immer größer. Vor allem die drei BAT-Unternehmen Baidu, Alibaba und Tencent breiten sich wie die Kraken aus. Sie investieren in Start-ups und kaufen andere Unternehmen auf. Sie mischen sich in immer mehr Bereiche ein. Finanzen, Handel, Unterhaltung, Verkehr – überall sind sie dabei und revolutionieren ganze Branchen.

Vorerst tun sie das nur in China. Denn sie wollen erst einmal den gigantischen Heimmarkt bedienen und ausschöpfen. Aber parallel dazu werden sie auch sukzessive ins Ausland gehen. Sei es durch Übernahmen oder auch aus eigener Kraft. Die ersten Ausflüge von Alibaba und Tencent sind bereits in Asien zu besichtigen.

Und dann ist es nur eine Frage der Zeit, bis es zu höchst interessanten Duellen auf den Weltmärkten kommt: Alibaba versus Amazon, Tencent versus Facebook, Baidu versus Google.

Keine Frage: China ist – und das ist auch der Anspruch der Regierung – auf dem Weg zu einer *Internet Superpower*.

Und das Volk macht bereitwillig mit.

Dealer und Gambler – ein internetverrücktes Land

Alltag in China: Ein Paar sitzt sich in einem Restaurant gegenüber. Es herrscht die meiste Zeit Schweigen. Beide schauen oder besser gieren auf ihre Smartphones, die direkt neben dem Teller liegen. Ab und zu greifen sie mit ihren Stäbchen nach dem Essen.

In der Metro: Die Züge sind voll, aber es fallen kaum Worte. Hier redet niemand. Fast alle Fahrgäste – ob jung oder alt, ob braungebrannter Bauer oder porzellanweiße Studentin – stieren auf diese kleinen elektronischen Geräte. Die meisten daddeln irgendwelche Spielchen oder versenden Nachrichten via WeChat.

Vor allem in den Metrostationen – ob in Shanghais gigantischem Knotenpunkt People's Square oder Beijings Guomao – kommen einem Menschen mit dem Kopf nach unten, auf die Displays ihrer Handys glotzend, entgegen und erwarten, dass man ihnen ausweicht. Tut man das nicht und rempelt sie an, erntet man böse, verständnislose Blicke.

In Konferenzen und Meetings stört es keinen, wenn unter dem Tisch oder ganz offen das Handy benutzt wird. Es gibt keine strafenden Blicke oder gar böse Kommentare gegenüber denjenigen, die sich aus der Diskussion ausklinken.

Und nicht mal mehr in der Luft herrscht Funkstille. Die drei führenden chinesischen Staats-Airlines Air China, China Eastern und China Southern gehören zu den Fluggesellschaften in der Welt, die bei der Einführung von WiFi in ihren Flugzeugen am weitesten sind. Auf einigen Flügen bieten sie diese Dienste bereits kostenlos an. Gute Internetverbindungen beim Fliegen sind für Chinesen inzwischen ein wichtiges Kriterium bei der Auswahl ihrer Airline. Wer das nicht bieten kann, wird nicht gebucht.

Das ist China. Es gibt kein Land der Welt, das so internetaffin, ja so internetverrückt ist wie die Chinesen. Marco Gervasi, Autor des Buches *East Commerce – A Journey through China E-Commerce and the Internet of Things*, sagt: »Die chinesischen Verbraucher sind viel mehr digital orientiert als die westlichen«. Ohne Handy ist man in diesem Land fast kein Mensch. Das Handy oder – wie es in China heißt – das *shouji*, die Handmaschine, dominiert hier das Leben. Die digitale Kommunikation hat hier – man mag das bedauern – bereits über die verbale Kommunikation gesiegt.

Warum diese Zuneigung zu diesem kleinen rechteckigen Gerät? Die Chinesen lieben es zu chatten, ihre Meinungen über Produkte auszutauschen, Fotos zu versenden. Und viele treffen ihre Kaufentscheidungen nach geposteten Empfehlungen von Freunden.

Für Gervasi ist das Internet in China primär eine Form des Entertainments. Weil die Offlinewelt der Unterhaltung ziemlich trist sei – man betrachte nur die langweiligen Programme der vielen staatlich gelenkten Fernsehsender – ist das Internet zu der Alternative geworden. Gervasi: »Die Onlinewelt ist das reale Zentrum der kulturellen Innovation im modernen China.«

Dieses Erklärungsmuster zieht sich durch verschiedene Bereiche. Weil die alten, etablierten Player schwach waren (und zum Teil immer noch sind), konnten die Neulinge der Onlinewelt stark werden. Der E-Commerce konnte nur gedeihen, weil die Supermärkte und andere stationäre Handelsformen entweder nicht existent oder nicht gerade kundenfreundlich waren. Die Onlinebezahlsysteme sind nur deshalb so erfolgreich, weil die etablierten Kreditinstitute – allen voran die Staatsbanken – lange Zeit keinen guten Service boten. Wer geht schon gerne in eine Filiale, zieht eine Nummer, wartet manchmal stundenlang auf unbequemen Plastikstühlen, bis er von einem muffligen Bankbediensteten bedient wird, wenn er bequem vom Sofa zu Hause seine Finanzgeschäfte tätigen kann.

Und China hat – noch – eine junge Bevölkerung. Das Durchschnittsalter ist 33 Jahre. Der durchschnittliche Internetnutzer ist noch jünger: 28 Jahre. Aus Erfahrung weiß man, dass jüngere Menschen öfter ins Internet gehen und dort länger bleiben.

Anders als hierzulande sind die Chinesen bereit, für Onlinedienstleistungen zu zahlen. Das hat Auswirkungen auf die Geschäftsmodelle: Im Westen finanzieren sich die meisten Internetfirmen über Anzeigen, in China durch die Nutzer. »In China reden wir nicht über durch Werbung unterstützte Modelle. Es gibt wenige Start-ups, die durch Werbung groß geworden sind. Außer den Suchmaschinen wie Baidu sind die meisten großen Internetunternehmen in China dadurch gewachsen, dass ihre Konsumenten bezahlen«, sagt Jenny Lee von der VC Firma GGV Capital.

Chinas Internetnutzer – egal, ob jung oder alt – sind zudem aufgeschlossen für alles Neue. Neugierig probieren sie vieles aus. Dies fördert und unterstützt die Risikofreudigkeit der Unternehmen. Im McKinsey-Report *China's Digital Economy: A Leading*

Global Force heißt es: »Der Enthusiasmus für digitale Tools unter Chinas Verbrauchern ermöglicht schnelle Anwendungen von Innovationen.«

So können sich fast über Nacht tradierte Verhaltensweisen ändern. Früher ging man häufig in Restaurants oder in Garküchen um die Ecke. Heute bestellen viele Chinesen das Essen online ins Haus. Die Lieferdienste boomen.

Früher ging man auch öfter in die Supermärkte oder den Gemüsemarkt. Heute lässt man sich die Lebensmittel ins Haus liefern und – letzter Schrei – die frischen Waren.

Früher bummelte man durch die Einkaufsstraßen. Heute bestellt man bei einem der vielen Onlineshops von Alibaba.

Alibaba und die tausend Möglichkeiten

Sie hatten zum Teil Mäntel an – die 18 jungen Leute, die sich am 21. Februar 1999 im Apartment von Jack Ma versammelten. Es war nämlich kalt um diese Zeit in Hangzhou, und Heizungen gibt es in dieser Gegend nun mal nicht. Denn Hangzhou liegt südlich des Yangtze-Flusses, der China zumindest klimatisch teilt – in den Norden, wo geheizt werden darf, und in den Süden, wo das nicht der Fall ist.

Keiner der 18 Gründer hatte reiche Eltern im Hintergrund, keiner hatte an einer renommierten Uni studiert oder bei einer großen Firma gearbeitet. Sie hatten wenig Kapital, aber sie hatten Jack Ma und der hatte für die damalige Zeit eine große, eine revolutionäre Idee: Eine B2B-Plattform, wo vor allem kleinere chinesische Unternehmen ihre Waren zum Kauf anboten.

Und Jack Ma hatte bereits einen Namen für das Start-up, das aus der Kälte kam – Alibaba. Es war ein ungewöhnlicher Name für ein chinesisches Unternehmen. Die Idee kam Jack Ma auf einer Reise nach San Francisco. Der Name ist leicht auszusprechen, und das in verschiedenen Sprachen. Außerdem verbinden viele damit den Begriff »Sesam öffne dich«, was etwas Geheimnisvolles suggeriert.

Das Problem war jedoch: Die Domain alibaba.com gehörte einem Kanadier. Der wollte 4000 Dollar. Für das junge Unternehmen war dieser Betrag zu hoch. Also gingen sie mit alibabaonline.com an den Start. Schnell erkannte Ma jedoch, dass diese Domain nicht taugte, weil zu kompliziert. Also überwies er doch die 4000 Dollar nach Kanada.

Geld, das fehlende Geld, war in den Anfangsjahren das große Thema bei Alibaba. Die ersten Mitarbeiter bekamen 50 Dollar Monatsgehalt. Doch der charismatische Jack Ma konnte Geldgeber überzeugen. Bei den besten Adressen sprach er vor, bei Goldman Sachs und der japanischen Softbank. Deren legendären Chef Masayoshi Son traf er bei einem Speed-Dating in der Fuhan Mansion in Beijing. Son sagte später: »Ich hörte Ma zu und nach fünf Minuten war mir klar, dass ich in Alibaba investieren werde.«

Ma und sein Team konnten Alibaba.com zu einem internationalen Marktplatz ausbauen. Hier kann jeder in aller Welt (das ist wörtlich zu nehmen, denn die Kunden kommen aus über 200 Ländern) Waren bestellen. Kunden sind vor allem Händler, Agenten, kleine Unternehmen. Mit dieser Plattform fing alles an.

Später erweiterte Ma sein E-Commerce-Business um drei weitere Plattformen:

- AliExpress. Vom Prinzip her das Gleiche wie Alibaba. Nur die Käufer sind nicht Händler, sondern Endverbraucher in aller Welt.
- Taobao und Tmall hingegen sind zwei chinesische Marktplätze. Bei Tmall.com bieten chinesische und internationale Marken ihre Waren an. Das muss man sich wie eine große Mall vorstellen, nur eben online. Und eben – wie alles bei Alibaba – in gigantischen Dimensionen. Über 100000 Brands – von Adidas bis Zara – präsentieren dort ihre Waren. Taobao hingegen ist eine Plattform, wo chinesische Privatleute Waren anbieten. Es ist mit eBay vergleichbar, aber viel größer und viel besser.

Taobao war Alibabas Antwort auf eBay. Im Sommer 2003 wurde bekannt, dass eBay den Markteintritt nach China plane. Jack Ma wollte und musste reagieren. Er gab intern die Parole aus: »Wir gehen in den Krieg mit eBay.« Er »sperrte« sechs Mitarbeiter in sein Apartment in Hupan Gardens ein und ließ sie das Gegenmodell zu eBay entwickeln, das sich von den Amerikanern unterscheiden sollte. Den Tüftlern gelangen zwei entscheidende Verbesserungen: Sie installierten einen Live-Chat, über den Käufer und Verkäufer miteinander kommunizieren konnten, und sie entwickelten mit Alipay das eigene Onlinebezahlsystem.

Alibabas weiterer Vorteil: eBays Arroganz. Der Onlinehändler aus den USA nahm am Anfang Alibaba nicht ernst. Seine Website – von Amerikanern gemacht – passte nicht zu den Bedürfnissen der chinesischen Kunden. Es gab für sie auch keine Hotline. Als die eBay-Führung um – damals – Meg Whitman sah, dass sie nicht gewinnen konnten, wollte sie – typisch amerikanisch – Alibaba kaufen. Drei Topmanager flogen von San José nach Hangzhou und boten 150 Millionen Dollar an. Der damalige Alibaba-Finanzchef Joe Tsai (heute Vice Chairman) konterte keck: 900 Millionen Dollar. Der Deal kam nie zustande. Ende 2005 zog sich eBay frustriert aus China zurück.

Besser lief es mit Yahoo. Jack Ma und Yahoo-Mitgründer Jerry Yang – ein gebürtiger Taiwanese – verstanden sich auf Anhieb. So kam es 2005 zu einem spektakulären Deal. Yahoo stieg für 1 Milliarde Dollar bei Alibaba ein. Alibaba konnte endlich expandieren.

Durch zwei Börsengänge in Hongkong 2007 und in New York 2014 kamen weitere Milliarden dazu, die Jack Ma und viele Mitarbeiter reich machten, die aber auch in den Unternehmensausbau gesteckt wurden.

Heute machen die verschiedenen Plattformen von Alibaba rund 80 Prozent des E-Commerce-Markts in China aus. Der große US-Konkurrent Amazon ist zwar auch in China vertreten, hat sogar einen Shop auf Tmall. Aber der Marktanteil der Amerikaner ist marginal, er liegt unter 1 Prozent.

Anders als Amazon betreibt Alibaba keine eigenen Lager. Das spart Geld und erhöht den Gewinn, der viel höher als bei Amazon ist. Taobao kostet nichts – weder für Verkäufer noch für Käufer. Bei Tmall kassiert Alibaba. Zwischen 3 und 6 Prozent ihres Umsatzes müssen die Betreiber von Tmall-Shops an Alibaba abgeben. Dies macht den Großteil der Einnahmen von Alibaba aus.

Durch seine dominante Stellung in China hat es Alibaba geschafft, für viele Anbieter unentbehrlich zu sein. Wer mit seinen Produkten auf den nach wie vor boomenden chinesischen Markt will, muss bei Tmall präsent sein. Deshalb hat Alibaba inzwischen viele Büros im Ausland. Zum Beispiel in München, wo die Europa-Zentrale ihren Sitz hat.

Dort arbeitet mit Blick auf den Viktualienmarkt Europa-Chef Terry von Bibra, früher Amazon, Yahoo und Karstadt Online. Der Deutsch-Amerikaner sagt: »Meine Aufgabe ist es, europäische Firmen zu überzeugen, ihre Waren in den Alibaba-Shops anzubieten.« Ein Job, den er erfolgreich macht. Sein größter Deal war mit der Metro. Der Großhändler verkauft über Alibaba seine Eigenmarken, aber auch deutsche Markenprodukte.

Alibaba umsorgt nicht nur die Verkäufer, sondern auch die Käufer. Die Prioritätenliste von Jack Ma lautet: »Zuerst die Kunden, dann die Mitarbeiter und erst dann die Aktionäre.« Die Reihenfolge sieht in der westlichen Shareholder-Value-Welt etwas anders aus, wo alles zum Wohle der Anteilseigner getan wird.

Bei Alibaba bekommen die besonders aktiven Shopper einen Alibaba Passport, kurz APASS. Um sich dafür zu qualifizieren, muss man freilich mindestens 15 000 Dollar im Jahr bei Taobao und Tmall ausgeben. Über 100 000 Chinesen haben diesen Status. Für diesen Club der Big Spender veranstaltet Alibaba exklusive Clubabende, die viele zum Networking benutzen. Aber Alibaba spendiert seinen treuen Kunden auch Reisen zum Beispiel nach Frankreich und Italien, wo Boutiquen und Weingüter sowie der legendäre Sportwagenhersteller Ferrari besucht werden.

Alibaba überrascht immer wieder mit Innovationen.

- So führten sie bereits 2009 den 11.11. als den Mega-Verkaufstag ein. In China war das der Singles Day wegen der vielen Einsen, die Einsamkeit suggerieren. An keinem Tag wird mehr verkauft als am Singles Day. 2017 waren es Waren für 25 Milliarden Dollar. Der Singles Day ist Alibabas Antwort auf Amerikas Black Friday, der dort traditionell Ende November das Weihnachtsgeschäft einläutet.

- Seit Anfang 2015 hat Alibaba ein eigenes Kreditbewertungssystem. Es nennt sich Sesame Credit. Die Scores reichen von 350 bis 950. Bei gutem Rating bekommt man zum Beispiel Rabatte oder zinsgünstige Kredite. Alibaba kooperiert dabei offenbar auch mit den staatlichen Behörden, die an einem umfassenden Social-Credit-System arbeiten, wo Chinesen in gute und böse Menschen klassifiziert werden.
- Derzeit testet man bei Alibaba ein völlig neues Supermarktkonzept namens Hema. Man kann dort einkaufen, aber auch einkaufen lassen. Zwischen den Kunden mit Einkaufswagen wuseln junge Männer und Frauen in türkisen Poloshirts durch die Regalschluchten. Sie haben in der einen Hand ein elektronisches Lesegerät, auf dem die online bestellten Waren eines Kunden aufgelistet sind, und in der anderen Hand eine dunkelbaue Tragetasche. Ist der Auftrag erledigt, hängen sie die Tasche an einen Haken eines Förderbandes, das diese zu einem bereitstehenden Motorradfahrer transportiert. Der Anspruch ist hoch: Innerhalb von 30 Minuten nach der Bestellung soll die Ware beim Kunden sein, der aber innerhalb eines Drei-Kilometer-Radius des Supermarkts wohnen muss. Jack Ma spricht von einer *New Retail Strategy*, einer neuen Handelsstrategie, die online mit offline verbinden soll.
- Neueste Idee aus dem experimentierfreudigen Hause Alibaba: Autos via Smartphones kaufen. Yu Wei, Chef der Autoabteilung bei Tmall, sagt, die Ära des Onlinekaufs von Autos sei gekommen. Man wählt ein Modell auf seinem Handy aus, drückt auf »Buy« und fährt dann zu einem Alibaba-Autohaus, über dessen Layout man sich derzeit bei Alibaba noch Gedanken macht.

Banker, Händler, Spieler – fast 20 Jahre nach seiner Gründung ist Alibaba inzwischen eine Krake, die nach fast allem greift und überall mitmischt. Ein gigantisches 300-Milliarden-Dollar-Imperium, das im Laufe der Jahre gewaltig diversifiziert hat. Sie nennen es selbst ein Ecosystem. Vieles hat sich aus dem Handel heraus entwickelt, zum Beispiel das Bezahlsystem Alipay oder die Alibaba Cloud.

Im Internet mischt Alibaba überall mit – entweder man entwickelte es selbst oder man kaufte es schlicht ein. Youku Tudou bietet Videos an, Xiami Musik und AutoNavi Orientierung. Das ist nur eine kleine Auswahl. Dazu kamen neue Sparten wie Alibaba Pictures (TV- und Filmproduktionen), Alibaba Sports (Sportrechte und -veranstaltungen) und Alibaba Health.

In dem Konzern ist alles Ali. Am 10. Mai feiert man den Aliday. Das ist der Gründungstag von Taobao. Und die Mitarbeiter werden Aliren genannt (*ren* heißt im Chinesischen Mensch).

Nicht zu verwechseln mit Alien – dem Außerirdischen. Obwohl man manchmal glaubt: Was hier alles passiert, stammt von einem anderen Stern.

Manches ist aber doch sehr bodenständig.

Unser Dorf soll reicher werden – die Taobao Villages

Vor rund zehn Jahren war Sun Han aus dem Dorf Dongfeng einmal in der 400 Kilometer entfernten Großstadt Shanghai. Dort landete er aus Neugier in einem Ikea-Möbelhaus. Er fand die Vielfalt und die Preise beeindruckend, aber nicht unbedingt die Qualität. Er sagte sich: Was die können, kann ich auch – nur eben viel billiger. Und er ging zurück in sein Dorf und gründete eine Möbelfabrik und verkaufte seine Produkte via Taobao im Internet.

Weil die Dorfbewohner sahen, wie erfolgreich Sun Han mit seiner Möbelfabrik war, machten sie es ihm nach. Heute hat Dongfeng über 600 Möbelhersteller mit samt der nötigen Zulieferindustrie.

Dongfeng ist ein sogenanntes Taobao-Dorf. Nach der Definition von Alibaba darf sich ein Dorf so titulieren, wenn mindestens 10 Prozent der Haushalte im Onlinehandel aktiv sind, oder der jährliche Umsatz im E-Commerce über 10 Millionen Yuan beträgt. Diese Kriterien erfüllen inzwischen rund 1 500 Taobao-Dörfer. Meist sind es Cluster-Dörfer, die nur ein Produkt herstellen und online vertreiben.

In Xiniujiao (Provinz Guangdong) werden von 3 000 Firmen Damenkleider genäht, in Lankao (Henan) entstehen hundertfach traditionelle chinesische Musikinstrumente und in Donggang

(Liaoning) werden tonnenweise Erdbeeren gepflückt. Bekleidung, Möbel und Schuhe sind nach Angaben von AliResearch, dem Forschungsinstitut von Alibaba, die beliebtesten Produkte, die in den Taobao-Dörfern hergestellt werden.

Dongfeng, weil eines der ersten Taobao-Dörfer, ist aber das Vorzeigeprojekt. Deshalb fand dort auch Ende Oktober 2016 der Taobao Village Summit statt. Auch Bert Hofman, Repräsentant der Weltbank in China, war eingeladen. Zum Programm gehörte die Besichtigung einiger Taobao-Dörfer, unter anderem auch Dongfeng. Er war beeindruckt. Am nächsten Tag fand er in seiner Rede lobende Worte: »Taobao ermöglicht den Anschluss von armen, zurückgebliebenen Gegenden in die moderne Wirtschaft.«

Dongfeng war vorher ein Bauerndorf. Die Menschen lebten von Weizen, Reis und Sojabohnen. Die Alten blieben, die Jungen zogen weg in die Städte, wo die Fabriken waren. Doch dank dem Internet, dank dem Portal Taobao mussten die jungen Leute nicht mehr wegziehen. Doch jetzt ging es andersherum: Die Fabriken kamen zu ihnen – und mit ihnen die Hoffnung. An Häuserwänden hängen Parolen wie »Durch Taobao kannst du den bitteren Tagen entkommen.«

Die Taobao-Bewegung ist damit ganz im Sinne der Staatsführung. Denn Xi Jinping hatte propagiert, bis zum Jahr 2020 die Armut zu eliminieren. Wenn ihm Alibaba mit seinen Taobao-Aktivitäten dabei helfen kann, kann das dem Unternehmen und ihrem Gründer Jack Ma sicher nicht schaden. Im Gegenteil. Das gibt Pluspunkte bei den leitenden Herren in Beijing.

Jack Ma ist so etwas wie der Vorzeigeunternehmer Chinas. Er ist Vorbild für viele junge Leute. Und er ist der Stolz der chinesischen Führung, die anhand seines Beispiels zeigen kann, dass dieses System auch hervorragende private Wirtschaftsführer hervorbringen kann.

Tausendsassa Jack Ma

Der Schotte Duncan Clark, der in Beijing die Investmentfirma BDA leitet, kennt ihn gut, hat ihn oft getroffen. Er hat einen weltweiten Bestseller über Alibaba und Jack Ma geschrieben (*Alibaba: The House that Jack Ma Built*). Bei einem Kaffee im Kerry Center in Beijing plaudert er über das Objekt seines Buches. Er sagt: »Jack Ma ist das Gesicht des neuen Chinas.« Er sei sicher der charismatischste Unternehmer des Landes.

Jack Ma hat stets tolle Sprüche auf Lager, auch – und das macht ihn auch im Ausland so populär – in Englisch. Es gibt inzwischen eine Vielzahl von Büchern mit den – zugegeben – amüsanten Sprüchen von Jack Ma. Er verkündet dort viele einfache Wahrheiten. Sie sind alle von fast konfuzianischer Schlichtheit und Weisheit.

Deshalb ein paar Kostproben aus dem Sprachschatz von Ma, um den Unternehmer besser zu verstehen, wie er tickt und denkt:

- »Wir hatten kein Geld, keine Technologie und keinen Plan« (seine drei Erklärungen, warum das Unternehmen überlebte);
- »Wenn du recht hast, unterstützt dich keiner. Wenn du falsch liegst, kritisiert dich jeder.«
- »Schulen lehren Wissen, das Gründen eines Unternehmens hingegen erfordert Weisheit.«
- »Ich mag es nicht, Talente von Wettbewerbern abzuwerben. Die besten Mitarbeiter sollten immer aus dem Unternehmen kommen.«
- »Man kann keine Strategie kopieren. Die wirkliche Strategie ist eine Kunst und kann nicht kopiert werden.«
- »Man sollte von seinen Konkurrenten lernen, sie aber nicht hassen.«
- »Heutzutage wollen chinesische Unternehmen vom *Silicon Valley Way of doing business* lernen, ich nicht. Ich mag dagegen den Seattle Way. Der Silicon Valley Way ist *to build to sale*, während der Seattle Way ist *to build to last* – so wie es Microsoft, Amazon und Starbucks machen.«
- »In meinem Falle steht CEO für Chief Education Officer«
- »Sie nennen mich Crazy Jack. Ich hoffe, dass ich für die nächsten 30 Jahre crazy bleibe.«

Jack Ma hat nichts dagegen, dass man ihn in aller Öffentlichkeit verrückt nennt. Für ihn zählt der Zustand des positiven Verrücktseins zu einer Voraussetzung des Erfolgs. Zu Beginn seiner Selbstständigkeit zitierte Jack Ma oft den ehemaligen Intel-Chef Andy Grove: »Nur die Paranoiden überleben.«

Jack Ma wurde 1964 in Hangzhou in eine ganz normale Familie geboren. Sein Vater war Fotograf, seine Mutter Fabrikarbeiterin. Schon als Kind begeisterte er sich für englische Sprache und Literatur, las zum Beispiel Mark Twains *Die Abenteuer des Tom Sawyer*. Er wuchs in der Zeit auf, als die ersten Touristen in das Reich der Mitte kamen. Auch Hangzhou, die alte Kaiserstadt, stand bei vielen dieser Besucher aus dem Ausland auf der Liste.

Morgens in aller Frühe stieg er auf sein Fahrrad und radelte 40 Minuten ins Hangzhou Hotel, um dort ausländische Touristen zu treffen. Er zeigte ihnen Hangzhou und lernte dabei Englisch *by speaking*. In Englisch war er deswegen ein guter Schüler, aber in Mathematik war er schlecht. Dreimal musste er deshalb das Gaokao wiederholen, die Abschlussprüfung, die vergleichbar mit dem Abitur ist. Und weil auch nach dem dritten Male seine Noten nicht die besten waren, reichte es nur zum Englischstudium am nicht besonders renommierten Hangzhou Teachers College.

Er verdingte sich zunächst mehr schlecht als recht als Lehrer und Übersetzer. Einer dieser Jobs führte ihn im Jahr 1994 zu seiner ersten Reise in die USA. Malibu, Las Vegas und schließlich Seattle waren die Stationen. In Seattle, im Hause von Dave und Dolores Selig, kam er zum ersten Mal in Berührung mit einem Computer und dem Internet. Er war begeistert. Beim Rückflug hatte er einen Computer mit einem Intel-486-Prozessor im Gepäck. Diese US-Reise war prägend für ihn und letztlich der Auslöser für eine Erfolgsstory ohnegleichen.

Jack Ma liest gerne und viel. Er redet immer frei, wenn es sein muss in bestem Englisch. Dabei macht er Späßchen und Witze. Auch über sich selbst. »Ich habe ein einzigartiges und hässliches Gesicht. Deshalb erkennen mich die Leute.« Er kokettiert mit seinen Unzulänglichkeiten: Sollte er mal ein Buch schreiben, würde er es »Alibaba und seine 1001 Fehler« nennen. Und: »Ich verstehe immer noch nicht die Technologie hinter dem Internet«, sagte er an der Stanford University.

Ma hält viele Vorträge, trifft viele große Namen. Das war nicht immer so. Rückblende: Internet World 2000 auf dem Messegelände in Berlin. Jack Ma hielt einen Vortrag. Drei Zuschauer verirrten sich in den sehr großen Raum. Wenn er heute nach Berlin kommt, empfängt ihn die Kanzlerin. Die Großen dieser Welt suchen seine Nähe – und umgekehrt. Er diniert mit Leonardo DiCaprio, Bono und den Chefs von Coca-Cola und JP Morgan in Davos. Bill Clinton ist fast regelmäßiger Gast bei Alibaba-Events, Barack Obama nahm sich am Rande des G20-Gipfels Zeit für einen Plausch mit Jack, und kaum war Donald Trump im Amt, traf er sich mit Crazy Jack. Mit Trump-Tochter Ivanka war er bereits in Washington Abendessen, ebenso mit Handelsminister Wilbur Ross.

Jack Ma – der Tausendsassa. Heute hier, morgen dort.

Das Vagabundieren durch die Promiwelt kann er sich leisten. Denn im Mai 2013 trat er als CEO von Alibaba zurück. Inszeniert und zelebriert im Stadion von Hangzhou. Es regnete in Strömen. 35 000 Zuhörer, alles Aliren, waren da. Jack trat in einem glänzenden silbernen Jackett auf, dazu schwarzer Hut und eine große Brille. Begleitet von einer Band – alles Alibaba-Beschäftigte – trällerte er zwei Lieder: *I love you China* und *Friends*. Danach hielt er seine Abschiedsrede: »Ab morgen will ich das Leben genießen. Ich will Dinge tun, die mich interessieren, zum Beispiel Bildung und Umweltschutz.« Aber jetzt wolle er erst einmal drei Monate schlafen.

Das hat er natürlich nicht gemacht. Der kleine Mann denkt weiterhin groß. Manches klingt größenwahnsinnig, aber wenn man sieht, was Alibaba schon alles erreicht hat, sollte man vielleicht vorsichtiger mit so einem Urteil sein. »Wir müssen größer als Walmart werden. Einige werden sagen, dass sei verrückt. Aber eines ist sicher: Wenn du keine Ziele hast, erreichst du nichts.«

Sein ganz großes Ziel ist, dass kleine Unternehmen aus aller Welt über Alibabas Plattform Handel treiben. Er nennt es The Electronic World Trade Platform (eWTP). Bis 2036 will er so zwei

Milliarden Kunden erreichen und Billionen von Dollar umsetzen. Dann wäre Alibaba die fünftgrößte Wirtschaftsnation hinter den USA, China, Japan und der EU.
Und läge weit vor dem großen Lokalrivalen Tencent.

Tencent – spielend zum Erfolg

Der große innerchinesische Rivale von Jack Ma heißt auch Ma, mit westlichem Vornamen Pony, mit chinesischem Vornamen Huateng. Pony Man ist nicht so outspoken und auch kein Showman wie Crazy Jack. Sein Scheitel sitzt verdammt akkurat. Er liebt das dezente Grau des Businessanzugs. Verkleidungen à la Jack Ma sind nicht seine Sache, auch wenn er zu einer Neujahrsfeier im Unternehmen schon mal als Sänger auftritt. Pony Ma wirkt eher im Hintergrund von seinem Büro in der neuen Hauptverwaltung in Shenzhen.

Ein architektonisches Meisterwerk, das 600 Millionen Dollar kostete. Es besteht aus zwei 250 Meter hohen Türmen, die mit drei sogenannten Skybridges miteinander verbunden sind. Jede Brücke ist mit einem symbolischen Namen versehen: Gesundheit, Kultur und Wissen. Auf der Gesundheitsbrücke zum Beispiel befinden sich eine Saftbar, ein Fitnesscenter, ein Basketballfeld und eine 300-Meter-Laufbahn. Die beiden Bürotürme bieten Platz für 12 000 Beschäftigte und stehen nicht weit vom »alten« Gebäude, das aber bereits nach sieben Jahren zu klein war, und noch näher an seiner Uni.

Pony Ma studierte an der Shenzhen University Computerwissenschaften. Im November 1998 hat er dann zusammen mit vier Studienfreunden aus Shenzhen Tencent gegründet. Kurz darauf entwickelten sie den Instant Messenger QQ. Als die Gewinne sprudelten, ging Tencent 2004 an die Börse in Hongkong. Mit den Emissionserlösen bauten Ma und seine Freunde vor allem das Onlinegaming-Business massiv aus.

Heute ist Tencent der weltgrößte Spieleanbieter, macht damit über 10 Milliarden Dollar Umsatz (2016) und verdient viel Geld. Honour of Kings ist das erfolgreichste Handyspiel der Welt, obwohl es fast nur in China gespielt wird. Dort hat es 200 Millionen registrierte Nutzer, jeden Tag spielen es 80 Millionen Menschen. Es ist so populär, dass der chinesische Staat Mäßigung einforderte. Tencent sperrte deshalb das Spiel für Kinder unter 12 Jahren nach 21 Uhr. Und auch in der Armee gab es Spielverderber. Man fürchtete angesichts der Spielsucht dort allen Ernstes eine abnehmende Kampfbereitschaft.

Ähnlich erfolgreich sind die Spiele League of Legends und Clash of Clans. Sie kamen durch milliardenteure Zukäufe in Tencents Portfolio. So zahlte Tencent für den Clash-of-Clan-Entwickler Supercell aus Finnland fast 9 Milliarden Dollar. Tencent ist unter den drei BAT-Unternehmen das aggressivste, was Übernahmen anbetrifft. Zwischen 2012 und 2017 gaben sie bei 75 Deals über 60 Milliarden Dollar aus. Jüngster Deal: eine 12-Prozent-Beteiligung an Snapchat.

Interessant dabei: Tencent, aber auch Alibaba und Baidu, verlassen sich nicht mehr auf die Investmentbanken, die sie bei der Suche nach Übernahmeobjekten beraten und anschließend die Deals abwickeln. Sie machen das selber, haben eigene M&A-Abteilungen, für die sie gute Leute von Goldman Sachs und anderen Wall-Street-Banken abgeworben haben. Bei den Gehältern können die BAT-Unternehmen locker mithalten. Geld spielt bei allen dreien keine große Rolle.

Aber berühmt wurde Tencent nicht durch seine gewinnbringende Spielsucht, sondern durch den Instant-Messsenger-Dienst WeChat. Pony Ma mag Teams. Er lässt sie – das hat er von Microsoft abgeschaut – um die besten Ideen wetteifern. WeChat entstand aus einem internen Wettstreit zweier Forschungsteams. Das eine saß im Headquarter in Shenzhen, das andere im Forschungszentrum in Guangzhou. Sieger wurde Anfang 2011 die zehnköpfige Guangzhou-Truppe um Zhang Xiaolong. Er wird in der Szene als »Vater von WeChat« verehrt.

Wenn man sagen würde, das ist das chinesische WhatsApp, dann wäre es eine Beleidigung für die WeChat-Betreiber. Denn WeChat ist viel besser als WhatsApp, es hat viel mehr Funktionen. Roland-Berger-Chef und Chinakenner Charles-Édouard Bouée sagt: »WeChat ist alles zusammen: WhatsApp, Skype, Instagram and Facebook.« Und was Bouée vergessen hat, auch noch ein wenig Amazon, Uber oder Lieferando.

Tencents Ziel sei es, so HSBC-Analyst Chi Tsang, mit WeChat alle anderen Apps auf dem Smartphone zu ersetzen. Die Mega-App also, ein geschlossenes System, das man nicht mehr verlassen muss. Es soll nur noch eine App geben – die reicht.

WeChat – der App-Killer.

Zwei von drei Chinesen, also knapp eine Milliarde, nutzen bereits WeChat. Jeder User von WeChat erhält einen QR-Code. Das ist eine quadratische Matrix, die selbst aus vielen kleinen schwarzen und weißen Quadraten besteht. Dieser Code ist quasi die WeChat-ID, die immer öfter die Visitenkarte ersetzt. Gehörte es in China lange zum Begrüßungsritual, beidhändig die Kärtchen auszutauschen, so scannt man nun – fast eine Kulturrevolution – häufig gegenseitig die QR-Codes mit den Smartphones.

Tencents Domäne ist also ganz klar der Messenger-Dienst. So wie die von Alibaba der E-Commerce ist. Trotzdem duellieren sich die beiden, aber – und das ist etwas schräg – verbrüdern sie sich auch gleichzeitig. Einerseits herrscht brutaler Wettbewerb zwischen den beiden, vor allem bei den Bezahlsystemen, wo die chinesischen Verbraucher nur vor der Frage stehen: Nutze ich Alipay oder Tencent Pay? Auch im E-Commerce attackieren sie sich. Tencent stieg im März 2014 bei JD.com, dem einzigen großen Alibaba-Rivalen ein. Alibaba revanchierte sich, indem es im Frühjahr 2017 beschloss, in den Onlinegaming-Markt einzusteigen. Harte Rivalen sind die beiden auch bei den Lieferdiensten von Essen: Ele.me (Alibaba) versus Meituan Dianping (Tencent), der Shootingstar der Online-Szene.

Andererseits machen die beiden Giganten auch schon mal gemeinsame Sache, wie zum Beispiel, als sie sich gegen den mächtigen US-Konzern Uber zusammenschlossen und diesen quasi aus dem chinesischen Markt kickten.

Für dieses Wechseln zwischen Competition (Wettbewerb) and Cooperation (Zusammenarbeit) haben die Ökonomen ja einen Begriff erfunden, eine Wortkreuzung sozusagen: Coopetition.

Doch bei aller Dominanz der beiden: Es gibt noch den dritten im BAT-Trio – das Suchmaschinenportal Baidu mit Sitz in Beijing. Manche Experten zweifeln, ob das B noch dazugehört, weil A(libaba) und T(encent) schon so weit vorausgeeilt sind.

Bei Baidu sieht man das freilich anders. Dort sieht man sich noch in derselben Topliga.

Baidu – auf der Suche nach neuen Erfolgen

Er musste im tibetischen Hochland Dünger auflesen, einen Yak häuten und dessen Herz essen – nicht gerade alltägliche Aufgaben für einen Milliardär. Aber Robin Li (Li Yanhong) machte diese Drecksarbeit sogar vor laufender Kamera in der chinesischen Survival-Show *Absolute Wild*. Ein bisschen Imagepflege konnte nicht schaden, dachte er sich wohl. Denn sein Unternehmen, Baidu, kann dies gebrauchen.

Baidu, Chinas größte Suchmaschine, ist immer mal wieder in der Kritik. Einmal wegen der Verbreitung pornografischer Inhalte. Dauernd schwebt der Vorwurf im Raum, zu eng mit den Zensurbehörden zusammenzuarbeiten. Außerdem wird beklagt, dass Anzeigen nicht deutlich genug gekennzeichnet würden.

Doch am heftigsten traf das Unternehmen der Tod des 21-jährigen Wei Zexi im Frühjahr 2016. Der an einer seltenen Krebsart erkrankte Student suchte auf der Baidu-Website nach einer alternativen Behandlung und fand sie auf einer Anzeige einer Klinik in Beijing. Doch diese Behandlung endete tödlich. Ein Shitstorm brach über Baidu herein. Das Anzeigengeschäft brach ein.

Von den drei BAT-Unternehmen ist Baidu inzwischen das schwächste, abgehängt von den beiden anderen, Alibaba und Tencent. Das kann man deutlich an der Marktkapitalisierung ablesen: Während die von Alibaba und Tencent stramm auf die 500-Milliarden-Dollar-Marke zugeht, verharrt Baidus weit unter 100 Milliarden Dollar. Oder auch am Vermögen der drei Gründer: Jack Ma und Pony Ma besitzen jeweils um die 35 Milliarden Dollar, Robin Li »nur« 16 Milliarden.

Robin Li ist das Gegenteil von Jack Ma, der mit seiner Unkenntnis, was Computer angeht, kokettiert. Li hat Informatik an der University at Buffalo im US-Bundesstaat New York studiert.

Er war schon als Schüler in Mathematik stark. Er ist ein zurückhaltender, eher schüchterner Typ: »Ich sitze gerne vor dem Computer, eigentlich lieber, als mit anderen zu diskutieren. Bei Meetings bin ich selten derjenige, der am meisten spricht.« Trotzdem gilt der gutaussehende Li als eines der Sexsymbole in Chinas Unternehmenswelt.

Robin Li gründete im Jahr 2000 die Suchmaschine Baidu, was man mit »hundertmal« übersetzen kann. Obwohl es viel chinesische Konkurrenz und auch bis 2010 Google China gab, setzte sich Baidu durch. In besten Zeiten hatte die Suchmaschine in China einen Marktanteil von über 80 Prozent. Diese dominante Position bröckelte in Laufe der Jahre etwas, aber der Marktanteil Baidus liegt immer noch bei rund 76 Prozent, der »Verfolger« Shenme (Chinesisch für »Was?«) hat nur knapp 9 Prozent.

Baidu hat im Laufe der Zeit sein Portfolio erweitert. Es gibt Baidu Maps und Baidu Baike (das Wikipedia von China), aber hier dürfen nur Mitglieder Artikel und Informationen einstellen. Außerdem ist Baidu an einigen anderen chinesischen Internetunternehmen beteiligt, zum Beipiel Ctrip oder iQiyi, was man als Chinas Netflix bezeichnen kann. Aber die Internetwelt ist irgendwie die Welt von gestern bei Baidu. Um die neue kennen zu lernen, fährt man am besten in das Headquarter von Baidu.

Es liegt draußen im Nordwesten Beijings, im Haidian-Bezirk. Alleen durchziehen wie auf einem Reißbrett die Gegend. Links und rechts stehen Bürogebäude – mal in 0815-Bauweise, mal futuristisch aufgemotzt. Unbekannte Firmennamen wechseln sich mit wenigen bekannten ab. Der Campus von Baidu ist einer der besten Adressen hier. 5 000 der insgesamt 45 000 Beschäftigten arbeiten dort. Sie passieren die Zugangsschranken nicht mehr mit einer Chipkarte, sondern werden von Kameras per Gesichtserkennung erfasst und »durchgewunken«.

Den Besucher empfängt ein weißer Roboter, der zwar *xiao du* (kleines Ding) heißt, aber doch ziemlich groß und ungelenk ist. Er steht rechts von der Eingangstür und gibt Auskunft, wo was in diesem lang gestreckten Areal zu finden ist (sollten Verständigungsschwierigkeiten auftreten, gibt es immer noch einen altmodischen Empfangstresen mit leibhaftigen Frauen dahinter).

Das ist die neue Baidu-Welt. Eine Welt von Robotern, Gesichtserkennung, Big Data – es geht um Künstliche Intelligenz. Hier sieht Robin Li die Zukunft von Baidu – ohne dass er freilich das Basisgeschäft rund ums Internet vernachlässigen will. So konsequent wie kein anderes Unternehmen aus dem BAT-Trio setzt Baidu auf das Thema Künstliche Intelligenz, wozu auch das autonome Fahren zählt.

Anfang 2017 kündigte Robin Li an, sich aus dem Tagesgeschäft zurückzuziehen, um sich verstärkt strategischen Themen zu widmen. Damals sagte er: »Ich denke, ich werde mich ein bisschen mehr um unsere Investitionen kümmern.« Es werden vor allem Investitionen im Bereich Künstliche Intelligenz sein. Damit hofft Li den Abstand zu den beiden anderen BAT-Unternehmen zu verringern.

Aber vielleicht ist dann aus dem BAT-Trio schon das BANT-Quartett geworden. Das N steht für NetEase.

Das ist ein Ding – das Comeback von NetEase

Schwein muss man haben. William Ding (Ding Lei) hat viel Schwein. So um die 20 000 Schweine suhlen sich auf einer Farm in Weiyang in der Provinz Zhejiang. Schwarze Schweine, die von der koreanischen Insel Jeju stammen. Deshalb heißen sie Jeju-Schweine. Ihr Fleisch schmeckt angeblich besser und ist deshalb teurer.

Und was hat das mit dem Internet zu tun? Gar nichts, nur im übertragenen Sinne, denn William Ding hat viel Schwein gehabt, dass er die Kurve gekriegt hat, damals im Jahre 2001.

William Ding war einer der Internetpioniere Chinas. »Ich war damals einer der ersten Internetnutzer in China«, verkündete Ding 1999 stolz in einem Interview mit der *South China Morning Post*.

Zwei Jahre zuvor hatte er NetEase gegründet. Damals nutzten gerade mal 620 000 Chinesen das Internet. Seine Firma entwickelte erst eine Software, um diesen wenigen chinesischen Netizens das Verschicken von E-Mails zu ermöglichen. Doch schnell bot NetEase eine ganze Palette von Onlinediensten an: eine Suchmaschine, einen Chat, Nachrichten, Webhosting. NetEase war das chinesische Yahoo. Zusammen mit Sohu und Sina (die es zwar heute noch gibt, aber nicht mehr in der ersten Liga spielen) war NetEase einer der frühen Stars der chinesischen Internetwelt.

In der globalen Interneteuphorie gingen alle drei 2000 an die amerikanische Nasdaq. Doch dann platzten sowohl die Internetblase als auch die Träume von Ding. Mit geschönten Zahlen versuchte das NetEase-Management noch die Börse zu beeindrucken. Vergeblich. Der Schwindel flog auf. Der Handel an der Börse wurde ausgesetzt. Es drohte ein De-Listing.

Doch dann hatte William Ding das richtige Näschen. Er erkannte, dass Onlinespiele eine große Zukunft haben. Sein Aufsichtsrat war von der Idee nicht begeistert, aber er setzte sich durch. Sein erstes, 2001 entwickeltes Spiel war Fantasy Westward Journey. Es wurde gleich ein Riesenerfolg, weil es hier erstmals möglich war, dass mehrere Spieler gleichzeitig spielen konnten. Innerhalb von drei Jahren kam das Spiel auf eine Zahl von 300 Millionen Usern. Und William Ding wurde der erste chinesische Internetmilliardär – noch vor Jack Ma und Pony Ma.

Trotzdem blieb er immer in deren Schatten, weil er auch nicht so gewaltig expandierte wie Alibaba oder Tencent. Im Onlinegame ist NetEase die Nummer zwei hinter Tencent, auch weil das Unternehmen nicht so schnell von PCs auf Handys umschaltete. Gleichwohl beherrschen die beiden mit großem Abstand den chinesischen Spielemarkt, den größten der Welt. William Ding spielt aber mit dem Gedanken, seine Spiele auch im Ausland zu verkaufen. Seit August 2014 hat NetEase bereits ein amerikanisches Headquarter im kalifornischen Brisbane.

Das Geschäft mit den Spielen macht rund 70 Prozent des 5,5-Milliarden-Dollar-Umsatzes von NetEase aus. Der Rest stammt von der Nachrichtenplattform 163.com und der Suchmaschine Youdao sowie zunehmend vom E-Commerce-Händler Kaola.com. Dieser verkauft Luxuswaren aus dem Westen. Noch ist Kaola keine Konkurrenz für Alibaba, aber es wächst rasant.

Trotzdem kommt – alles in allem – NetEase auf eine Marktkapitalisierung von rund 40 Milliarden Dollar und ist damit gerade noch als letztes unter die Top-Ten-Internetunternehmen der Welt gerutscht. Noch ein Platz besser ist ein anderes chinesisches Unternehmen, das hierzulande aber genauso unbekannt ist wie NetEase: JD.com.

JD.com – Alibabas Herausforderer

Auf den Straßen (und manchmal auch auf den Bürgersteigen) in den chinesischen Städten begegnen sie einem immer häufiger – dreirädrige Lieferwagen, die einen kastenförmigen roten Aufbau haben, auf denen die weißen Buchstaben JD.com stehen.

JD.com ist der Rivale von Alibaba. Er ist zwar noch eine Nummer kleiner, aber er verringert stetig den Abstand zum Marktführer. JD steht für Jingdong, Jing bedeutet Hauptstadt, Dong Osten.

Hier duellieren sich nicht nur zwei Firmen, sondern zwei Modelle: das Alibaba-Modell versus das Amazon-Modell. JD.com folgt dem Vorbild Amazon und hat eigene Lagerhäuser. Aber das Unternehmen mit Sitz in Beijing geht noch weiter als Amazon und leistet sich eigene Lieferwagen und Kuriere. 65 000 der 120 000 Mitarbeiter arbeiten im Lieferservice und der Logistik. Schließlich gibt es einen hohen Anspruch zu erfüllen. Alle Bestellungen, die vor 23 Uhr eingehen, werden am nächsten Tag spätestens um 15 Uhr ausgeliefert.

Gegründet wurde JD.com von Richard Liu oder in der chinesischen Schreibweise Liu Qiangdong. Er stammt aus einer Familie mit kapitalistischen Wurzeln. Mit ihren eigenen Schiffen transportierten seine Vorfahren Waren auf dem Yangtse und dem Kaiserkanal von Hangzhou nach Beijing. Doch nach 1949 war Schluss damit. Die Familie verlor alles, und Liu wurde in eine arme Familie im nördlichen Jiangsu hineingeboren.

Als er mit 18 Jahren einen Studienplatz an der Renmin University in Beijing bekam, konnten seine Eltern mit Müh und Not die 500 Yuan zusammenkratzen, die er für die Fahrkarte ins 700 Kilometer entfernte Beijing benötigte. Dort studierte er Soziologie, fand das aber langweilig. Das Studium lastete ihn nicht aus. Er brachte sich selbst das Programmieren von Computern bei. Mit dem Geld, das er dadurch verdiente, startete er sein erstes Business: ein Restaurant, das nach acht Monaten pleite war.

Danach jobbte er bei einer japanischen Firma, sparte 12 000 Yuan, um nach zwei Jahren erneut ein Unternehmen zu gründen. Auf vier Quadratmetern verkaufte er Computerzubehör. Er heftete Preisschilder an seine Produkte und gab Quittungen aus – beides war neu. »Vom ersten Tag an verkaufte ich nie Fälschungen, und bald hatte ich die beste Reputation«, sagt Liu. Bald hatte er zwölf Shops in Beijing – bis 2003 die Infektionskrankheit Sars über China kam. Er musste die Läden schließen und versuchte eher aus Not, einen Teil seiner Produkte online zu verkaufen. Und plötzlich sah er, was da abging und entschied: Das ist die Zukunft. Heute sagt er: »Wenn es Sars nicht gegeben hätte, wäre ich nicht so reich und erfolgreich geworden.« Sein Vermögen wird auf 11 Milliarden Dollar taxiert.

Seine 18 Jahre jüngere Frau Zhang Zetian ist auch im Unternehmen, kümmert sich vor allem um den Ausbau des Mode- und Luxusgeschäfts. Sie ist mit gerade mal Mitte 20 die jüngste Milliardärin Chinas, wird aber deswegen in den sozialen Medien kritisiert: Das sei kein selbst verdientes Geld, sondern das habe sie nur, weil sie die Ehefrau von Richard Liu sei. Sie betätigt sich auch als Wagniskapitalgeberin, investiert in junge Unternehmen. Auf ihr Betreiben hin kaufte JD.com für knapp 400 Millionen Dollar das britische Unternehmen Farfetch, das Luxusmode online verkauft.

Seit März 2014 ist Tencent mit 20 Prozent an JD.com beteiligt. Das bringt einen großen Vorteil: Der Händler ist damit ins WeChat-System integriert. Anschauen, auswählen, einkaufen, bezahlen – all das kann man in der Mega-App WeChat. Dank dieser Tencent-Connection verringerte JD.com in den vergangenen Jahren den Abstand zu Alibabas Plattform Tmall. Derzeitige Marktanteile: Alibaba rund 50 Prozent, JD.com rund 30 Prozent.

»Innerhalb von fünf Jahren – da bin ich mir zu 100 Prozent sicher – werden wir die größte B2C-Plattform in China sein. Wir werden jeden Wettbewerber überholen«, sagte Liu im September 2017 der *Financial Times*. Er kann damit nur Alibaba meinen. Der Wettbewerb zwischen den beiden Kontrahenten wird immer härter. Alibaba setzt angeblich Unternehmen die Pistole auf die Brust: Entweder ihr bietet eure Waren exklusiv bei uns an oder ihr fliegt raus.

Richard Liu will in der Auseinandersetzung mit Alibaba vor allem seine Kompetenz in Sachen Logistik ausspielen und denkt bereits an die Zukunft: Drohnen statt Lieferwagen. Er kommt angesichts dieser Perspektive schon ins Schwärmen: »Heute haben wir noch 70 000 Beschäftigte auf der Straße. Wenn wir Drohnen und Roboter einsetzen können, könnten wir die Kosten gewaltig reduzieren.«

Gerade die sogenannte letzte Meile ist der teuerste Part in der Lieferkette. Ebenso die Belieferung der Bevölkerung auf dem Lande. In der Provinz Sichuan im Westen des Landes fängt für JD.com die Zukunft schon an. Für 150 Drohnenstationen hat das E-Commerce-Unternehmen die Genehmigung von den dortigen Behörden erhalten. JD.com hat bereits Drohnen im Einsatz, die mit einer Geschwindigkeit von 100 Stundenkilometer fliegen können und dabei Pakete mit einem Gewicht zwischen 5 und 30 Kilogramm transportieren können.

Im JDX Innovation Lab werden sogar schon Drohnen für 100 Kilogramm getestet. Das Lab ist in Xi'an, der Hauptstadt der Provinz Shaanxi. Dort will JD.com ein logistisches Drohnennetz aufbauen. In niedriger Höhe wollen die Logistiker des Unternehmens in einem 300-Kilometer-Radius Hunderte von Routen installieren.

Das ist ein klarer Angriff auf die bisherigen Profiteure des E-Commerce-Booms: die Spediteure.

Spediteure als Profiteure

Tonglu ist für chinesische Verhältnisse eine kleine Stadt. Das Städtchen zählt gerade mal rund 400 000 Einwohner. Es liegt rund 90 Minuten mit dem Auto von Hangzhou, dem Sitz von Alibaba, entfernt. Wie so viele chinesische Städte und Städtchen ist Tonglu eine Clusterstadt. So nennt man eine Stadt, in der fast alle Unternehmen nur in einer Branche tätig sind. Dutzende solcher Städte gibt es vor allem an der Ostküste und im Süden des Landes.

In Tonglu dominiert die Logistikindustrie. Nicht weniger als 2 500 Paketzustelldienste und Speditionen haben ihren Sitz in Tonglu. Sie beherrschen den chinesischen Markt.

YTO, ZTO, STO und Yanda – bekannt als die drei Tongs und ein Da – dominieren.

Alles fing 1993 an, als Nie Tengfei und seine Frau Chen Xiaoying das Unternehmen STO gründeten. STO war die Keimzelle, aus der sich mehr und mehr Ex-Beschäftigte abspalteten. Nach ein paar Jahren im Unternehmen machte sich Nies Bruder selbstständig und nannte sein Unternehmen Yanda. Zhang Xiaojuan, zunächst in der Buchhaltung bei STO tätig, verabschiedete sich wenig später und gründete mit ihrem Ehemann YTO. Als Letzter des Vierer-Quartetts ging 2002 Lai Meisong, ebenfalls in Tonglu geboren, mit ZTO an den Start.

ZTO ging bereits an die New Yorker Börse. »Ist ZTO der Beste?«, schrie Lai, als er dort mit dem berühmten Glockenbimmeln den Börsentag einläutete. »Ja, wir sind die Besten«, skandierten das Dutzend Manager von der Empore. Vielleicht stimmt das ja.

Aber die Größten sind sie nicht. Das ist ein anderes Unternehmen: Der große Gegner und Außenseiter der »Tonglu-Gang«, wie die vier Giganten aus Tonglu genannt werden, ist SF Express. Dieses Unternehmen hat seinen Sitz in Shenzhen. Sein Gründer ist Wang Wei, ein extrem zurückhaltender und scheuer Manager. Er gab nur einmal dem Parteiblatt *Peoples Daily* ein Interview – und das war 2011. Aber nicht nur Journalisten blockt er ab, sondern auch potenzielle Investoren in seiner Firma. So wird kolportiert, dass Manager von Private-Equity-Firmen Mittelsmännern 500 000 Yuan – immerhin knapp 90 000 Euro – angeboten haben, nur um ein Dinner mit Wang Wei zu arrangieren. Vergebens. Mit so läppischen Beträgen ist Wei nicht zu ködern.

Wang Wei ist auf das Geld nicht angewiesen. Er ist reich genug. Sein Vermögen wird auf 27,5 Milliarden Dollar taxiert. Damit ist er die Nummer drei auf Chinas Reichsten-Liste. Und ein weiteres Beispiel für eine dieser unglaublichen Tellerwäscherkarrieren. Sein Vater war Russischübersetzer für die Volksbefreiungsarmee. Er lieh seinem Sohn 13 000 Dollar, damit dieser 1993 in Shenzhen eine kleine Firma gründen konnte. Mit einem Lieferwagen kutschierte er kleine Pakete und Dokumente zwischen Hongkong und der Nachbarstadt Shenzhen hin und her.

Heute ist SF Express Chinas größtes privates Logistikunternehmen. Nur die staatliche China Post ist noch größer (aber auch träger). Die Daten sind – wie immer bei Marktführern in China – gigantisch: 290 000 Beschäftigte, 12 000 Fahrzeuge, 18 Cargo-Flugzeuge, 9 100 Filialen in und außerhalb Chinas. Für Qiao Liu, Professor an der Guanghua School of Management, ist das Unternehmen der Benchmark der Branche: »SF Express ist die einzige Logistikfirma in China, die ein geschlossenes Ecosystem etabliert hat – sie verfügt über Kurierdienste, eine Kühlkette, Einkaufsbüros im Ausland, stationäre Convenience-Stores und finanzielle Dienstleistungen.«

Obwohl es in China mit seinem boomenden und längst noch nicht gesättigten E-Commerce-Markt noch viel zu tun, also viel zu liefern gibt, denken die Logistikgiganten aus Fernost bereits an die Expansion ins Ausland. Warum der DHL Deutschen Post und den US-Giganten FedEx oder UPS den Markt überlassen?

STO Express zum Beispiel ist schon im Anflug auf Europa. Der erste Frachtjumbo der Firma landete Ende Oktober 2016 in Prag. Dreimal wöchentlich sollen in der Anfangsphase die vollgepackten Maschinen zwischen Hongkong und der tschechischen Hauptstadt hin- und herfliegen.

Und auch SF Express will verstärkt im Ausland Fuss fassen. In nahen Märkten wie Korea und Japan wollen sie selbst in Infrastruktur investieren, in fernen Märkten wie den USA und Europa wollen sie mit Partnern zusammenarbeiten. Sie wollen vorerst nur Waren von und nach Europa liefern. An Dienste innerhalb Europas denken sie vorerst nicht, sagt David Adams, CEO des internationalen Geschäfts von SF Express.

Den Warenströmen folgen die Zahlungsströme.

Das Smartphone als Portemonnaie

Ein kleines Restaurant an der Tianmu Xi Lu, unweit des Shanghaier Bahnhofs. Einfach, aber gut. Der Fischeintopf kostet 48 Yuan, die große Flasche Tsingtao 6 Yuan, die Schale Reis 2 Yuan. Nach Ende der Mahlzeit zahlt hier keiner mit Bargeld. Jeder hält der Bedienung sein Handy mit dem individuellen QR-Code hin, die Bedienung scannt ihn. Und *caijian*, auf Wiedersehen. Noch beim Hinausgehen kommt von der Bank die Nachricht aufs Handy, dass gerade 56 Yuan (rund 7 Euro) abgebucht wurden.

Willkommen in der ersten – fast – bargeldlosen Gesellschaft der Welt. Wer hier noch mit Geldscheinen bezahlen will, auf denen in allen Preisklassen das Konterfei Mao Zhedongs abgebildet ist, sieht fast so alt aus wie Mao. Nach einer Studie von Tencent, der Renmin Universität und dem französischen Marktforschungsinstitut Ipsos sagen 84 Prozent der Befragten, sie hätten kein Problem, ohne Geld in der Tasche auszugehen. 70 Prozent sagen, sie würden in der Woche nur noch 100 Yuan (12 Euro) in cash ausgeben.

Die Frage ist für die Chinesen nicht mehr: Cash, Karte oder per Handy? Für fast alle stellt sich nur noch die Frage: Alipay oder WeChat? Oder auf Chinesisch: Zhifubao oder Weixin? Denn das sind die beiden dominierenden Online-Bezahlformen. Sie haben zusammen einen Marktanteil von rund 90 Prozent. Noch dominiert Alipay (50 Prozent), aber der Abstand zu WeChat Pay (40 Prozent) wird immer geringer. Auf dem Markt tummeln sich noch ein paar kleinere Anbieter wie ICBC e-wallet, JD Pay/Wallet oder 99bill, hinter denen aber auch große Konzerne stecken. Im Sommer 2017 rief Alibaba als Marketinggag eine bargeldlose Woche aus. Prompt meldete sich die Zentralbank zu Wort und wies darauf hin, dass Bargeld immer noch ein anerkanntes Zahlungsmittel in der Volksrepublik China sei.

Interessant: Das bargeldlose Bezahlen ist kein städtisches Phänomen und auch keine Altersfrage. Ältere Menschen zücken wie selbstverständlich ihre Handys, selbst wenn sie auf den Gemüsemärkten einkaufen. Aber nicht nur Einkäufe oder Restaurantrechnungen werden per Handy bezahlt, sondern auch Strom, Wasser, Steuern und gar Strafzettel. Laut WeChat-Mutter Tencent kann man inzwischen in über 300 Städten Gebühren, Strafen und andere städtische Geldforderungen per WeChat bezahlen. In Xi'an bezahlen 70 Prozent der Autofahrer ihrer Strafmandate via WeChat.

Der spanische Journalist Zigor Aldama, der seit vielen Jahren in Shanghai lebt, hat den Selbstversuch gemacht und kam nach mehreren Monaten mit Alipay und WeChat Pay zu dem Schluss: »Es ist wirklich möglich, ein ganz normales Leben in Shanghai zu führen – ohne Bargeld und eine Kreditkarte.« Selbst im Krankenhaus, wo man oft stundenlang auf einen Termin warten muss, verkürzt eine rechtzeitige (und kostenpflichtige) Buchung via Alipay oder WeChats HealthCare-Funktion die Wartezeit, in der man einen Termin zugewiesen bekommt, schreibt Aldama in der *South China Morning Post*.

Aber in China wird nicht nur massenhaft online bezahlt, sondern auch Geld geliehen und angelegt. Auch im Konsumentenkreditgeschäft mischen die Internetkonzerne Alibaba, Tencent und JD.com mit, aber auch Handelsketten wie Gome. Sehr innovativ ist das 2015 gegründete Start-up Dumiao. Es erfüllt innerhalb weniger Minuten die Kreditwünsche. So kommt es immer öfter vor, dass Kunden noch im Laden einen Kredit bei Dumiao beantragen, damit sie das gewünschte Produkt kaufen können.

In den Läden kämpfen ganze Armeen, um den Kunden Kredite anzubieten. In manchen sogar bis zu fünf unterschiedliche Firmen. Sie locken mit Nullzinsen und geringen Anzahlungen. Home Credit (in Shenzhen) hat 80 000 Angestellte als Verkaufspersonal und ist derzeit der größte.

Im Peer-to-Peer (P2P)-Bereich, also im Geldverleih zwischen Privaten oder Unternehmen, haben sich einige veritable Plattformen etabliert: Dianrong, Yirendai, Qudian und Ppdai (alle bereits in New York gelistet) und der angesehene Marktführer Lufax, an dem unter anderen der Versicherungskonzern Ping An (siehe nächster Abschnitt) beteiligt ist.

Während das Kreditgeschäft im Netz boomt, ist der Onlineverkauf von Versicherungen erst am Anfang seiner Entwicklung.

Aber auch hier hat sich bereits ein gewichtiger Player etabliert: ZhongAn, hinter dem – wen wundert das noch – Alibaba und Tencent, aber auch Ping An stecken. Zhong An, erst 2013 gegründet, ist heute schon ein Gigant. Über 200 verschiedene Versicherungen hat das Unternehmen aus Shanghai im Portfolio, darunter auch eine gegen Flugverspätungen oder extreme Hitze. Inzwischen hat Zhong An über 500 Millionen Kunden und verkaufte 7,2 Milliarden Policen.

All diese eben beschriebenen Bereiche, wo Finanzdienstleistungen via digitaler Medien angeboten werden, wo also Verkäufer und Kunden sich nicht mehr in einer Bankfiliale oder einer Versicherungsagentur gegenübersitzen, werden unter einem neuen Begriff zusammengefasst: Fintech. Eine Wortkombination aus *financial services* und *technology*. Bei Onlineversicherungen wird auch manchmal der Begriff Insurtech (*Insurance Technology*) verwendet.

Bei Fintech ist China inzwischen weltweit der Benchmark. In ihrem Report *The Rise of FinTech in China* kommen die Experten von der Wirtschaftsprüfergesellschaft EY und der DBS Bank aus Singapur zum Schluss: »China ist zweifelsohne das globale Zentrum der Fintech-Innovation und -Adaption geworden.«

Gründe für den Fintech-Boom in China gibt es einige. Die Chinesen haben eine hohe Affinität zu allen Onlineaktivitäten. Dabei plagen sie nicht die Sicherheitsbedenken, die viele im Westen haben. Außerdem trauen die meisten Chinesen den etablierten Banken und Versicherungen, meist in Staatsbesitz, traditionell nicht (viel zu). Hinzu kommt: Chinas Banken haben gerade kleineren, privaten Unternehmen häufig Kredite verweigert. Außerdem hat es in China nie eine Kreditkartenkultur gegeben.

Es bleibt die große Frage: Wie sieht es mit der Kreditwürdigkeit und Seriosität der Kunden aus? China hat ja kein Schufa-System. Aber China hat etwas viel Besseres: Eine riesige Menge an Daten, die die Kunden durch ihre vielen Aktivitäten im Internet hinterlassen. Ein Alibaba, ein Tencent haben deshalb Kundenprofile, bei denen die Schufa-Schnüffler vor Neid erblassen würden.

Noch mehr weiß man bei Ping An.

Ping An – Versicherungen im Minutentakt

Staunend steht man vor dem schmalen Gebäude, den Kopf tief in den Nacken gelegt, und blickt nach oben. 115 Etagen türmen sich über einem auf, knapp 600 Meter hoch. Es ist das höchste Gebäude in Shenzhen, das vierthöchste der Welt. Gerne wäre man mal hochgefahren, um einen Ausblick über die Stadt zu genießen und vielleicht auch einen Einblick in das Unternehmen zu bekommen, dessen Management dort oberhalb der 100. Etage residiert. Aber das Unternehmen, das Ping An heißt, sagt Nein zum Besuch. Keine Zeit, kein Interesse – wer weiß das schon.

Ping An war in China die erste Firma, die Lebensversicherungen angeboten hat. Bis dato war diese private Altersvorsorge ein unbekanntes Produkt in dem formal kommunistischen Land. Denn es war der Staat beziehungsweise seine Unternehmen, die seinen Bürgern eine – zwar nicht üppige, aber doch zuverlässige – Rundumversorgung garantierten, wenn sie krank oder alt wurden. Doch mit dem zunehmenden Rückgang der staatlichen Unternehmen zerbrach auch die »eiserne Reisschüssel«, wie dieses Versorgungssystem oft scherzhaft genannt wurde. Viele Bürger waren nun auf sich selbst gestellt.

In diesem Zusammenbruch sah Peter Ma (oder Ma Mingzhe (1955)) seine Chance. Mit fünf Leuten fing er 1988 in einem kleinen Büro bei China Merchants Bank in Shenzhen an. Es wird gemunkelt, dass sein Vater damals, als er anfing, Chef der Polizei in Shenzhen war, was sicher zwecks Beziehungen nicht von Nachteil war. Jedenfalls hatte der junge Ma – er war bei der Firmengründung 33 Jahre alt – früh das finanzielle Backing von zwei etablierten staatlichen Banken – China Merchants Bank und ICBC.

Heute – fast 20 Jahre später – hat sein Unternehmen 275 000 Beschäftigte, über 150 Millionen Kunden, 112 Milliarden Dollar Umsatz, rund 9 Milliarden Dollar Gewinn. Weltweit ist Ping An die Nummer vier hinter Axa (Frankreich), Allianz (Deutschland) und MetLife (USA).

Wie kein zweiter chinesischer CEO setzte Ma auf ausländische – sprich: westliche – Expertise. Nichts verdeutlicht diese Ost-West-Symbiose mehr als die beiden Bronzestatuen vor der

Ping-An-Universität in Shenzhen: Die eine zeigt den fernöstlichen Vorzeigedenker Konfuzius, die andere das westliche Genie Albert Einstein. Ping An hat früh ausländische Investoren als Aktionäre aufgenommen, darunter Morgan Stanley, Goldman Sachs und HSBC. Nahezu die Hälfte der obersten Führungseben besteht aus Nicht-Chinesen.

Einer dieser Expats ist Jonathan Larsen, den Ma 2017 als Chief Innovation Officer angeheuer hat. Larsen ist ein Veteran der Finanzindustrie. Er war zuletzt 18 Jahre bei der Citigroup. Er sagt über seinen neuen Arbeitgeber: »Ping An ist die innovativste Finanzgruppe Chinas, und führend in Chinas Fintech- und Gesundheitssektor.«

Firmengründer Ma, der nur drei bis vier Stunden pro Nacht schläft, will aus dem Versicherungs- ein Technologieunternehmen machen. Dafür gründete er schon früh, nämlich 2008, die Tochterfirma Ping An Technology, wo 4000 Ingenieure und Techniker arbeiten. Ob Künstliche Intelligenz (da vor allem Gesichtserkennung) oder digitale Welt – Ping An will rechtzeitig dabei sein.

Online ist das Ma und seinem Team gelungen. Vier seiner zehn größeren Internetaktivitäten sind bereits profitabel: Lufax, ZhongAn, Good Doctor und Ping An E-Wallet. Am erfolgreichsten ist Lufax. Das Unternehmen bringt Kreditgeber mit Kreditnehmern zusammen. Alles online versteht sich. Für die Vermittlung kassiert Lufax 4 Prozent von jedem Kredit. Lufax bietet aber auch sogenannte Wealth-Management-Produkte an, also Anlageprodukte für vermögende Kunden.

Lufax-Chef Gregory Gibb zieht einen Vergleich zwischen alter und neuer Anlagewelt: »Früher musste man in eine Bankfiliale gehen, ein Kundenberater brachte einem all die Prospekte, redete mit einem 30 Minuten.« Heute geht es ruckzuck online oder per Handy. Zwischen einer halben und einer Minute würde es nur dauern, bis eine Anlageempfehlung ausgesprochen wird, denn der »Computer« kennt den Kunden dank seiner vielen Algorithmen viel besser als jeder Anlageberater.

Die Geschwindigkeit in diesem Lande ist immer wieder atemberaubend.

Gutes Rad ist billig

Mal stehen sie ordentlich aufgereiht auf den Bürgersteigen, mal liegen sie irgendwo im Straßengraben oder mitten in der Botanik. Die Rede ist von blauen, gelben, orangen und anderen bunten Fahrrädern. Sie prägen (und verschandeln) inzwischen das Straßenbild in Chinas großen und zunehmend auch kleinen Städten. Innerhalb weniger Monate hat sich damit ein Trend durchgesetzt, den viele Chinakenner und auch viele Chinesen für undenkbar gehalten haben: die Rückkehr des guten alten Fahrrads.

Ein Volk sattelt um. Bis vor 30 Jahren fuhren fast alle Chinesen Rad. Sie dominierten das Straßenbild und den Verkehr. Dann kamen das Auto und die Metro. Vier- oder noch mehrspurigere Straßen schlugen breite Schneisen in die Städte. Die wenigen Radfahrer wurden an den Rand gedrängt. Und in fast allen großen Städten gibt es inzwischen ein gut ausgebautes öffentliches Nahverkehrsnetz.

Doch wie geht es weiter, wenn man aus der Metrostation kommt? Wie komme ich von dort nach Hause oder zur Arbeit oder ins Restaurant oder sonstwohin? Zu Fuß oder mit dem Taxi? Wie bewältige ich »die letzte Meile« – so der Fachausdruck?

Diese Frage stellten sich ein paar Forscher an der berühmten Beijing Universität – kurz Beida für Beijing Daxue. Sie arbeiteten dort an einem Verkehrsprojekt. Und dabei kam ihnen die Idee: Wir überbrücken die letzte Meile mit dem Fahrrad. Wir stellen einfach an die Metrostationen Fahrräder hin, die gemietet werden können. Die Idee des Bike-Sharing war geboren.

Die jungen Forscher kratzten 150 000 Yuan ihrer Ersparnisse zusammen und gründeten 2014 die Firma Ofo. Die Buchstabenkombination soll an ein Fahrrad erinnern. CEO wurde Dai Wei, der bei der Gründung gerade mal 24 Jahre alt war. Die Idee laut Dai Wei: »Unsere Mission ist es, das Problem der letzten Meile in den Städten zu lösen.« Die Umsetzung: Wir stellen jede Menge Fahrräder zur Verfügung und versehen sie mit einem Chip. Der Kunde muss sich online anmelden, ein Deposit online überweisen. Dann kann er mit dem QR-Code seines Handys, das er auf den Chip des Fahrrads hält, dieses entsperren. Und die Fahrt kann losgehen. Abgerechnet wird die Fahrt ebenfalls online.

2016 ging der Boom des Bike-Sharing so richtig los. Das neue Angebot wurde von Millionen Chinesen begeistert angenommen. Und wenn einer mal anfängt, stürzen sich viele andere drauf. Es herrscht inzwischen ein gnadenloser Wettbewerb. Das ist eben China. Rund 30 Unternehmen sind im Bike-Sharing-Business unterwegs. Die chinesischen und auch taiwanesischen Fahrradhersteller, die sich zuvor jahrelang in einem Niedergang befanden, müssen Sonderschichten fahren. Sie kommen mit der Produktion kaum nach. 20 Millionen Stück lieferten sie bereits aus.

Auch wenn viele Anbieter auf diesen fahrenden Zug gesprungen sind, hat sich der Wettbewerb auf einen Zweikampf reduziert: Mobike versus Ofo. Orange gegen gelb. Hinter beiden steckt jeweils eine Armada veritabler Geldgeber. Bei Ofo sind es zum Beispiel Didi Chuxing und DST Global, die auch Investoren bei Facebook und Twitter sind, bei Mobike sind es Tencent, Temasek, Hillhouse Capital, Sequoia und TPG.

In der Beijinger Maizidan Straße, ganz in der Nähe des in die Jahre gekommenen Lufthansa-Centers, liegt etwas versteckt das Headquarter von Mobike. Ein großer oranger Rahmen ziert das Eingangstor. Schreitet man hindurch, stößt man links gleich auf ein Mobike-Café. Alles hip, alles modern. Entlang der Wand an der Rezeption wird in Bildern und kurzen Texten die 200-jährige Geschichte des Fahrrads erzählt. Sie fängt an mit einem Foto von Karl Freiherr von Drais auf seiner Draisine, dem im wahrsten Sinne des Wortes Vorläufermodell des Fahrrads. Und sie endet anno 2015 – natürlich – mit einem Mobike. Die Gründerin und heutige Mobike-Präsidentin Hu Weiwei (1982), die zuvor zehn Jahre lang Motorjournalistin war, sagt stolz: »Bike-Sharing ist eine chinesische Innovation.«

Mobike verlangt ein Deposit von 299 Yuan, Ofo nur 99 Yuan. Eine halbstündige Fahrt – länger sind die meisten Nutzer auf den Drahteseln nicht unterwegs – kostet zwischen einem halben und einem Yuan. Für viele Kunden fühlt sich das wie ein großer Deal an. Ich kann für einen Yuan auf einem 3 000-Yuan-Fahrrad strampeln. Die große Preisfrage: Rechnet sich das? Wie kann man zu solchen Preisen profitabel werden?

Hu Weiwei, die Mobike-Präsidentin, sagt: »Wenn wir Gewinn machen wollten, könnten wir das. Aber das ist im Moment nicht unsere Absicht. Wir wollen das Geld in die Expansion stecken.« Expansion im Inland und zunehmend auch im Ausland.

Sowohl Mobike als auch Ofo haben große Pläne im Ausland. Mobike hat bereits in Singapur, im japanischen Fukuoka und im englischen Manchester Niederlassungen. Europa hat für Mobike-Präsidentin Hu hohe Priorität. Zu Promotionszwecken radelte sie schon mit den Bürgermeistern von Florenz und Mailand durch Florenz.

Ofo will 20 Länder, darunter Japan, Spanien, Frankreich und Deutschland, mit seinen orangen Fahrrädern beglücken. In der ersten Stadt in den USA – Seattle – sind sie auch schon präsent. Der Traum von Ofo-Gründer Dai Wei: »In jeder Ecke in jeder Stadt dieser Welt ein Ofo-Fahrrad zu finden, mit dem du in das Restaurant, den Supermarkt oder die Metrostation in der Nähe fahren kannst.«

Das Bike-Sharing ist das sichtbarste Zeichen einer neuen Entwicklung, die sich auf immer mehr Bereiche ausdehnt – die Sharing-Economy.

Teilen statt Besitzen – der Boom der Sharing-Economy

Spaziergang an einem Sonntagnachmittag durch Shenzhen. Wolkentürme bauen sich am gerade noch blauen Himmel auf. Ein Gewitter droht, die ersten dicken Regentropfen prasseln herunter. An einer Bushaltestelle finden einige Leute ohne Schirm Unterschlupf. Gleich daneben zwei gelbe Schirmständer, darin blaue, grüne, rote Schirme. An der Außenwand des Ständers klebt ein QR-Code. Darunter steht in Chinesisch und Englisch: »Share with Everyone«. Darüber: »Y 0.5 Within Half Hour.« Für einen halben Yuan (6 Cents) kann man hier einen Schirm mieten. Schirm-Sharing – der neueste Gag in China.

Eine Sharing-Economy entwickelt sich gerade in China. Sharing-Economy – ein neuer Begriff. So neu, dass es noch nicht mal ein deutsches Wort für dieses Phänomen gibt. In China hingegen hat sich schon längst die politische Führung dem Thema angenommen. Ministerpräsident Li Keqiang propagiert die Sharing-Economy. In vielen Reden weist er auf den Nutzen hin. Er prophezeit dem neuen Wirtschaftszweig Wachstumsraten von 50 Prozent in den nächsten Jahren. Im Jahr 2020 soll er schon mehr als 10 Prozent des BSP ausmachen. Jetzt schon – errechnete die National Development and Reform Commission (NDRC) – sind rund 50 Millionen Chinesen in der Sharing-Economy beschäftigt.

Es sind nicht nur Schirme, nicht nur Fahrräder, die geteilt werden. Auch Ladegeräte zum Beispiel. Da ja bei den Chinesen das Smartphone permanent im Einsatz ist, ist häufig der Akku alle. Ein Ladegerät oder einen Recharger schleppt aber kein Chinese permanent mit sich herum. Deshalb kamen findige Chinesen auf die Idee der *battery banks*. Das funktioniert so: An einem Automaten im Shanghaier Bahnhof holt man sich aus einem Automaten mit dem QR-Code seines Handys ein Ladegerät, zahlt per Handy ein Deposit (meist 100 Yuan) und eine Gebühr fürs Aufladen (gewöhnlich 10 Yuan) während der Bahnfahrt. Am Zielort-Bahnhof gibt man das Gerät an einem Automaten wieder ab.

Eine der ersten Firmen, die diese Idee hatten und umsetzten, war Laidian Technology. Das Unternehmen aus Shenzhen hatte keine großen Probleme, Geld für den Auf- und Ausbau zusammenzubekommen. Venture Capital ist für solche Ideen schnell und genug da. Aber auch Konzerne wie Tencent springen schnell auf solche Trends auf und finanzieren sie mit. Und auch das ist typisch für das moderne, innovative China: Wenn einer anfängt, folgen andere sofort. Innerhalb kurzer Zeit waren im *battery sharing business* mindestens 15 Start-ups unterwegs. Es herrscht ein gnadenloser Wettbewerb, der auch über den Preis ausgetragen wird.

Keine Frage: Es gibt einen Sharing-Boom in China. Auf der Plattform Fenda wird Wissen geteilt. Jeder kann gegen Bezahlung eine Frage stellen und bekommt dafür aber eine fachkundige Antwort aus einem Pool von Experten. In Chengdu werden Parkplätze geteilt. Wenn jemand abwesend ist und seinen Parkplatz nicht benutzt, teilt er das per App mit.

Teilen ist in China populär. Nach der Studie *Uberfication – Global Sharing Economy Primer* der Bank of America Merrill Lynch sind in China 78 Prozent der Internetnutzer bereit, eigene Güter leihweise oder gegen Bezahlung zu teilen. In den USA und Europa hingegen nur rund 50 Prozent. Die Bank liefert auch gleich eine Erklärung für diesen Befund mit: In Ländern mit starkem sozialistischem Einfluss und einer mehr geschlossenen Wirtschaft sei man eher bereit zum Teilen.

Was Chinesen aber nicht teilen wollen, ist der Erfolg. Das musste zum Beispiel Uber in China auf schmerzhafte Weise erfahren.

Wie Didi gegen Uber siegte

Früher, das heißt bis vor zwei, drei Jahren, war es einfach. Man stellte sich in den großen Städten Chinas an den Straßenrand, hob den Arm und winkte mit der Hand von oben nach unten, wenn sich ein Taxi mit dem leuchtenden grünen Freizeichen auf dem Dach näherte.

Diese Zeiten sind vorbei. Nur in seltenen Fällen halten die Taxifahrer an. In der Regel rauschen sie vorbei. Nicht, weil sie keine Lust mehr auf irgendwelche Fahrten hätten, sondern weil sie schon gebucht sind – und zwar online über Didi.

Didi ist das Uber von China. Mit vollem Namen Didi Chuxing. Der Aufstieg von Didi Chuxing zum Quasi-Monopolisten ist ein Lehrstück, wie die Chinesen zuerst den – in diesem Falle amerikanischen – Konkurrenten Uber besiegen und dann auf dem Weltmarkt attackieren.

Aber der Reihe nach.

Zuerst gab es zwei große chinesische Rivalen. Didi Dache und Kuaidi Dache. Die einen wurden von Tencent unterstützt, die anderen von Alibaba. Sie lieferten sich einen brutalen, ziemlich ruinösen Preiskampf. Bis vor allem die Geldgeber im Hintergrund zu der Einsicht gelangten, dass es gewinnbringender wäre, wenn man sich zusammenschlösse. Im Februar 2015 fusionierten die beiden zu Didi Kuaidi, das sich später im selbigen Jahr in Didi Chuxing umbenannte.

Doch es herrschte nur kurz monopolistische Ruhe auf Chinas Straßen. Ende 2015 kam der US-Gigant Uber auf den chinesischen Markt. Uber-Gründer Travis Kalanick erklärte China zur Chefsache. Für ihn war das riesige Land ein ganz wichtiger Meilenstein auf dem Weg zur globalen Marktführerschaft.

Und es begann der Kampf Didi gegen Uber.

Es war freilich mehr als nur ein gnadenloser Kampf um Marktanteile auf dem größten Markt der Welt. Es war auch ein Duell zweier junger chinesischer Frauen. Und – das machte das alles noch glamouröser – es war ein familieninterner Zwist zwischen zwei Cousinen: Jean Liu versus Liu Zhen. Jean Liu war die Präsidentin von Didi Chuxing, Liu Zhen, war die ranghöchste Uber-Vertreterin in China.

Jean Liu ist die Tochter von Liu Chuanzhi, dem Gründer des Computerherstellers Legend, der sich später in Lenovo umwidmete. Sie hat eine Bilderbuchkarriere hinter sich: Studium der Computerwissenschaften an der Peking University, Master in Harvard, dann 12 Jahre Goldman Sachs, seit 2015 Chefin von Didi Chuxing. Sie gilt als workaholic, war bei den Goldmännern stolz auf ihre 120-Stunden-Woche.

Ihre etwas jüngere Rivalin Liu Zhen studierte erst Jura an der Renmin Universitität in Beijing, dann an der University of California in Berkeley. Zehn Jahre arbeitete sie als Anwältin im Silicon Valley, beriet dort vor allem Internet-Start-ups, unter anderem auch Uber. Im Frühjahr 2015 wurde sie für Uber Direktor der China Strategy mit Sitz in Beijing.

Beide Cousinen hatten mächtig aufgerüstet und Milliarden eingesammelt. Zu Didis Geldgebern gehören unter anderen Chinas Internetgiganten Alibaba und Tencent, die Staatsfonds CIC (China) und Temasek (Singapur). Und auch Apple steuerte eine Milliarde bei.

Hinter Uber stecken chinesische Konzerne wie China Life, Citic Securities, Guangzhou Auto und der Touristikkonzern HNA.

Auch ein Teil der Saudi-Milliarden, die Uber erhielt, flossen ins China-Geschäft.

Beide Frauen konnten die Milliarden gebrauchen, denn sie lieferten sich über Monate hinweg einen brutalen, fast ruinösen Preiswettbewerb. Aber Uber wollte um jeden Preis aufholen. Doch der Preis war hoch. Uber verlor angeblich 1 Milliarde Dollar im Jahr. Zwar reiste Travis Kalanick – damals noch Uber-Chef – sehr häufig nach China, aber er konnte das Steuer nicht mehr herumreißen.

Anfang August 2016 kapitulierte Kalanick. Didi Chuxing übernahm Uber China. Kleines Trostpflaster für Kalanick: Uber erhielt einen Anteil von knapp 18 Prozent an Didi und er einen Sitz im Aufsichtsrat.

Wer nun glaubt, damit sei Friede zwischen Didi und Uber eingekehrt, täuscht sich aber.

Mit dem Sieg von Didi ist der Kampf zwar in China beendet, aber nicht weltweit. Dort fängt das Duell gerade erst an. Denn Didi will nun auch außerhalb Chinas Uber angreifen. Das erste Kampfgebiet ist Südostasien. Dort ist Didi nicht unter seinem Namen aktiv, sondern unterstützt Grab, das in allen zehn südostasiatischen Ländern unterwegs ist. Grab wurde 2012 von zwei Malaysiern gegründet und hat seinen Sitz in Singapur. Didi hat in das junge Unternehmen – übrigens zusammen mit der japanischen Softbank – mehrere Milliarden Dollar investiert. Aber auch Uber stürzt sich nach seiner Niederlage in China verstärkt auf den südostasiatischen Markt, sodass es in dieser Region erneut zu dem – diesmal indirekten – Duell Didi versus Uber kommt.

Didis Internationalisierungsstrategie ist eine andere als die von Uber. Die Amerikaner gehen alleine in die Märkte, wo sie mit viel Geld und wenig lokalem Know-how erst ihre Marke und Position aufbauen müssen. Didi hingegen beteiligt sich an schon bestehenden Unternehmen. So stieg Didi im August 2017 bei Careem mit Sitz in Dubai ein. Careem ist im arabischen Raum unterwegs. Zuvor war Didi schon in Indien bei Ola, in Brasilien bei 99 und in den USA bei Lyft eingestiegen. Und auch in Europa mischt Didi inzwischen mit. Ihr Partner hier ist Taxify (Didi-Anteil: 12 Prozent). Die Gründung aus Estland ist in 19 europäischen Ländern unterwegs, startete im September 2017 auch im heiß umkämpften London.

Uber versus Didi – das ist der erste globale Wettstreit zwischen einem amerikanischen und einem chinesischen Internetkonzern.

Weitere werden folgen.

Ctrip gegen Expedia und andere künftige Duelle

Es war eines der letzten großen Meisterstücke der berühmten britischen Architektin Zaha Hadid, bevor sie 2016 überraschend im Alter von 65 Jahren starb. Unmittelbar in der Nähe des Shanghaier Verkehrsknotenpunkts Hongqiao – wo sowohl ein Flughafen als auch ein gigantischer Bahnhof unter einem Dach fungieren – entwarf sie den futuristischen Soho-Bürokomplex. Die schlanken, länglichen Gebäude sind einem Hochgeschwindigkeitszug nachempfunden.

In mehreren dieser »Bürozüge« hat die Hauptverwaltung von Ctrip – Chinas führendem Reise-Onlineportal – ihren Sitz. 12 000 der insgesamt 36 000 Beschäftigten arbeiten hier. Es gibt mehrere Eingänge, mehrere Lobbys. In Building 8 ist die Main Lobby. Hier residiert auch das Topmanagement. Allen voran CEO Jane Jie Sun. Sie ist eine der bekanntesten Managerinnen des Landes, schaffte es bereits auf die Titelseite von *Forbes China*.

Sie stieg 2005 bei Ctrip als CFO ein, wurde dann 2012 COO und ab November 2016 ist sie CEO. Ihr Aufstieg ist auch der von Ctrip, abzulesen an der Marktkapitalisierung des Unternehmens. Als sie 2005 anfing, betrug diese rund 500 Millionen Dollar. Heute sind es 25 Milliarden Dollar (zum Vergleich: Expedias Wert beträgt »nur« 17 Milliarden Dollar). Sun hat das Unternehmen auch durch Übernahmen von Konkurrenten wie Qunar (mit dem es sich zuvor einen erbitterten Preiskampf geliefert hat) und Elong zum unangefochtenen Marktführer in China gemacht.

Sun verkörpert einen neuen Typus von Managern – aufgeschlossen, über den Tellerrand des Unternehmens und der Branche blickend. Sie ist sehr engagiert in Familienthemen, sorgt sich um die Vergreisung der Gesellschaft und schreckt auch nicht vor unliebsamen Ratschlägen zurück: »Die Regierung sollte die Leute ermutigen, mehr Kinder zu haben.« Sie geht in ihrem Unternehmen mit gutem Beispiel voran. Mehr als die Hälfte der Beschäftigten bei Ctrip sind Frauen, ein Drittel des Topmanagements. Jede Mutter erhält ein 8 000-Yuan-Geschenk bei der Geburt. Schwangere bekommen die Taxifahrt ins Unternehmen ersetzt. Und in einem der Gebäude befindet sich unten ein Ctrip-Kindergarten.

Ein paar Etagen höher ist in einem Raum ohne Tageslicht das Network Operation Center, kurz NOC. Es sieht aus wie der Kontrollraum der NASA. Vorne zeigen große Bildschirme die Karten von China und der Welt. Auf ihnen sind Flugbewegungen zu sehen, aber auch kleine und große Kreise um Städte. Sie signalisieren, in welchen Flugzeugen und Hotels Ctrip-Kunden unterwegs sind. Auffallend, dass die Balken zwischen chinesischen und anderen Städten am dicksten, und dass die Kreise um chinesische und asiatische Städte am größten sind.

Noch nutzen fast nur Chinesen die Dienste von Ctrip, obwohl es das Portal bereits in 13 Sprachen – darunter auch Deutsch – gibt. Aber das Ziel ist es schon, internationaler zu werden. Deshalb kaufte man 2016 die britische Firma Skyscanner für 1,4 Milliarden Pfund und beteiligte sich mit 15 Prozent an dem indischen Pendant MakeMyTrip. Deshalb auch Ende November 2017 der Launch der internationalen Website Trip.com.

Dabei kann Ctrip durchaus mit den globalen Konkurrenten wie Expedia mithalten. Im Gegenteil: Ctrip bietet ein Komplettpaket an, alles rund ums Reisen, sogar Konzertbesuche, Versicherungen und Visabeschaffung. Es hat einiges mehr im Angebot als das amerikanische Portal Expedia und noch viel mehr als Booking.com, wo es nur Übernachtungen, Flüge und Taxis zu buchen gibt.

Ctrip gegen Expedia oder Booking.com – das ist nur ein künftiges Duell der beiden großen Internetnationen China und USA.

Ein anderes wird im Markt für Onlinebuchungen von privaten Unterkünften stattfinden. Es stehen sich gegenüber: Xiaozhu und Tujia (China) sowie Airbnb (USA). Airbnb ist der globale Platzhirsch, Xiaozhu und Tujia sind die lokalen Herausforderer. Dabei ist Tujia (430 000 Listings) um einiges größer als Xiaozhu (140 000), das von Chen Chi und Wang Liantao – zwei Freunde, die sich schon zehn Jahre kannten – im Mai 2012 gegründet wurde.

Der kluge Kopf hinter Tujia ist Luo Jun, ein Immobilienexperte und Serien-Entrepreneur. Er startete das Unternehmen 2011 mit Zhuang Hai, einem ehemaligen Software-Entwickler bei Microsoft in Seattle. Der Anfang war nicht einfach. Denn China hat keine Bed-and-Breakfast-Kultur. Die Wohnungen sind klein, haben keinen separaten Raum für Gäste. Deshalb vermietet Tujia ganze Wohnungen. Leere ungenutzte Wohnungen gibt es genug, denn viele reiche Chinesen haben sich in dem immer noch andauernden Immobilienboom eine Zweitwohnung angeschafft. Tujia kooperiert mit Ctrip. Das ist mehr als die halbe Miete, denn das bringt Traffic von deren Website und hilft auch bei der Expansion ins Ausland, wo Tujia schon in Japan, Südkorea und Südostasien aktiv ist.

Gegen Tujia (und Xiaozhu) tritt seit 2015 Airbnb an. Die Amerikaner gaben sich sogar einen – allerdings doppeldeutigen – chinesischen Namen: Aibiying. Wohlwollend übersetzt: Wir heißen jeden mit Liebe willkommen. Airbnb will die Fehler vermeiden, die andere amerikanische Internetgiganten in ihrer Arroganz beim Markteintritt in China gemacht haben. Sie hatten mit Ge Hong (vorher bei Facebook und Google) einen chinesischen Chef in Beijing eingestellt. Sie installierten im Beijinger Büro extra eine Entwicklungsabteilung, was es sonst nirgendwo in der Airbnb-Welt gibt. Sie bieten einen 24-Stunden-Support in Mandarin.

Gleichwohl kommt Airbnb in China nicht so richtig in die Gänge. Sie haben derzeit rund 80 000 Wohnungen im Angebot, deutlich weniger als ihre chinesischen Rivalen. Und nach vier Monaten im Amt ist Chef Ge Hong auch schon wieder weg.

Tujia versus Airbnb, Ctrip versus Expedia – das sind nur die kleineren Duelle. Die ganz großen stehen erst noch bevor.

Wann greifen Alibaba, Tencent & Co. auf dem Weltmarkt an?

Noch bewegen sich die ganz großen chinesischen Internetkonzerne mehr oder weniger auf ihrem traditionellen Terrain, und das ist der heimische chinesische Markt. Dieser ist ja so gigantisch, dass es dort noch viel zu tun, aber auch viel zu verdienen gibt. Doch irgendwann ist auch dieses Potenzial ausgeschöpft. Dann werden sie verstärkt im Ausland aktiv werden. Und sie werden aus einer starken Position heraus attackieren. Der Berater Shaun Rein und Autor des Buches *The End of Copycat China* ist davon überzeugt: »Ich sage immer: Wenn du Chinas harten, extrem wettbewerbsintensiven Internetmarkt überlebst, dann bist du reif für die Welt.«

Es wird in naher Zukunft – schätzungsweise in drei bis fünf Jahren – sicher zu den großen Duellen auf dem Weltmarkt kommen. Vor allem Alibaba gegen Amazon, Facebook gegen Tencent, Google versus Baidu. Oder – wenn man in Kürzeln denkt – BAT gegen FAAMA (Facebook, Apple, Amazon, Microsoft, Alphabet).

Noch kommen sich die Kontrahenten kaum in die Quere. Während sich Alibaba & Co. vorerst um China kümmern, machen sich die US-Giganten vor allem in den USA und der westlichen, eher entwickelten Welt breit. In China bekommen sie keinen Fuß in die Tür. Zum einen, weil ihnen die Regierung des Landes den Zutritt verwehrt. Davon betroffen sind vor allem Facebook und Google. Zum anderen, weil sie sich überheblich benahmen und glaubten, was in den USA funktioniert habe, müsse auch so in China funktionieren. eBay ist an seiner Arroganz gescheitert. Amazon hält sich dagegen eher aus einem gewissen Respekt vor dem mächtigen Alibaba vom chinesischen Markt fern.

Die ersten Kampfgebiete werden in Asien sein: Südostasien und Indien. Das sind zwei Regionen mit einer großen Bevölkerungszahl. Südostasien hat rund 600 Millionen Einwohner, Indien 1,4 Milliarden und hat damit – nebenbei bemerkt – inzwischen China als bevölkerungsreichstes Land der Welt abgelöst.

Und die junge Bevölkerung dieser beiden asiatischen Regionen ist auch sehr internetaffin.

In Südostasien formieren sich bereits die Fronten. Amazon ist Ende Juni 2017 in den südostasiatischen Markt eingestiegen. Im neu eröffneten gigantischen Lager in Singapur wurde der Markteintritt gelauncht. Die Amerikaner starten dort gleich mit ihrem Prime Now Service, das heißt innerhalb von zwei Stunden wird geliefert. In dem Stadtstaat mit seinen wenigen Staus ist das sicher möglich, in den anderen Ländern der Region mit Sicherheit nicht.

Auch Alibaba ist inzwischen in Südostasien vertreten. Sie gehen allerdings anders vor als Amazon. Statt selber etwas aufzubauen, haben sie von der deutschen Rocket-Gruppe – hinter der die Berliner Samwer-Brüder Marc, Oliver und Alexander stecken – für rund 1 Milliarde Dollar die große Mehrheit am E-Commerce-Händler Lazada aufgekauft. Sie setzen sich sozusagen in ein gemachtes Nest. Lazada ist nämlich schon seit Oktober 2012 in der Region unterwegs und das ziemlich erfolgreich, wenn man Erfolg mit Bekanntheit und Umsatz, aber nicht unbedingt mit Gewinn definiert. Das ist übrigens das Verdienst eines jungen Deutschen – Maximilian Bittner, der als CEO von Lazada in Singapur sitzt.

Liegt Alibaba durch den Lazada-Deal in Südostasien klar vor Amazon, so sieht es in Indien etwas anders, etwas ausgeglichener aus. Alibaba ist dort in bewährter Übernahmemanier beim indischen Anbieter Paytm eingestiegen. Aber in Indien ist Amazon schon seit Mitte 2013 vertreten und investiert Milliarden Dollar in einen Markt, von dem viele erwarten, dass er in ein paar Jahren – Experten taxieren den Zeitraum auf rund zehn Jahre – so groß sein wird wie der chinesische heute.

Diese Asien-First-Strategie bei der Expansion verfolgt auch Tencent bei WeChat. Die Zielmärkte liegen vorerst in Südostasien und Indien, aber auch in Afrika und Lateinamerika. Dort hat WeChat Argentiniens Fußballidol Lionel Messi für sehr viel Geld als Werbeträger unter Vertrag genommen. In Afrika hat sich WeChat mit Naspers, Afrikas größtem Medienkonzern, verbündet (dessen Chairman Koos Bekker investierte übrigens 2001 schon 32 Millionen Dollar in das damals nahezu unbekannte Tencent. Heute ist die Beteiligung knapp 70 Milliarden Dollar wert – und Bekker der reichste Mann Afrikas). Erst die Schwellenländer, dann die industrialisierte Welt, so lautet Pony Mas Strategie.

Weltweit unterwegs sind Tencent und Alipay schon mit ihren Bezahlsystemen. Schon in 70 Ländern bei 120 000 Händlern – darunter die britischen Kaufhäuser Harrods und Selfridges – und Restaurants werden sie akzeptiert. Auf Finnair-Flügen kann man damit bezahlen, und bei KLM sogar die Tickets. Die Alipay-Schilder kleben auch hierzulande schon an den Türen der Rossmann-Filialen, den Zwilling-Geschäften (deutsche Küchenmesser sind warum auch immer ein großer Renner!) oder an den Shops auf dem Frankfurter und Münchner Flughafen.

Aber bislang nutzt diese Bezahlmöglichkeiten nur der zunehmenden Schar der chinesischen Touristen, immerhin 120 Millionen im Jahr. Doch mittel- und langfristig wollen Alipay und WeChat Pay auch an die heimische Kundschaft ran. Da gibt es freilich viele regulatorische Hürden und auch einige Ressentiments zu überwinden. Wer im Westen vertraut einem chinesischen Finanzdienstleister sein Geld an?

Mittelfristig wollen Alipay und WeChat Pay die Kreditkartengiganten Mastercard, Visa und American Express sowie Paypal angreifen. Eric Jing, CEO von Ant Financial gegenüber CNBC: »Wir haben die Ambition ein globales Unternehmen zu werden.«

Europa ist bei all diesen sich anbahnenden Duellen – ob Alibaba gegen Amazon, WeChat gegen WhatsApp oder Alipay gegen Palpay – freilich nur Zuschauer. Wir haben in der Internetindustrie keine Player, die in dieser globalen Liga mitspielen können.

Wir haben aber – so die Hoffnung – immer noch andere Industrien und Technologien, wo wir mithalten können. Aber wie lange noch?

Der globale Vormarsch der beiden großen Internetkonzerne Alibaba und Tencent steht erst am Anfang. Mittelfristig werden sie die globale Dominanz der amerikanischen Giganten Amazon, Facebook und Google attackieren, zumal sie auch teilweise die überlegeneren technologischen Systeme haben. Vor allem im Onlinebezahlsystem ist China weltweit führend. In der Internetwelt haben sich die Zeichen der Zeit umgekehrt: Der Westen kann von den Chinesen lernen.

Sechstes Kapitel
DROHNEN, E-AUTOS, ROBOTER –
in den Zukunftsindustrien
will China künftig an der
Weltspitze mitmischen

> »Viele Menschen unterschätzen China, insbesondere in Europa. Sie haben eine sehr geringe Vorstellung von der Größe, der Stärke und den Ambitionen der führenden chinesischen Technologiefirmen.«
>
> Michael Moritz, Silicon-Valley-Legende und Partner der Wagniskapitalgeberfirma Sequoia

Drei große industrielle Revolutionen gab es in den vergangenen rund 250 Jahren. Alle drei hat China aus unterschiedlichen Gründen verpasst. Die erste begann am Ende des 18. Jahrhunderts, als Dampfmaschinen das Handwerk ablösten und die ersten industriellen Prozesse ermöglichten. Damals waren die Chinesen Opfer ihrer Arroganz. Sie waren ja bis dato eine der führenden Wirtschaftsnationen der Welt. Sie hielten sich in ihrem Reich der Mitte für den Nabel der Welt. Vom Westen etwas zu lernen – das fanden die kaiserlichen Herrschaften damals ziemlich abwegig.

Die zweite industrielle Revolution fand gegen Ende des 19. Jahrhunderts statt. Elektrifizierung und industrielle Massenproduktion stehen für den damaligen Epochenumbruch. Doch in China befand man sich damals in der rückständigen Endphase des Kaiserreichs und einer fast-kolonialen Unterdrückung durch diverse Westmächte.

Dann kam die dritte Revolution in den 1970er Jahren. Der Einzug des Computers in Büros und Fabriken signalisierte den Beginn des Zeitalters der Informationstechnologie. Wieder war China mit sich selbst beschäftigt. Diesmal befand man sich in den Wirren der Kulturrevolution. Der von Mao zuvor propagierte Große Sprung nach vorn verkehrte sich in das Gegenteil, in den großen Sprung zurück. In den 1970er Jahren war China wirtschaftlich und technologisch auf Dritte-Welt-Niveau zurückgefallen.

Aus diesen bitteren Erfahrungen hat Chinas Führung gelernt. Die nächste, die vierte Revolution, in der es vor allem um die Digitalisierung geht, wollen die Chinesen keineswegs verpassen. Nein, sie wollen sie nicht nur nicht verpassen, sondern sie wollen sich mit an die Spitze setzen. Sie wollen eine Technologiemacht werden. Das Land will nicht mehr die Fabrik der Welt sein, sondern das Labor der Welt.

Doch dieser Anspruch provoziert viele Fragen: Wie innovativ ist China bereits? Wie innovativ kann China überhaupt werden? Wie innovativ kann ein Land sein und werden, dessen Bildungssystem auf Pauken und Auswendiglernen basiert und kritisches Hinterfragen nicht erlaubt?

Auf diese Fragen gibt es unterschiedliche Antworten.

Die Chinesen kramen tief in der Vergangenheit und sagen: China war früher – und wir reden von den ersten Jahrhunderten nach Christus – die führende Erfindernation auf der Welt. Und dann zitieren sie stets die vier bahnbrechenden Entdeckungen Papier, Schwarzpulver, Kompass und den Buchdruck. Stimmt ja, ist aber doch verdammt lang her. Seitdem ist nicht mehr viel Innovatives in China passiert.

Das verleitet vor allem die Amerikaner zu einer gewissen Arroganz. Zum Beispiel der ehemalige US-Vizepräsident Joe Biden, der im Mai 2014 vor amerikanischen Luftwaffenkadetten posaunte: »Nennen Sie mir ein innovatives Projekt, ein innovatives Produkt, das aus China kam.« In diesen überheblichen Duktus passt, dass *Harvard Business Review* zwei Monate vor dieser Rede einen Aufsatz mit der Überschrift »Why China Can't Innovate« veröffentlichte. Kein Fragezeichen dahinter, einfach eine knallharte Feststellung. Noch krasser fällt das Urteil von Carly Fiorina, einst Chefin von Hewlett-Packard, aus: »Sie (die Chinesen) sind nicht entrepreneurial, sie sind nicht innovativ – deshalb stehlen sie unser geistiges Eigentum.«

Aber was heißt denn innovativ? Dan Breznitz und Michael Murphree kritisieren in ihrem Buch *Run of the Red Queen* den »westlichen Techno-Fetischismus«, der Innovation und innovatives Handeln nur mit neuen Technologien und Produkten gleichsetze.

Viel wichtiger sei – so die Argumentation der beiden Amerikaner Breznitz und Murphere – die *second-generation innovation*. Das heißt: sich auf bestehende Innovationen draufsetzen und sie weiterentwickeln. Dieses Spiel beherrschen die Chinesen besonders gut.

Sie haben aus dem Internet – einer amerikanischen Erfindung – eine neue, einmalige Onlinewelt kreiert, wie im vorigen Kapitel ausführlich beschrieben. Sie haben die Bahntechnologie der Europäer und Japaner benutzt, um daraus das beste Hochgeschwindigkeitsnetz der Welt zu bauen. In den entstehenden Hightech-Bereichen wie Drohnen, Gentechnik, Roboter und Künstliche Intelligenz – alles keine Erfindungen der Chinesen – werden sie mit dieser Taktik an die Weltspitze gelangen und einige globale Player gebären. Bei den Drohnen ist es ihnen ja mit dem Weltmarktführer DJI ja schon innerhalb kurzer Zeit gelungen.

Den großen Sprung wollen sie im Autobau schaffen. Dort wollen sie bei den alternativen Antriebssystemen – also Elektro oder Hybrid – ganz vorne dabei sein, möglichst die Ersten sein. Leapfrogging heißt das Code- und Modewort. In der Sprache der Ökonomen bedeutet Leapfrogging, eine Technologiegeneration quasi zu überspringen. In der Autoindustrie – und das ist der ganz große chinesische Traum – soll es ihnen gelingen.

Die Wahrscheinlichkeit, dass sie das schaffen, ist groß. Denn China hat bei seiner technologischen Aufholjagd gegenüber dem Westen mehrere Vorteile.

- Es hat eine technologie-affine Bevölkerung, die jeden Schnickschnack mitmacht und sich begeistern kann. Die Bank HSBC gab 2016 eine weltweite Studie heraus, in der sie das Vertrauen von Verbrauchern in neue Technologien befragte. Klarer Sieger waren die Chinesen. Sie glauben, dass neue Technologien ihr Leben einfacher machen. Die Professoren George S. Yip und Bruce McKern kommen in ihrem Buch *China's Next Strategic Advantage – From Imitation to Innovation* zu dem Ergebnis: »Die chinesischen Verbraucher sind die schnellsten bei der Akzeptanz neuer Produkte und Applikationen.« Zudem plagt die große Mehrheit der Bevölkerung bei Datenschutz und Gentechnik nicht die Sorgen, die viele hier im Westen haben.

- Es hat eine große Bevölkerung. Nach dem Gesetz der großen Zahl sind unter den 1,4 Milliarden Chinesen mehr Genies als anderswo. Ebenso unter den 10 Millionen Studenten. Harvard-Professor Richard B. Freeman argumentiert deshalb in seinem Essay *China's Great Leap Forward in Science and Engineering*: »Wegen seiner riesigen Bevölkerung wird China einen großen Sprung nach vorne machen, der mit dem Aufstieg der USA zur globalen Wissensmacht nach dem Zweiten Weltkrieg vergleichbar ist.«
- Es hat viel Geld. Bis neue Technologien rentabel sind, muss zunächst mal viel investiert werden. China hat dieses nötige Kapital – privat wie staatlich. Die großen Internetkonzerne zum Beispiel schwimmen im Geld, sind aber bereit, einen Teil davon in junge, vielversprechende Unternehmen zu investieren. Eine Private-Equity-Kultur, in der reiche Chinesen Risikokapital zur Verfügung stellen, ist in den vergangenen Jahren entstanden. Doch der größte Geldgeber ist natürlich der Staat, der mit gigantischen Milliardenprogrammen Investitionen in Hightech-Bereichen fördert.
- Es hat eine politische Führung, die so technologie-affin ist wie seine Bevölkerung und eine konsequente Industrie- oder Technologiepolitik betreibt. Ein Instrument, das die Chinesen nahezu perfekt beherrschen und über die Jahrzehnte verfeinert haben. Es sind nicht nur die Fünf-Jahres-Pläne, die China in bester kommunistischer Tradition regelmäßig herausgibt, sondern mittelfristige Programme, die die Unternehmen in die richtige Richtung lenken sollen. Gerade sehr aktuell, denn das alte Wirtschaftsmodell ist passé, ein neues, technologiegetriebenes entsteht.

Das neue Wirtschaftsmodell und die Rolle des Staates

Vor gar nicht allzu langer Zeit nannte man China die Fabrik der Welt und meinte vor allem das Perlflussdelta zwischen Hongkong und Guangzhou (Kanton) im Süden des Landes. Dort – in einem Streifen von rund 110 Kilometer Länge und 30 bis 40 Kilometer Breite – war und ist immer noch die größte Fabrikdichte der Welt. Viele Konsumgüter, die in den Regalen der Kaufhäuser im Westen landeten, stammten aus dieser Gegend oder dem Großraum Shanghai, dem anderen großen Produktionszentrum des Landes.

Eine Auflistung der Europäischen Handelskammer in China verdeutlicht die dominierende Rolle des Landes als Fabrik der Welt. Danach produzierte China 2015:

- 90 Prozent der Handys,
- 80 Prozent der Computer,
- 80 Prozent der Klimaanlagen,
- 60 Prozent der Farbfernsehgeräte,
- 50 Prozent der Kühlschränke.

Dazu kommen Schuhe und Klamotten bei H&M, Primark und wie die Ketten alle heißen. Krimkrams bei Butlers, Tchibo und den EuroShops. Die Wahrscheinlichkeit ist groß, dass viele Produkte in diesen Läden das Etikett oder das Label *Made in China* tragen.

China – der globale Lieferant für Konsumgüter aller Art.

Das war das alte Modell, mit dem China groß und reich geworden und zum Exportweltmeister emporgestiegen ist. Es hat Hunderte von Millionen (Wander-)Arbeiter in Lohn und Brot gebracht, sie aus relativer Armut befreit und eine starke Mittelschicht geschaffen, über deren Größe es recht unterschiedliche Angaben und Schätzungen gibt, aber im Schnitt auf 300 bis 400 Millionen taxiert wird.

Doch die Rolle als Fabrik der Welt will China nicht mehr länger spielen. Zum einen aus wirtschaftlichen Gründen. Das Land will nicht in die Middle-Income-Trap fallen. Sie besagt, dass es ein Land nach dem erfolgreichen Aufstieg zu einem Schwellenland schwer hat, die nächste Stufe, nämlich die zum Industriestaat, zu überwinden. Genau in dieser Situation ist China derzeit. Die politische Spitze des Landes glaubt zu Recht, dass sie den Sprung nur durch Investitionen in Innovationen schaffen kann.

Aber auch aus Imagegründen will China nicht mehr der globale Billigheimer sein. Die Führung der stolzen Nation fühlt sich zu Höherem und Besserem berufen. Sie will technologisch anspruchsvollere Produkte herstellen. Chips statt Schuhe. Sie will – das ist die ganz klare Ansage – eine Technologiemacht werden. Auf Augenhöhe mit den USA und Europa.

Eine zentrale Rolle bei dieser Aufholjagd spielt der Staat und seine Industrie- oder Technologiepolitik. In diesem System gibt der Staat vor, welche Technologien und Industrien zu fördern sind. Anders als in marktwirtschaftlichen Systemen, wo die unsichtbare Hand des Markts – ein Ausdruck aus Adam Smiths berühmtem Werk »Wohlstand der Nationen« – via Knappheit und Preis die Akteure in die vermeintlich richtige Richtung lenkt, ist hier die Hand deutlich sichtbar. Sie gibt die nötigen Fingerzeige.

Aber wem gehört diese Hand, wer ist der Staat, der da lenkt in China? Es ist ein komplexes System an Akteuren, die da miteinander verwoben sind. Ein bürokratisch-wissenschaftlicher Komplex, der einmalig in der Welt ist. Viele Akteure mischen da mit, deswegen ist das System nicht immer effizient, aber stets zielgerichtet.

Da sind zum einen diverse Ministerien: das Ministry of Science and Technology (MOST), das Ministry of Education und das erst 2008 etablierte, aber mächtige Ministry of Industry and Information Technology (MIIT), dessen Kürzel nicht zufällig an das einst japanische MITI erinnert. Und natürlich die National Development and Reform Commission (NDRC). Das hört sich harmlos an, ist aber als Nachfolger der Staatlichen Planungskommission enorm einflußreich und so etwas wie ein Superministerium.

Dazu kommen die vielen Forschungsinstitute unter dem Mantel der CAS, der Chinese Academy of Sciences. Über 100 Institute, in denen 60 000 Mitarbeiter denken und forschen, gehören zur CAS. Auf wissenschaftlicher Seite gehören auch die renommierten Hochschulen dazu. Das sind in Beijing die Beida und Tsinghua, in Shanghai die Fudan und Jiatong sowie die Zhejiang University in Hangzhou. An der Tsinghua hat übrigens auch Chemieingenieur Xi Jinping studiert. Wie viele übrigens in der chinesischen Führung, die einen Ingenieur- oder Technikhintergrund haben.

Unter Xi wurden viele *Leading Small Groups* installiert, einigen sitzt er auch vor. Diese Gruppen, die aus Bürokraten und Parteikadern bestehen, wurden zu speziellen Themen eingesetzt, zum Beispiel Science & Technology and Innovation oder Constructing a Manufacturing Superpower.

Es ist ein Top-down-Ansatz. Also oben (in der Regierung und der Partei) wird bestimmt und unten (in den Unternehmen) wird ausgeführt. Die beiden Wissenschaftlerinnen des Hamburger Giga-Instituts, Margot Schüller und Yun Schüler-Zhou kommen in ihrer Studie *China: Die neue Innovationssupermacht* zu einem positiven Zwischenbescheid: »Chinas lenkende Industriepolitik und der Top-down-Ansatz in der Innovationspolitik haben den technologischen Aufholprozess bislang erfolgreich beschleunigt.«

Aber dieser industriepolitische Ansatz der chinesischen Führung sollte nicht zu der Annahme verführen, dass die lenkende Hand des Staates immer und überall in Branchen eingreift, um sie auf den – vermeintlich – richtigen Weg in die Zukunft zu steuern. Im Gegenteil: Gerade in neuen Industrien oder Geschäftsfeldern hält sich der chinesische Gesetzgeber oft lange heraus, lässt die Unternehmen – meist sind es in dieser Phase natürlich Start-ups – erst mal machen und experimentieren, beobachtet aber die Entwicklung genau und schreitet erst später – wenn überhaupt – mit Gesetzen und/oder Vorschriften ein.

Diese staatliche Abstinenz war sehr gut bei der Entstehung der Internetwelt in China zu beobachten. All die kleinen und großen Internetfirmen sind nicht aufgrund irgendwelcher staatlicher Marschbefehle entstanden. Sie sind durchweg von meist jungen, risikofreudigen Entrepreneuren gegründet worden, die auch kein Geld von den risikoaversen Staatsbanken bekamen, sondern ihr Startkapital häufig mühsam im Familien- und Freundeskreis zusammengekratzt haben. Erst relativ spät – im Frühjahr 2015 – hat der Staat die Internetbranche quasi adoptiert und ihr mit »Internet Plus« eine staatliche Strategie verpasst.

Die chinesische Internetwelt entstand also durch einen eher westlichen Bottom-up-Ansatz.

Es gibt also beides gleichzeitig in China – den Top-down- und den Bottom-up-Approach. China hat ein singuläres Innovationssystem, das noch eine weitere Besonderheit aufzuweisen hat. »Die Zusammenarbeit zwischen den Unternehmen und dem öffentlichen Sektor ist wahrscheinlich einzigartig in der Welt«, schreibt Max von Zedtwitz. Und er meint nicht nur die Staatsunternehmen. Selbst die privaten Firmen würden den Richtlinien der Regierung folgen.

Aktuelles Beispiel: Der Masterplan *Made in China 2025*.

Made in China 2025 – der Masterplan

Ein Plan macht derzeit weltweit Furore. *Made in China 2025* heißt dessen Titel. Für die chinesische Führung ist es die Roadmap auf dem Weg zur Technologiemacht, für die Industriestaaten des Westens ist das Papier hingegen eher eine Kampfansage, denn China will – und das ist völlig legitim – in den Industrien stark werden, in denen der Westen bereits oder noch stark ist. Es ist keine Attacke aus dem Hinterhalt. Beijing spielt mit offenen Karten. Es kann keine Ausreden geben nach dem Motto »Das haben wir nicht gewusst«. Man kann es wissen, wenn man will. Man muss nur das Papier *Made in China 2025* lesen.

Seit 2013 wird in China an diesem Plan gearbeitet. Erst im stillen Kämmerlein. Rund 150 Experten des Ministry of Industry and Information Technology (MIIT) und der Chinese Academy of Engineering (CAE) diskutierten, welche Industrien zur wirtschaftlichen Erneuerung des Landes beitragen könnten. Zum ersten Mal sprach dann Premierminister Li Keqiang in seinem Arbeitsbericht vor dem Nationalen Volkskongress im März 2015 von dem Plan *Made in China 2025*. Zwei Monate später – im Mai 2015 – verabschiedete der Staatsrat dann offiziell den Plan.

Der Kern des Strategiepapiers ist die Definition von zehn Industrien, in denen das Land aufholen und stark werden will. Diese Branchen sind:

- Biomedizin und Medizintechnik,
- Neue Materialien,
- Landwirtschaftliche Maschinen,
- Luftfahrt,
- Schienentransport,
- Energiesparen und neue Energie-Autos,
- Marine-Ausrüstung und Hightech-Schiffe,
- Informations- und Kommunikationstechnologie,
- Roboter,
- Elektrische Anlagen.

Solche Programme hat es in der Vergangenheit immer wieder gegeben. Was aber neu ist, ist die Dimension. So umfassend war noch kein Plan, so viele Branchen waren noch in keinem Plan integriert. *Made in China 2025* deckt alle Hightech-Industrien ab. Neu ist auch der Führungsanspruch in diesen Branchen: Bislang gab man sich mit der Bildung nationaler Champions zufrieden, aber nun will man globale Champions kreieren. Und neu ist auch der politische Impetus, der hinter diesem Projekt steht. Es ist von ganz oben – sprich der Parteiführung unter Xi Jinping – sanktioniert und wird nun permanent in den Medien und Parteigremien penetriert.

Deshalb ist auch die Bereitschaft da, viel Geld auszugeben, denn die Aufholjagd wird kosten. Sieben Ministerien und die Zentralbank haben im Februar 2016 vor allem die Staatsbanken angewiesen, großzügig bei der Kreditvergabe zu sein, wenn es um Projekte im Zusammenhang mit der *Made-in-China-2025*-Strategie geht. Außerdem wurden Hunderte von staatlichen Fonds aufgelegt, mit denen die zehn Industrien bei ihrer Erneuerung unterstützt werden sollen. Chinesische Medien berichten von fast 800 solcher Fonds mit einem Volumen von 2,2 Billionen

Yuan (250 Milliarden Euro). Ein Teil des Geldes wird auch für Übernahmen im Ausland verwendet werden, denn der Kauf von Hightech-Firmen im Ausland ist Teil des Plans.

Die zwei entscheidenden Schlagworte, die im englischen Text des Plans sehr häufig vorkommen, sind *indigenous innovation* (was man mit einheimischen Innovationen übersetzen kann) und *self-sufficiency*, also Selbstversorgung. Man will bei vielen Produkten und Technologien nicht mehr auf ausländische Firmen angewiesen sein, man will sie selber entwickeln und herstellen. Es fällt in diesem Zusammenhang oft das Wort vom Techno-Nationalismus. Die Europäische Handelskammer in China urteilt in ihrer Analyse *China Manufacturing 2025* etwas nüchterner und völlig zu Recht: »Das ist ein Importsubstitutionsplan.«

Beispiel Maschinenbau: Jetzt kaufen die Chinesen noch unsere Maschinen, aber in ein paar Jahren – wenn Chinas Pläne aufgehen – nicht mehr, weil sie sie dann selbst herstellen können. Ein paar Jahre noch werden also die deutschen Maschinenbauer gute Geschäfte mit China machen, und dann? »Dann brauchen sie uns nicht mehr«, sagt ein hoher Beamter im deutschen Außenministerium, »und sie werden in den Industrien, wo wir bislang stark sind, zu unseren Konkurrenten auf dem Weltmarkt.«

Aber muss es so weit kommen? Kann man per planerischem Dekret eine Technologiemacht werden?

Jost Wübbeke, Leiter des Programms Wirtschaft und Technologie beim Berliner Thinktank Merics, urteilt: »Die Chancen stehen gut, dass China seinen technologischen Level erfolgreich anheben wird. Mit seiner smarten und vorausschauenden *Made-in-China-2025*-Strategie ist das Land auf dem Weg zu einer industriellen Supermacht 2049.«

Das ganz große Ziel wird für 2049 angepeilt. Dann wird der 100. Jahrestag der Gründung der Volksrepublik China gefeiert. Da will die politische Weltmacht von heute sich endgültig auch als große Industrie- und Technologiemacht zurückmelden.

Die Erfolgsaussichten sind groß. Denn China hat die nötigen Voraussetzungen fast im Überfluss: Menschen, Geld und Ideen.

Patente und Moneten

Die Wissenschaftsmagazine *Nature* und *Science* gelten in der Forscherwelt als die Blätter, die die Welt bedeuten. Wer es mit einem Aufsatz auf die Seiten dieser renommierten Magazine geschafft hat, genießt hohe Anerkennung in der globalen Szene. Da machen chinesische Wissenschaftler keine Ausnahmen. Auch sie drängt es in diese Fachzeitschriften. Weil es eben gut ist fürs internationale Renommee, aber auch fürs eigene Portemonnaie.

Es war in Wissenschaftszirkeln schon immer bekannt, dass chinesische Wissenschaftler Geld von ihrer Uni – oder von wem auch immer – für die Veröffentlichung in Publikationen wie *Nature* oder *Science* bekommen. Wie viel Geld da floss, war allerdings lange Zeit unklar, bis vor Kurzem drei Wissenschafler (Wei Quan/Wuhan University, Bikun Chen/Nanjing University of Science and Technology und Fei Shi/McGill University in Montreal) eine umfangreiche Untersuchung über *cash-per-publication policies* an verschiedenen chinesischen Unis veröffentlichten.

Wer einen Artikel in den renommierten Magazinen *Nature* oder *Science* platzieren konnte, bekam im Schnitt fast 44 000 Dollar. Der höchste Betrag war gar 165 000 Dollar. Das ist viel Geld, wenn man bedenkt, dass ein chinesischer Universitätsprofessor im Schnitt 8 600 Dollar im Jahr verdient. Diese finanziellen Anreize haben sicher dazu beigetragen, dass die Zahl wissenschaftlicher Veröffentlichungen chinesischer Forscher in den vergangenen Jahren enorm zugenommen hat.

Solche Publikationen sind ein wichtiger, aber nur eben ein Indikator, um den technologischen Zustand einer Nation zu messen. Weitere Indikatoren sind die Zahl der Studenten und die der Patente. Weltweit hat China die meisten Studenten und Doktoranden. Verließen 1998 »nur« 1 Million Studenten die vielen Unis, so waren es 2015 bereits 7,5 Millionen. Von 1990 bis zu den 2010er Jahren hat sich die Zahl der Bachelor-Abschlüsse verzehnfacht, die der Master-Abschlüsse verfünfzehnfacht und die Zahl der Promovierten fast verzwanzigfacht.

Nun kommen die Neunmalklugen und sagen: Das sind ja alles schöne und beeindruckende Zahlen, aber Quantität bedeutet nicht Qualität. Stimmt schon. Viele dieser Uniabsolventen haben nicht das Westniveau. Max von Zedtwitz, Kenner der chinesischen Wissenschaftsszene und Buchautor (*Created in China – How China is becoming a global innovator*) sagt: »Nur ein kleiner Prozentsatz der fertigen chinesischen Ingenieure sind wirklich vorbereitet, in einer westlichen Forschungs- und Entwicklungsabteilung zu arbeiten.« Er taxiert die Zahl auf »vielleicht 10 bis 20 Prozent der Absolventen der Top-Unis«. Aber das sind eben doch Hunderttausende.

Auch bei den Patenten hat China ein erstaunliches Wachstum hingelegt. Im Jahr 2000 wurden in China lediglich 170 000 Patente angemeldet. 2015 waren es schon 2,8 Millionen. Doch auch hier gilt das Gleiche wie bei den Uniabsolventen: Man muss diese große Zahl relativieren. Nur eine Minderheit sind wirkliche Erfindungen. Aber es sind immer noch sehr, sehr viele. Die Firmen mit den meisten Patenten sind die Telekommunikationskonzerne ZTE und Huawei. Sie liegen auch weltweit mit an der Spitze. Viele Unternehmen belohnen ihre erfindungsreichen Mitarbeiter. Bei Huawei gibt es für Patente Boni bis zu 100 000 Yuan.

Und der Staat wiederum belohnt Firmen mit einer hohen Patentquote. Für sie gibt es eine Steuerreduzierung. Sie müssen nur 15 statt 25 Prozent Unternehmessteuer zahlen.

Inzwischen ist in China eine Kultur der Anreize entstanden. Auch Wissenschaftler erhalten mehr Incentives. Bislang war es so: Wenn sie an Unis oder anderen staatlichen Forschungseinrichtungen ein Produkt oder Verfahren entwickelten, das sich am Markt gewinnbringend verkaufen konnte, kassierte allein der Staat. Nun bleibt die Hälfte bei den Wissenschaftlern.

Das Geld für all diese Wohltaten ist da. China gibt inzwischen 2,1 Prozent seines Bruttosozialprodukts für Forschung und Entwicklung aus. Das ist ein Prozentsatz nahezu auf dem Niveau der fortgeschrittenen Industrienationen. In den USA sind es 2,8 und in Deutschland 2,9 Prozent. In absoluten Zahlen sind die Ausgaben freilich noch wesentlich beeindruckender: 232 Milliarden Dollar waren es 2016.

»Chinas Ausgaben für die technologische Entwicklung steigen rapide«, schreibt Scott Kennedy in seiner Studie *The Fat Tech*

Dragon, »und sie stammen inzwischen aus den verschiedensten Quellen.« Es sind längst nicht mehr nur die staatlichen Banken und andere staatliche Institutionen, die Gelder verleihen und vergeben. Mittlerweile steht die ganze Palette an Finanzierungsinstrumenten zur Verfügung, die es auch im Westen gibt – staatliche wie private. Die Venture-Capital-(VC)-Szene – vor wenigen Jahren nahezu nicht existent – ist geradezu explodiert. Ebenso der Private-Equity-(PE)-Sektor.

In dieser Szene gibt es ein paar entscheidende und spendierfreudige Personen:

- Neil Shen: Er leitet seit 2005 den chinesischen Ableger der legendären VC-Firma Sequoia aus dem Silicon Valley. Studierte in Yale, war einer der ersten Chinesen, der an der Wall Street jobbte. Gründete 1999 das Reiseportal Ctrip. Sein Vermögen wird auf knapp über 1 Milliarde Dollar geschätzt.
- Zhang Lei: Der Yale-Absolvent gründete 2005 mit Hillhouse Capital seine eigene VC-Gesellschaft. Er war einer der frühen Investoren bei Tencent und auch bei JD.com. Wurde berühmt, weil er der Yale School of Management 8 888 888 Dollar schenkte.
- Kai-Fu Lee: Er war einer der populärsten Mikroblogger, studierte dann Computerwissenschaften an der Columbia University in New York, etablierte Google China, 2009 gründete er Sinovation Ventures.
- Jenny Lee, Chefin der VC-Gesellschaft GGV in Shanghai, studierte an der Cornell University. Ist Angel Investor in Xiaomi.
- David Wei, früher CEO von Alibaba; leitet nun die PE-Firma Vision Knight Capital, in der auch Jack Ma und Richard Li (Baidu) Investoren sind.

Interessant und exemplarisch: Bis auf David Wei haben alle diese Geldgeber eine amerikanische Vergangenheit. Sie haben entweder dort studiert und/oder gearbeitet – wie Hunderttausende anderer Chinesen.

Der etwas andere Technologietransfer

Die amerikanischen Freunde konnten das Ehepaar nicht verstehen. »Warum geht ihr in ein verschmutztes Land zurück?«, fragten sie Jane Jie Sun und ihren Ehemann John Wu. Beide hatten gut bezahlte Jobs und wohnten mit ihren zwei Kindern im schönen Silicon Valley in nördlichen Kalifornien. Und trotzdem entschieden sie sich 2005, in ihr Heimatland China zurückzukehren.

John Wu, der vorher bei Google arbeitete, ging als Chief Technology Officer zum Internetkonzern Alibaba, Jane Jie Sun als Chief Financial Officer zu Ctrip, dem Online-Reiseportal. Sun war schon lange in den USA. Die gebürtige Shanghaierin ging in jungen Jahren zum Studieren nach Amerika, an die University of Florida. »Das war eine schwere Entscheidung damals. Meine Eltern verdienten 20 Dollar im Monat. Es war klar, dass ich in Amerika völlig auf mich allein gestellt war«, sagt sie rückblickend. Doch sie kämpfte sich durch und nach oben. Eines dieser zahlreichen Beispiele für den – in unseren Augen – brutalen und manchmal unmenschlich erscheinenden Durchsetzungswillen von jungen Chinesen, die im Ausland studieren.

Nach dem Studium ging sie ins Silicon Valley, war dort erst fünf Jahre bei der Wirtschaftsprüfergesellschaft KMPG, dann acht Jahre beim Chiphersteller Applied Materials. Nach ihrer Rückkehr nach China stieg sie bei Ctrip ein und machte dort eine Bilderbuchkarriere. Erst CFO, dann 2012 COO und ab November 2016 CEO. Und nebenbei bemerkt: Ihr 1,6-Prozent-Anteil am Unternehmen, dem sie vorsteht, ist inzwischen 300 Millionen Dollar wert.

Das Ehepaar Sun und Wu ist ein prominentes Beispiel für den etwas anderen Technologietransfer.

Bislang meinte man, wenn man von Technologietransfer sprach, den freiwilligen oder manchmal auch unfreiwilligen Austausch von Wissen zwischen Unternehmen aus Ost und West. Wenn zum Beispiel in einem Joint Venture das westliche Unternehmen Know-how über Produkte und Produktion preisgab. Früher passten westliche Firmen panisch darauf auf, ja nicht zu viel Technologie nach China zu transferieren. Man wollte ja den

Konkurrenten von morgen nicht noch stärker machen. Doch inzwischen bauen viele Unternehmen – von BASF bis Siemens – komplette Forschungszentren in China, auch weil Chinas Behörden ihnen geschickt die Pistole auf die Brust setzen: Markteintritt gibt es nur gegen Know-how-Transfer.

Aber es gibt noch einen ganz anderen Technologietransfer, der bislang viel zu wenig beachtet wurde und den man auch gar nicht verhindern kann. Es ist der Transfer in Form von Personen, von den vielen Chinesen, die im Ausland studiert haben, dort geblieben sind und dort jahre-, manche gar jahrzehntelang bei renommierten Unternehmen gearbeitet haben. Und mit diesem Wissen und Verständnis westlichen Managements kehren sie nach China, in ihr Heimatland, zurück.

Ich meine nicht die Studenten, die nach dem Examen sofort zurückkehren. Das ist auch eine gewaltige Zahl. Bis Ende 2016 sind mehr als 2,65 Millionen Chinesen, die im Ausland studiert haben, heim ins Riesenreich gekommen. Nein, ich meine die vielen Chinesen, die nach dem Studium erst einmal in ihrem Gastland zur Arbeit geblieben sind. Es gibt einige staatliche und auch regionale Programme, die die Heimkehrer ködern und mit allerlei Incentives unterstützen. So gibt es zum Beispiel mehr als 360 Industrieparks nur für Rückkehrer.

Aber es wäre falsch, dahinter eine große, gar von der zentralen Regierung in Beijing gesteuerte Kampagne zu vermuten. Die eben genannten Incentives sind eher flankierende Maßnahmen. Die meisten Rückkehrer treffen ihre individuellen, privaten Entscheidungen, warum sie in ihr Heimatland zurückkehren. Ein Grund ist sicher, dass die USA nicht mehr das Land der tausend Möglichkeiten sind, sondern heute eher das nach wie vor boomende China. Dort herrscht immer noch Goldgräberstimmung, aber nicht mehr in den satten Gesellschaften des Westens. Auch die ausländerfeindliche Politik des US-Präsidenten Donald Trump lässt viele Chinesen ihr Verbleiben in den USA überdenken. Und sicher ist auch bei dem ein oder anderen Heimkehrer ein Schuss gesunder Nationalismus dabei. Man will dem Land, in dem man geboren wurde und das man verlassen hat, wieder etwas zurückgeben.

Da gibt es die Topmanagerin Jean Liu, seit 2015 Chefin von Didi, sie ist so ein positives Beispiel. Sie hatte in den USA studiert (Harvard) und gearbeitet (Goldman Sachs).

Und da gibt es den Manager, der anonym bleiben will und 25 Jahre bei Daimler in Stuttgart gearbeitet hat und nun beim chinesischen Autohersteller Great Wall beschäftigt ist.

Das sind nur zwei Einzelbeispiele. Es gibt davon noch viel mehr, von bekannten und noch mehr unbekannten Rückkehrern in der Wirtschaft. Die Summe dieser Einzelentscheidungen setzt eine Bewegung in Gang.

Eine Bewegung, die auch schon seit Jahren in der Wissenschaft zu beobachten ist. Man schätzt, dass zwischen 2011 und 2016 rund 80 000 Wissenschaftler allein aus dem Life-Science-Bereich vor allem aus den USA nach China zurückgekehrt sind. Als im Herbst 2017 der Future Science Prize, so etwas wie der alternative chinesische Nobelpreis, vergeben wurde, erhielten ihn – sicher kein Zufall – drei Rückkehrer: Der Biophysiker Shi Yigong, der 2007 von der Princeton University zurückkam, der Quantum-Satellitenforscher Pan Jianwei (Universität Wien) und der Mathematiker Xu Chenyang (Princeton).

Zu den wissenschaftlichen wie wirtschaftlichen Heimkehrern gesellen sich die Seitenwechsler. Das sind westliche Forscher und Manager, die für chinesische Institute und Unternehmen arbeiten. Seit ein paar Jahren versuchen nationale wie regionale Behörden, solche ausländischen Experten ins Land zu locken. Dazu wurden verschiedene Programme aufgelegt. Das bekannteste ist das bereits 2008 eingeführte Thousand Talents Program, mit der Wissenschaftlern ein Umzug nach China schmackhaft gemacht werden soll.

Sören Schwertfeger hat jahrelang an der Jacobs University in Bremen gelehrt und geforscht. Sein Spezialgebiet: Roboter. Im September 2014 wechselte er an die ShanghaiTech University. Der simple Grund: Dort bekam er eine großzügige Förderung, dank der er ein komplettes Labor einrichten sowie einen Assistenten und einen Techniker einstellen konnte. »So viel Geld hätte ich als Assistenzprofessor in Europa oder den USA nie und nimmer bekommen«, sagt er.

Neben Wissenschaftlern werden zunehmend auch westliche Manager von chinesischen Firmen eingekauft. Vor Jahren wären solche Wechsel für beide Seiten undenkbar gewesen, weil für die Manager ein solcher Job auch aus finanziellen Gründen nicht attraktiv war und weil die Chinesen solche Exoten eher als Fremdkörper betrachteten.

Michael König ist ein prominentes deutsches Beispiel. Er arbeitete lange Zeit für Bayer. Seit dem Jahr 2000 war er für den Chemiekonzern in China, zuletzt als CEO von Greater China. Dann ging er zurück ins Mutterhaus nach Leverkusen, war dort Personalvorstand. Zum Jahresende 2015 kündigte König überraschend. Keiner wusste so genau warum. Bis wenig später klar war: Er geht zurück nach China und wird Chef von China National Bluestar, einer einflussreichen und bedeutenden Tochter des Staatskonzerns ChemChina.

Aber noch mehr solcher Seitenwechsler gibt es in der Autoindustrie.

Elektroautos: Der Staat lenkt ...

Carsten Breitfeld hat vor nicht allzu langer Zeit bei BMW das Projekt i8 – Entwicklung und Produktion eines Hybrid-Sportwagens – geleitet. Seine Frau ist Ärztin mit einer gut laufenden Praxis, sie hatten eine Wohnung in München und ein Boot am Gardasee, wo sie Zeit verbrachten, wann immer es möglich war. Ein sorgenfreies Leben also.

Doch dann kam der Anruf aus China, der sein Leben veränderte. Ob er nicht Chef eines neuen Unternehmens werden wolle. Er überlegte, führte viele Gespräche. Dann sagte er zu.

Seit April 2016 ist er CEO der Future Mobility Corporation (FMC). Ein Unternehmen, das – wie der Name bereits suggeriert – das Auto der Zukunft bauen will. Und das heißt in erster Linie kein Verbrennungsmotor mehr, der Benzin oder Diesel braucht. Sondern ein Elektromotor.

Die Idee von FMC haben Tencent-Chef Pony Ma und Foxconn-Inhaber Terry Gou bei einem Treffen in der Provinz Hunan ausgeheckt. Die zwei finanzkräftigen Herren sind auch die größten Geldgeber dieses ambitiösen Projekts. Neben Kapital brauchen sie Know-how. Deshalb stellten sie als eine ihrer ersten Amtshandlungen Carsten Breitfeld ein. Breitfeld wiederum durfte sich sein Team zusammenkaufen. Er wilderte dabei natürlich bei seinem alten Arbeitgeber BMW. Von deren i-Truppe holte er Chefdesigner Benoit Jacob, Marketing-Chef Henrik Wenders und Entwickler Dirk Abendroth. Aber nicht nur dort warb Breitfeld Spitzenkräfte ab. Von Infiniti, der Luxusmarke von Nissan, holte er den chinaerfahrenen Daniel Kirchert, von Tesla den Produktionsexperten Marc Duchesne, von Google Wolfram Luchner – um nur ein paar Namen zu nennen.

Sie alle können von null starten. Alles ist neu: der Name (die Brand), das Auto, die Fabrik. Das sei ein großer Vorteil, sagt Breitfeld, »bei BMW wäre das nicht möglich gewesen«.

Die Marke wird Byton heißen. Der Name steht für »Bytes on Wheels« und soll die Kombination von digitaler und automobiler Welt symbolisieren. Es wird lediglich drei Modelle geben: 2019 kommt ein SUV auf den Markt, 2021 eine Limousine und 2022 dann ein Großraum-Van. Die Reichweite der Elektroautos soll bei 350 Kilometer liegen, die Preise im Bereich *affordable premium*, der Einstiegspreis bei 35 000 Dollar. Eine nagelneue Fabrik entsteht derzeit in Nanjing. Kapazität: 100 000 am Anfang, später dann 300 000 Autos pro Jahr. Produziert wird dort nicht nur für den chinesischen, sondern den Weltmarkt.

Solch ein ambitiöses Vorhaben wie Future Mobility ist offenbar nur in China möglich.

Dort herrscht in Sachen Elektroautos Pioniergeist. Sowohl bei den Unternehmern als auch den Politikern.

Seit 2009 ist das Thema E-Mobilität auf der Agenda der chinesischen Politik, seit Herbst 2013 hat die Regierung eine Serie von Programmen aufgelegt, um das Elektroauto zu fördern. Zwei Motive treiben die chinesische Führung. Zum einen natürlich die massiven Umweltprobleme in den Städten. Das Auto ist dort neben den vielen Fabriken der größte Luftverschmutzer. Zum anderen verfolgt die Führung ein großes industriepolitisches Ziel: Sie will die etablierten Automächte (Europa, USA, Japan,

Korea) ablösen und überholen, indem sie sich bei der neuen Antriebstechnologie an die Spitze setzt. In einer Studie von Merics heißt es: »(Staatspräsident) Xi betrachtet E-Mobilität als einzigen Weg, um China von einem ›großen Land des Autos‹ zu einem ›starken Land des Autos‹ zu machen.«

Und auf diesem Weg ist China schon sehr weit fortgeschritten. 2016 wurden in China erstmals mehr als eine halbe Million Elektroautos zugelassen, davon alleine 115 000 E-Busse. In den meisten Ländern ist die Farbe für neue, energiesparende Autos grün, in China dagegen blau ... Symbol für einen blauen Himmel, den die Chinesen in den großen Städten so selten sehen.

Zum Vergleich die erschreckend mickrige Zahl in Deutschland: 25 154. Langsam dämmert es den Verantwortlichen im Autoland Deutschland, dass man wahrscheinlich einen Trend verschlafen hat. VW-Marken-Vorstand Herbert Diess sagte in einem Interview mit der *Süddeutschen Zeitung*: »Der Leitmarkt ist heute eigentlich schon China.« Und Uwe Brendle, Referatsleiter Umwelt und Verkehr im Bundeswirtschaftsministerium, kommentiert: Es sei eine Illusion zu glauben, dass wir in Deutschland entscheiden, was die Antriebstechnologie der Zukunft sei. »Die Entscheidung ist längst in China gefallen.«

Die Regierungsziele stehen fest: Bis 2020 sollen fünf Millionen neue NEVs (New Energy Vehicles) auf Chinas Straßen fahren. Bis zu diesem Zeitpunkt sollen jährlich eine Million dieser Fahrzeuge produziert werden. (Gedankenspiele gibt es in der Regierung, den Verbrennungsmotor ab einem gewissen Zeitpunkt zu verbieten. So wie es Frankreich und Großbritannien zum Beispiel schon getan haben. Da ist ab 2040 für die Benziner Ende.)

In Deutschland gibt es auch solche Ziele. Eine Million Elektrofahrzeuge wollte die Regierung bis 2020 auf die Straße bringen. Niedergeschrieben ist die Zahl im Regierungsprogramm Elektromobilität 2011. Inzwischen hat die Regierung das Ziel wieder kassiert. Bundeskanzlerin Angela Merkel verkündete kleinlaut: »So wie es im Augenblick aussieht, werden wir dieses Ziel nicht erreichen.«

Die Chinesen hingegen werden möglicherweise ihre viel höheren Ziele erreichen, weil sie zum einen eine Gesellschaft haben, die Neuerungen gegenüber sehr aufgeschlossen ist. Nach einer Umfrage der Unternehmensberatung Roland Berger würden über 60 Prozent der Chinesen beim nächsten Autoeinkauf ein E-Modell in Betracht ziehen. Das ist wesentlich mehr als der globale Durchschnitt, der bei 37 Prozent liegt.

Und zum anderen greift der Staat mit Geboten, Verboten und Subventionen massiv ein, um die Elektromobilität zu fördern. Das fängt in der Produktion an. Ende 2016 hat das MIIT einen Entwurf vorgelegt, in dem sie den Herstellern vorschreibt, einen Teil ihrer Produktion – die Rede ist von zunächst 8 Prozent – für Elektroautos zu reservieren. Und der staatliche Einfluss geht beim Verbrauch weiter. Wo der Staat der Käufer ist, also bei der öffentlichen Beschaffung, gehen die Bürokraten voran. So müssen zum Beispiel von 2016 an 30 Prozent aller neuen Behördenfahrzeuge mit Strom betrieben werden. Städte sind angewiesen, ihre Bus- und Taxiflotten umzurüsten. In Shenzhen zum Beispiel fahren nur noch türkisfarbene E-Busse durch die Straßen, in Taiyuan, der Hauptstadt der Kohleprovinz Shanxi, verkehren nur noch E-Taxis.

Um die privaten Käufe von E-Autos zu pushen, fährt der Staat eine Doppelstrategie. Zum einen müssen die Besitzer solcher Fahrzeuge nicht mehr auf Auktionen oft sündhaft teure Nummernschilder (Zulassungen) erwerben. Außerdem gibt es für sie massive Steuernachlässe, die bis zu 15 000 Dollar pro Auto betragen können. Diese Incentives werden aber bis 2020 sukzessive bis auf null zurückgefahren.

Und weil eine ausreichende Anzahl von Ladegeräten die Voraussetzung für die E-Mobilisierung ist, greifen auch hier die chinesischen Bürokraten ein. Auf ihr Geheiß muss der staatliche Stromkonzern State Grid bis 2020 über eine Million Ladesäulen bauen. An diesem Beispiel sieht man mal wieder den Vorteil des chinesischen Systems. Viele entscheidende Akteure gehören dem Staat. Er kann also anordnen. Die deutsche Regierung kann hingegen nicht Eon, RWE/Innogy oder EnBW anweisen, Ladestationen an den Autobahnen oder in den Innenstädten zu bauen.

Hierzulande geschieht alles freiwillig. Hier wird dezentral entschieden. So hat immerhin die Stadt Hamburg beschlossen, ab

2020 ausschließlich emissionsfreie Busse – 1 500 an der Zahl – zu beschaffen. Die große Frage, die sich die Geschäftsführung der Hamburger Hochbahn AG stellt: Wo kann man sie kaufen?
Deutsche Hersteller haben sie nicht im Programm. Aber die Chinesen. Zum Beispiel BYD.

... und die E-Autos fahren auf der Überholspur

Schön aufgereiht stehen sie vor dem monströsen Treppenaufgang zu Gebäude A: Busse, Brummis und Autos – die ganze Produktpalette. Das Besondere an dieser automobilen Vielfalt: Die hier in Reih und Glied parkenden Fahrzeuge verbrauchen keinen Tropfen Benzin, sie beziehen ihre Kraft aus Batterien.

Gebäude A ist die Hauptverwaltung des chinesischen Autobauers BYD in Shenzhen. Das Kürzel steht für Build Your Dream. Der oberste Träumer in diesem Unternehmen ist sein Gründer, Wang Chuanfu (1966). In einer armen Bauernfamilie in der armen Provinz Anhui geboren, starben seine Eltern früh. Nach einem Chemiestudium an der Central South University war er einige Jahre Forscher. Dann gründete er 1995 zusammen mit seinem Cousin Lu Xiangyang etwas außerhalb von Shenzhen das Unternehmen BYD.

Sie produzierten Batterien, vor allem für Handys, die damals in Mode kamen und die massenhaft in den Fabriken nahe Shenzhen hergestellt wurden für Firmen wie Nokia, Motorola oder wie immer die Marken damals hießen. Das Handy-Geschäft boomte, und BYD profitierte davon, jedes Jahr mehr.

Dann, im Jahre 2003, tat Wang einen Schritt, den damals viele nicht verstanden. Manche hielten ihn gar für verrückt. Er stieg ins Autogeschäft ein. Damals redeten nur wenige über Elektroautos. Aber Wang hatte schon eine Vision. Batterien plus Auto ergeben ein Elektroauto.

Einer, der Wangs Vision verstand und erkannte, war Warren Buffett. Der amerikanische Investment-Guru beteiligte sich 2008 an dem Unternehmen aus Shenzhen. Das war so etwas wie der Ritterschlag. Wenn Buffett investiert, folgen andere Investoren.

Zuletzt hat der südkoreanische Elektroriese Samsung 4 Prozent an BYD gekauft.

Und aus Wangs Vision wurde längst Realität. BYD ist heute der größte Hersteller von Elektrofahrzeugen – weltweit. Vielleicht auch, weil der amerikanische Schauspieler Leonardo DiCaprio Markenbotschafter des Unternehmens ist. Das Modell E6 (50 000 Dollar, 300 Kilometer Reichweite) ist der Renner. In vielen chinesischen Städten und seit Kurzem auch in Hongkong wird es als Taxi benutzt. Stark ist BYD auch bei Elektrobussen. Hier will BYD vor allem in Europa ins Geschäft kommen, hat deshalb auch bereits eine Fabrik im Norden Ungarns hingestellt. Jetzt schon fahren E-Busse von BYD durch die englische Stadt Nottingham, über die Rollfelder am Amsterdamer Flughafen Schiphol, und in London sind sie sogar als Doppeldecker unterwegs.

Mit seinem E6 gehört BYD inzwischen zu den Marktführern in China, zusammen mit dem EU260 des staatlichen Autokonzerns BAIC und dem Emgrand EC 7 des privaten Autobauers Geely. Doch diese drei sind bei Weitem nicht die einzigen E-Autos auf Chinas Straßen.

Der lukrative große Markt zieht natürlich viele an – heimische Fahrzeugbauer, branchenfremde Newcomer und ausländische Autobauer, die freilich auch in diesem Bereich in Joint Ventures mit chinesischen Herstellern gezwungen werden. Mehr als 200 Firmen sollen sich derzeit in China mit dem Bau von Elektroautos beschäftigen. Nicht mal das MIIT hat den vollen Überblick. Die Beamten dort hätten es auch gerne etwas übersichtlicher und wollen offenbar die Zahl auf weniger, wirklich wettbewerbsfähige Unternehmen reduzieren.

Noch ist das Rennen völlig offen, wer zu diesem Kreis gehören wird. Sicher haben die Platzhirsche wie BYD und Geely gute Chancen. Aber auch die ausländischen Konzerne – darunter alle deutschen Autobauer – haben große Ambitionen. Volkswagen zum Beispiel will mit seinem staatlichen Partner JAC Motors in den nächsten Jahren 15 neue E-Modelle auf den chinesischen Markt bringen. Produktionsziel bis 2025: 1,5 Millionen Stück. Angesichts solcher Zahlen kommt man schon ins Grübeln und fragt sich, warum powert VW nur in China so und nicht in Deutschland?

Interessant, aber auch schillernd sind die Newcomer. Neben der bereits beschriebenen Zukunftshoffnung Future Mobility tummelt sich eine illustre Schar von aktuellen und ehemaligen chinesischen Milliardären, die da einen neuen Milliardenmarkt sehen, an dem sie partizipieren wollen.

An erster Stelle ist da Jia Yueting zu nennen. Sein Vermögen von über 2 Milliarden Dollar hat er mit der chinesischen Netflix-Version LeEco verdient. Später kamen Handys und andere elektronische Geräte hinzu. Größenwahnsinnig wie er ist, träumte er bereits davon, eine Mischung aus Apple, Amazon, Netflix, Disney und Tesla zusammenrühren zu können.

2014 gründete Jia in Kalifornien das Unternehmen Faraday Future (FF). In der Wüste Nevadas wollte er eine Fabrik für Elektroautos bauen, die selbst Tesla in den Schatten stellen sollte. Doch nach dem ersten Spatenstich im April 2016 ruhte die Baustelle. Jia hatte sich übernommen, er hat große finanzielle Probleme. Von einer eigenen Fabrik spricht inzwischen keiner mehr. Jetzt soll das Modell FF91 in einer gemieteten Produktionsstätte gebaut werden – wann auch immer.

Yang Rong ist ein alter Bekannter in Chinas Autoszene. Er war vor über 15 Jahren mit gut 4 Milliarden Dollar Vermögen einer der reichsten Chinesen und einer der Gründer von Brilliance, dem Joint-Venture-Partner von BMW. Dann geriet er zwischen die Fronten eines politischen Machtkampfs in der Provinz Liaoning. 2002 setzte sich Yang in die USA ab. Aber er blieb auch im kalifornischen Exil ein Car-Guy, gründete von dort aus die Hybrid Kinetic Group in Hongkong. Sie will eine Luxuslimousine (H600) mit einer Höchstgeschwindigkeit von 250 Kilometern pro Stunde und einer Reichweite von angeblich 1 000 Kilometern auf den Markt bringen. Produziert werden soll das Auto in China, an drei bis fünf Standorten. Yangs Träume: Jedes Jahr sollen dort 300 000 Elektroautos produziert werden. Am Anfang. Später eine Million.

Yang und Jia sind eher in die Kategorie Traumtänzer einzuordnen. Realistischer ist dagegen, was William Li vorhat. Auch ein Milliardär. Er hat sein Vermögen mit der Internetseite Bitauto.com gemacht. Er nennt seine Firma mit Sitz in Shanghai

Nio. Das klingt für das internationale Publikum wie »neu«, und für die Chinesen bedeuten die Schriftzeichen »Der Himmel wird blau«. Li – und das unterscheidet ihn von Yang und Jia – hat seriöse und solvente Investoren um sich geschart. Mit von der Partie sind die Internetriesen Baidu und Tencent, Singapurs Staatsfonds Temasek und US-Wagniskapitalgeber Sequoia. Nio spart sich eine teure eigene Herstellung. Das erste Massenmodell, der Nio ES8 (180 Stundenkilometer Höchstgeschwindigkeit, 355 Kilometer Reichweite), wird bei Anhui Jianghuai Automobile montiert und kommt 2018 auf den Markt.

Ob Nio oder Byton, ob BYD oder Geely, ob VW oder Daimler – noch ist völlig offen, wer das Rennen in China gewinnt, auch wenn die chinesischen Hersteller Startvorteile haben.

Aber allen ist gemeinsam: Ohne Batterien fährt gar nichts.

Batterien – die geballte Ladung

Wo steht die größte Batteriefabrik der Welt? Natürlich in China, und zwar in Kengzi in der Provinz Guangdong. Betreiber ist BYD. Die Werkshallen sind fast menschenleer. Roboter von ABB erledigen hier die meisten Arbeitsschritte. Lediglich zwei Leute sitzen vor einem Computer und managen die Fabrik, die im Jahr Batterien für 400 000 Elektroautos herstellen kann.

Doch den Titel der weltgrößten Batteriefabrik wird BYD bald verlieren. Denn weiter nördlich – in der benachbarten Provinz Fujian – wird gerade der neue Champion hochgezogen. Eine gigantische Fabrik für Batterien der boomenden E-Autobranche. Hausherr ist ein Unternehmen namens CATL. Ausgeschrieben heißt die Firma Contemporary Amperex Technology Ltd. Eine ziemlich junge Neugründung. CATL gibt es erst seit 2011. Gegründet wurde sie von Robin Zeng, einem promovierten Chemiker. Er stammt aus einem kleinen Dorf in der Nähe von Ningde. Und in diesem Ningde (2,8 Millionen Einwohner) wird nun eben diese größte Batteriefabrik der Welt hochgezogen. Da kann auch kein Tesla mit seiner selbsternannten Giga-Factory in der Wüste von Nevada mithalten.

BYD und CATL sind die beiden großen chinesischen Hersteller, wobei Newcomer CATL inzwischen schon der Stärkere ist. Die beiden haben noch andere Ziele: Sie wollen an die Weltspitze und hoffen, dass ihnen der Boom bei den Elektroautos im eigenen Lande den nötigen und entscheidenden Schub gibt, um weltweit ganz vorne mitzumischen.

Bislang dominieren (noch) die Japaner und Koreaner den globalen Batteriemarkt. Weltmarktführer ist Panasonic. Die Japaner beliefern zum Beispiel den amerikanischen Elektro-Durchstarter Tesla. Doch die Regierung in Beijing tut alles, damit »ihre« Unternehmen an die Weltspitze gelangen. So veröffentlichte sie 2016 eine Liste, wer in China Batterien herstellen darf. Welch Überraschung: Keine ausländische Firma war darunter. Besonders ärgerlich war dieses Verdikt für die beiden koreanischen Hersteller LG Chem und Samsung SDI. Sie hatten noch ein Jahr zuvor Fabriken in den beiden chinesischen Städten Nanjing beziehungsweise Xi'an hingestellt.

Ähnlich diskriminierend ist die Subventionspolitik der chinesischen Regierung. Das MIIT hat einfach oder willkürlich festgelegt, dass nur Unternehmen mit einer Produktionskapazität von mehr als acht Gigawattstunden staatliche Gelder bekommen. Und zufällig kommen davon bislang nur CATL und BYD über diese Grenze. Zwei andere chinesische Hersteller, Guoxuan und Lishen, könnten sie auch bald überspringen, aber wohl kein ausländischer Produzent.

China hat auch in diesem Bereich klare staatliche Leitlinien. Es gibt seit März 2017 den »Vehicle Traction Battery Industrial Development Action Plan«. Darin sind auch Batteriefabriken im Ausland vorgesehen. CATL zum Beispiel hat bereits Pläne für Europa. Das Unternehmen hat schon Büros in Berlin und München eröffnet. Mit Volkswagen ist man in Verhandlungen. Es geht um einen Riesenauftrag in zweistelliger Milliardenhöhe. Mit zwei anderen deutschen Herstellern, BMW und Daimler, arbeitet CATL bereits zusammen. Johann Wieland, CEO von BMW Brilliance Automotive, schwärmt: »Ich bin davon überzeugt, dass CATL in Kürze zum Weltmarktführer aufsteigen kann.«

Notwendig hierfür ist auch ein ständiger Nachschub an Rohstoffen, denn Batterien brauchen vor allem Kobalt und Lithium. China hat zwar selbst viel Lithium, insbesondere im Westen des Landes, in der Provinz Sichuan und dem autonomen Gebiet Xinjiang. Aber sie sind nicht einfach zu fördern. Deshalb kaufen sich chinesische Firmen in Kobaltminen in der Demokratischen Republik Kongo ein oder in Lithiumminen in Argentinien und Chile. Bei Lithium ist Australien der größte Produzent. Die größte Mine befindet sich dort in Greenbushes in Western Australia. Wer ist in einem Joint Venture dort beteiligt? Die Chinesen, genauer Tianqi Lithium Corporation.

E-Auto – Batterien – Rohstoffe. Die Chinesen beherrschen geschickt die Wertschöpfungskette. Der Elektromobilitätskomplex ist ein Musterbeispiel, wie in China mal wieder alle zusammenspielen, wie holistisch, strategisch und langfristig gedacht wird.

Es könnte sich wiederholen, was in einer anderen Branche, nämlich der erneuerbaren Energien, bereits gelungen ist – den Weltmarkt zu dominieren.

Sonnenkönige und Windmacher

Wer in Beijing lebt, freut sich über jeden Tag, an dem er einen blauen Himmel und die Sonne sieht. Häufig tritt dieses Naturereignis vor und während großer Politveranstaltungen auf. So zum Beispiel beim Treffen der APEC-Staaten im November 2014. Ausgerechnet im grauen November machte das Wetter blau, weil die Führung des Landes rechtzeitig Fabriken dichtmachte und Fahrverbote erteilte, um den ausländischen Staatschefs das Blaue vom Himmel nicht nur zu versprechen, sondern auch zu vermitteln. Seither hat diese Wetterlage unter den spöttischen Beijinger Bürgern den Namen »APEC blue«.

Der Alltag in Beijing sieht freilich meist anders aus. Eine milchige Dunstglocke legt sich häufig über die Stadt. Die Einwohner schauen regelmäßig auf die App mit dem Air Quality Index (AQI). Der aktuelle Feinstaubwert ist Teil des Stadtgesprächs – unter Expats wie Einheimischen. Und häufig Anlass für Frust und Klage über die katastrophale Umweltsituation in der Hauptstadt. Viele Bürger mucken auf, wollen diese Situation nicht mehr akzeptieren.

Chinas Führung hat erkannt, welches Protestpotenzial da entsteht und möglicherweise für sie gefährlich werden könnte. Sie ist deshalb in den vergangenen Jahren aktiv geworden.

Sie unterzeichnete das Pariser Klimaabkommen und propagiert zu Hause massiv den Einsatz erneuerbarer Energien. Mit Erfolg: Der Anteil von sauberen Energien am gesamten Energieverbrauch stieg von 14,5 Prozent im Jahr 2012 auf 19,7 Prozent 2016. Es muss freilich angemerkt werden, dass unter erneuerbaren Energien in China nicht nur Sonne und Wind verstanden wird, sondern auch Wasser und Atomkraft.

In keinem Land der Erde stehen mehr Windräder. Zum Beispiel findet sich am Rande der Wüste Gobi die größte Windfarm der Welt mit über 7000 Turbinen. Bei der Sonnenenergie derselbe Superlativ: In keinem Land gibt es mehr Sonnenkollektoren auf den Dächern von Fabriken oder Häusern. Es ist schon beeindruckend, wie viele Kollektoren man sieht, wenn man über das Land fährt. Selbst in entlegenen Bauerndörfern wird diese Energiequelle genutzt.

China ist das weltweit führende Land bei der Nutzung von Energie aus Sonne und Wind. Und da ist es schon fast eine logische Folge, dass China weltweit der größte Produzent von Solar- und Windanlagen ist.

Acht der zehn weltweit größten Solarmodulhersteller haben dort ihren Sitz: JinkoSolar, Trina Solar, JA Solar, Canadian Solar, GCL, Yingli Green Energy, Suntech Power und Longi Green Energy. All diese Firmen produzieren große Mengen an Solarmodulen, weil die Nachfrage im eigenen Land so groß ist. Diese *Economies of Scale* verschaffen ihnen gegenüber westlichen Konkurrenten aus den USA, aber auch Europa einen Kostenvorteil von 20 Prozent, schätzt Jonathan Woetzel, Chef des Büros von McKinsey in Shanghai.

Zweiter Vorteil der Chinesen ist deren fortschrittliche Wertschöpfungskette. Die Solarindustrie sei ein Paradebeispiel für die Macht eines Industrieclusters – heißt es in der Studie *The New*

Solar System, die die Stanford University im März 2017 veröffentlichte. Im Yangtse Delta, bestehend aus Shanghai und den beiden angrenzenden Provinzen Zhejiang und Jiangsu, konzentriert sich fast die ganze Solarindustrie mit ihren Zulieferern. Aufgrund dieser Strukturen prophezeien die Stanford-Forscher: »Die chinesische Solarindustrie wird auch in der nahen Zukunft die treibende Kraft in der globalen Solarwirtschaft sein.«

Freilich gibt es auch in dieser Branche massive staatliche Unterstützung. Zum einen gibt es eine Einspeisevergütung, die den Herstellern einen gewissen Preis garantieren, und die Staatsbanken geben langfristig hohe Kredite.

Komplizierter und nicht ganz so eindeutig ist die Sache beim Wind, der anderen großen Quelle der erneuerbaren Energie. Diese Anlagen sind komplexer und anspruchsvoller, deshalb ist die chinesische Dominanz hier nicht so stark wie bei der Sonnenenergie. Trotzdem ist auch hier zumindest ein Unternehmen aus China Weltspitze: Goldwind (Umsatz rund 3,5 Milliarden Euro), das keine Staatsfirma ist, aber an der staatliche Unternehmen beteiligt sind. Die Firma aus der Xinjiang-Provinz wechselt sich allerdings in der Weltmarktführerschaft mit Vestas aus Dänemark ab. Mal sind die Chinesen vorn, mal die Dänen.

Siemens – vor allem mit seinen Offshore-Anlagen, also draußen auf den Meeren – spielt noch eine große Rolle, und auch General Electric. Aber mit Guodian, Ming Yang, Envision und CSIC sind neben Goldwind vier weitere Hersteller aus China unter den zehn Topherstellern der Windindustrie, sodass auch in dieser Kategorie der erneuerbaren Energien die Chinesen dominieren.

Weil China eine solch beherrschende Stellung bei den alternativen Energien hat, hat der staatliche Stromkonzern State Grid große, weltumspannende Pläne. Global Energy Interconnection Initiative heißt das bis 2050 datierte Projekt, ein weltweites Stromnetz, das sich nur aus Sonnen- und Windenergie speisen soll. Per Ultrahochspannungsleitungen sollen zum Beispiel Windkraft vom Nordpol oder Sonnenenergie aus Solarparks rund um den Äquator eingespeist werden. Claudia Kemfert, Leiterin der Abteilung Energie, Umwelt und Verkehr beim Deutschen Institut für Wirtschaftsforschung (DIW) in Berlin, kommentiert: »Interessantes Projekt. Technisch durchaus machbar, aber ob ökonomisch umsetzbar?«

Das ist die große Frage. State Grid veranschlagt das Megaprojekt auf 50 Billionen Dollar.

Doch die Chinesen haben Erfahrung mit solch gigantischen Vorhaben. Bestes Beispiel: die Bahn.

Überrollt und abgehängt – ein Lehrbeispiel

Beijing Nan. Beijing Süd. Ein gigantischer moderner Bahnhof. So sehen in Europa neue Flughäfen aus. Tausende von Fahrgästen bevölkern an diesem ganz normalen späten Dienstagvormittag die Hartschalensitze inmitten des Bahnhofs. Für viele gibt es keinen Platz. Sie stehen, sitzen auf dem Boden. 20 bis 30 Minuten vor der Abfahrt des Zuges bilden sich Schlangen vor den Gates, die hinunter zu den Bahnsteigen führen. Erst ein paar Minuten vor der Abfahrt darf man diese nach Vorzeigen des Tickets und des Ausweises passieren. Unten auf den Bahnsteigen sind die Haltepunkte der einzelnen Wagen eingezeichnet und die Chinesen – welch seltene Disziplin in diesem Lande – stehen brav in einer Schlange hinter diesen blauen Markierungen.

Pünktlich um 12.55 Uhr fährt der G135 ab. Und ebenso auf die Minute kommt er um 18.54 Uhr im Shanghaier Bahnhof Hongqiao an. Unterwegs keine Signalstörung, kein außerfahrplanmäßiges Halten wegen eines vorausfahrenden Zuges (beliebte Durchsage in deutschen ICE-Zügen). Selbst die Toiletten funktionieren.

Beijing–Shanghai, die befahrenste Strecke der Welt. Im Schnitt benutzen jeden Tag eine halbe Million Fahrgäste die Züge zwischen den beiden, rund 1 500 Kilometer voneinander entfernten Metropolen Chinas. Kein Wunder, dass sie auch die profitabelste der Welt ist.

Seit September 2017 fährt auf der Strecke der Fuxing (»Erneuerung«). Ein politisches Schlagwort, das auch Xi Jinping häufig im Munde führt. Der Fuxin rast mit 350 Kilometer in der Stunde durch die wechselnden Landschaften zwischen Beijing und Shanghai. Er braucht damit nur noch knapp viereinhalb Stunden und ist damit eine echte Alternative zu den chronisch verspäteten Flugzeugen.

Der Fuxing, der sukzessive den Hexie (»Harmonie«) ablösen wird, ist geräumiger und vor allem auch energieeffizienter. Und er hat natürlich USB-Ports und freies WiFi. Und er hat ein Monitoring-System, das in einem Notfall oder bei abnormalen Bedingungen den Zug automatisch langsam fahren lässt.

Übrigens bleiben trotz schnellerer Fahrt und besserem Service – Deutsche-Bahn-Manager: Hört die Signale! – die Preise unverändert. 553 Yuan (rund 65 Euro) kostete eine einfache Fahrt in der zweiten Klasse, 933 Yuan (110 Euro) in der ersten.

In keiner Branche lässt sich die Entwicklung Chinas besser illustrieren und live erleben als in der Bahnindustrie. Bis vor 20 Jahren besaß das Land noch ein antiquiertes System, wo altersschwache Lokomotiven unkomfortable Waggons mit einem Stundenschnitt von 40 Kilometern über jahrzehntealte Schienen zogen. Und heute besitzt das Land das größte Hochgeschwindigkeitsnetz der Welt – 20 000 Kilometer. Das ist freilich nicht das Ende. Es soll auf 38 000 Kilometer ausgeweitet werden.

Der Erfolg der Hochgeschwindigkeitszüge ist auch ein Lehrbeispiel, wie clever die Chinesen ihre ehemaligen Lehrmeister abgehängt haben.

Alstom (Frankreich), Bombardier (Kanada), Kawasaki (Japan) und Siemens (Deutschland) hießen einst die Weltmarktführer, als die Chinesen Anfang der 2000er Jahre beschlossen, auch so schnelle Züge wie den ICE, TGV oder Shinkansen bauen zu wollen. Da sie zu diesem Zeitpunkt selber nicht in der Lage waren, solche komplexen Hochgeschwindigkeitszüge zu produzieren, traten sie an die Branchenführer mit der Forderung – oder soll man besser Erpressung dazu sagen – heran: »Markteintritt für Technologie«. Weil Siemens & Co. selbstverständlich nicht auf diesen riesigen Markt verzichten wollten, haben sie brav die Züge inklusive Know-how geliefert. Und weil die Chinesen schnell lernen, waren sie nach wenigen Jahren selbst in der Lage, solche Züge zu bauen und sie weiterzuentwickeln.

Heute kommen alle Züge, die über Chinas Schienen donnern, aus den Werken von CRRC, dem inzwischen größten Bahnunternehmen der Welt. Die Lehrmeister von einst sind zu Sublieferanten degradiert und haben nicht zuletzt wegen Chinas Dominanz massive Probleme. Bombardier ist in den roten Zahlen. Siemens und Alstom bleibt nur die Fusion, um gegen die chinesische Übermacht einigermaßen bestehen zu können. Denn CRRC hat sie nicht nur aus dem heimischen chinesischen Markt gedrängt, sondern hängt sie zunehmend auf dem Weltmarkt ab.

Es war 2015, als Li Keqiang während eines Gipfeltreffens 16 europäische Regierungschefs auf einen kurzen Bahntrip von Suzhou nach Shanghai einlud. Kaum hatte der Zug seine Spitzengeschwindigkeit von 300 Kilometern pro Stunde erreicht, pries Li das Gefährt in höchsten Tönen. Während der Zug durch die Landschaft rauschte, nannte er die Bahntechnologie Chinas »goldene Visitenkarte«.

Inzwischen sind rasende Schnellzüge tatsächlich »ein Symbol von Chinas technologischem Fortschritt und eine bedeutende Quelle von nationalem Stolz«, wie es die Analystin Michelle Ker von der U.S.-China Economic and Security Review Commission (USCC) in ihrer Studie *China's High Speed Rail Diplomacy* formuliert.

CRRC gewinnt immer mehr Aufträge im Ausland. Sie liefern Züge für die Subway in Boston, wo sie den kanadischen Konkurrenten Bombardier um fast die Hälfte unterboten. Sie bauen Bahnstrecken und Züge in Mexiko, Russland, Indonesien, Saudi-Arabien und vor allem Afrika, wo die Strecken Nairobi–Mombasa sowie Addis Abeba–Dschibuti mit viel Pomp 2017 eingeweiht wurden.

Die Chinesen sind im Ausland vor allem auch deshalb nahezu unschlagbar, weil sie gleich ein ganzes Paket anbieten. Sie liefern nicht nur die kompletten Züge, sondern empfehlen sich auch für den Bau der Strecke. Dafür haben sie die China Railway Construction Corporation. Und um Züge und Gleise bezahlen zu können, bieten sie den Käufern auch gleich die notwendige Finanzierung mit an, oft zu unschlagbaren Zinssätzen. Dafür haben die Chinesen die staatliche China Development Bank oder die Export-Import-Bank. Kein Staat dieser Welt – auch nicht Japan, das ähnliche Pakete schnürt – kann bei dieser Komplettversorgung mithalten.

Doch die Chinesen fahren nicht nur zweigleisig, sondern mischen auch bei Monorail-Systemen mit. Der Batterie- und Autokonzern BYD hat innerhalb eines halben Jahres auf seinem Werksgelände in Shenzhen eine Monorail-Versuchsstrecke gebaut. Sie ist 4,4 Kilometer lang. BYD will damit den öffentlichen Nahverkehr vor allem in mittleren und kleineren Städten revolutionieren. Dieses System auf Betonstelzen erfordert kein Bohren und kein Baggern und kostet deshalb nur ein Fünftel einer Metro. Außerdem können diese Züge durch Gebäude fahren (sie sind leise!) und sich dem Gelände anpassen, also Berg und Tal fahren.

Bürgermeister aus aller Welt waren schon hier. Einer hat bereits zugeschlagen. Der von Iloilo, einer der dicht besiedeltsten Städte der Philippinen. Und auch in China wird in Yinchuan, der Hauptstadt der autonomen Provinz Ningxia, eine Strecke der neuen Bahn gebaut.

Und für all diejenigen, denen das alles noch zu langsam vorangeht, haben Forscher der China Aerospcae Science and Industry Corp. (CASIC) in Wuhan eine ziemlich verwegene Idee vorgestellt. Sie wollen mit der Forschung und dem Design eines futuristischen Hochgeschwindigkeitszuges nach dem Hyperloop-Prinzip beginnen. Danach wird eine Magnetschwebebahn in einer Röhre mit Unterdruck befördert. Tesla-Gründer Elon Musk hatte als Erster solch verrückte Ideen. Doch die Chinesen wollen schneller sein als Musk. Ihr Zug soll maximal 4000 Kilometer in der Stunde fahren, düsen, rauschen oder wie immer man es dann nennen mag.

Berlin-Beijing in zwei Stunden. Da können Jets nicht mehr mithalten.

Das neue ABC der Flugzeugbranche

Am Nachmittag des 5. Mai 2017 herrschte an Shanghais Pudong International Airport hektische Betriebsamkeit. Fast 150 Flüge meldeten Verspätung, blieben am Boden oder durften vorübergehend nicht landen. Der Grund war kein Taifun, der schon mal über die Stadt fegt, oder sonstiges Wetter-Unbill. Nein, die Start-

und Landebahn musste freigehalten werden für ein Flugzeug, das zum ersten Mal seine Runden in den Lüften drehte.

Die C919 machte ihren Jungfernflug. Um Punkt 14 Uhr hob die Maschine ab. An Bord waren natürlich keine Passagiere, sondern fünf Testpiloten in orangen Overalls. Sie drehten eine Runde über den Yangtse, um nach einer Stunde und 20 Minuten wieder sicher in Pudong zu landen.

Die C919 ist der erste Jumbo, der von einem chinesischen Hersteller entwickelt und zusammengebaut wurde. Für China ein ganz wichtiges Symbol bei seiner technologischen Aufholjagd gegenüber dem Westen. Schon 2014 sagte Xi Jinping während eines Besuches beim staatlichen Flugzeugbauer Comac in Pudong, dass ein Jumbojet *made by China* ein Teil seines chinesischen Traums sei.

Aber bei Weitem nicht alles beim C919 ist *Made in China*. Bei vielen und vor allem den wichtigsten Teilen des Flugzeugs – zum Beispiel den Triebwerken – ist China auf ausländische Zulieferer angewiesen. Die Partner, ohne die es keine C919 geben würde, heißen unter anderem General Electric, Honeywell oder auch Liebherr-Aerospace. Aber auch bei Airbus- und Boeing-Flugzeugen kommt ja auch nicht alles aus Europa beziehungsweise den USA.

Mit diesem Flugzeug, das Platz für 156 bis 168 Passagiere bietet und eine Reichweite von rund 5 500 Kilometer hat, will China das Duopol aus Europa (Airbus) und den USA (Boeing) angreifen. Die C919 zielt gegen den A320 und die Boeing 737, die beiden Flugzeugtypen, die weltweit am meisten verkauft werden. Aus dem AB-Duopol könnte ein ABC-Oligopol werden.

Neben dem Prestigeerfolg hat der Bau des neuen Flugzeuges auch einen wirtschaftlichen Hintergrund. Man will den boomenden chinesischen Flugzeugmarkt nicht allein den Amerikanern und Europäern überlassen. Boeing prognostizierte, dass bis zum Jahr 2035 fast 7 000 neue Jets in China bestellt werden. Das ist mit großem Abstand der größte Markt der Welt – und von diesem Boom im eigenen Lande wollen verständlicherweise die Chinesen auch einen Teil abbekommen.

Weil die Chinesen immer schon den übernächsten Schritt planen, haben sie auch schon das nächste Ziel vor Augen. Einen größeren Jet, den C929. Dieser soll dann gegen die Boeing 787 und den Airbus 330 antreten. Entwickelt wird dieses Flugzeug zusammen mit United Aircraft Corp. aus Russland.

Und China will noch höher hinaus, höher als die 11 000 Meter, die ein Jet als normale Reiseflughöhe hat. China hat seit Jahren Ambitionen im All. Das Land ist inzwischen neben den USA die einzige ernstzunehmende Raumfahrtnation. China ist zwar noch hinter den USA in der Raumfahrt, holt aber auf. In einem USSC-Report (*China Dream, Space Dream*) heißt es: »Chinas Ziel ist es, eine gleichgewichtige Raumfahrtnation gegenüber den USA zu werden.« Während die Raumfahrtprogramme der Amerikaner (NASA) und Europäer (ESA) gekürzt werden, klotzen die Chinesen.

Die Russen haben die Chinesen schon abgehängt. 2016 schossen sie mehr Raketen in den Weltraum als die Russen. Sie investieren wesentlich mehr in entsprechende Programme als die Amerikaner. Die Ziele der Chinesen sind ehrgeizig: 2018 soll auf dem Mond ein Rover landen. 2020 soll dann auf dem Mars eine Probe genommen werden, ab 2024 eine Raumfahrtstation im All kreisen. Außerdem wollen sie früher als die Amerikaner mit Raumschiffen auf nahen Asteroiden landen.

Und Roboter werden dann dort die Arbeit verrichten.

Roboter statt Arbeiter

Jia Jia ist der Vorzeigeroboter Chinas. Oder muss man sagen Vorzeigeroboterin? Denn Jia Jia ist eine Sie, modelliert nach dem Vorbild von fünf gutaussehenden Studentinnen der University of Science and Technology of China in Hefei, der Hauptstadt der Provinz Anhui. Sie hat schon Staatspräsident Xi Jinping begrüßt und dabei heftig gesülzt: »Ich bin sehr glücklich, Sie zu treffen, lieber Präsident. Ich wünsche dir jeden Tag viel Glück.« Im Herbst 2017 gab Jia Jia sogar ihr erstes Interview in Englisch. Mit Kevin Kelly, dem Mitbegründer des Technologie-Magazins *Wired*, sprach sie via Skype. Sie lächelte und blinzelte mit den Augen während des Gesprächs. Aber bei den Antworten auf Kellys Fragen musste sie manchmal passen. Sie wusste zum Beispiel nicht, wie viele Buchstaben das englische Alphabet hat, und sie konnte auch die Chinesische Mauer nicht genau lokalisieren, sagte nur, dass sie in China liege. Etwas gesprächiger war sie mit dem Xinhua-Reporter Xiong Maoling. Als dieser sie fragte, ob sie die hübscheste Person der Welt sei, sagte sie: »Vielleicht, aber ich bin mir nicht sicher.«

Jia Jia mag zwar ein nett anzusehendes Produkt sein, aber ökonomisch relevant sind andere, weniger attraktive Roboter. Und zwar die, die in den Fabriken der Volksrepublik stehen. In Fords neuer Fabrik in Hangzhou arbeiten mindestens 650 Roboter. In GMs Cadillac-Fabrik in Shanghai sieht es nicht anders aus. Die Autoindustrie ist bevorzugter Einsatzort der elektronischen und mechanischen Helfer.

Aber auch in anderen Branchen werden sie zunehmend eingesetzt, so in Fabriken, die Computer, Handys und andere elektronische Geräte bauen. Foxconn, der massenhaft diese Produkte in gigantischen Hallen fertigen lässt, geht zunehmend dazu über, Arbeiter durch Roboter zu ersetzen. Heute schon hat Foxconn in seinen chinesischen Fabriken über 40 000 der sogenannten Foxbots im Einsatz. Das sind Roboter, die Foxconn selbst entwickelt und produziert hat.

Beim E-Commerce-Händler JD.com sortieren Roboter schon in den Verteilerzentren die Waren. In der Stunde schaffen sie 3 600 Produkte, viermal mehr als ein Mensch. In der Provinz Jiangsu werden schon sogenannte *Legal Robots*, knapp einen Meter groß, mit einem Kopf wie ein Toaster, eingesetzt. Bei Gericht in dieser Provinz bearbeiten sie Akten vor allem von Verkehrsdelikten und geben sogar Empfehlungen für das mögliche Strafmaß.

Roboter in chinesischen Amtsstuben sind noch die Ausnahme, aber in den Fabriken und Lagerhallen braucht China massenhaft Roboter, weil dem Arbeiterstaat die Arbeiter ausgehen. Das ist zum einen die Folge der Ein-Kind-Politik, die 1979 erst auf Provinzebene, dann 1980 im ganzen Land eingeführt wurde (und seit Oktober 2015 abgeschafft ist). Außerdem ist bei vielen jungen Menschen die Bereitschaft deutlich gesunken, am Fließband in irgendeiner Fabrik zu stehen. Sie gehen lieber, weil es auch die Eltern wollen (»Unser Kind soll es besser haben«), auf eine höhere Schule und dann an die Universität. Dies sind Anzeichen einer zunehmend satter werdenden Gesellschaft. Erinnerungen an das Deutschland der 60er und 70er Jahre werden wach. Die Deutschen holten damals Gastarbeiter aus Südeuropa, die Chinesen holen Roboter aus der heimischen Produktion.

Staatspräsident Xi Jinping forderte schon 2014 im Lande »eine Roboterrevolution«. Und wenn der chinesische Führer spricht, folgen ihm die Untergebenen stets aufs Wort. Über 1 000 Roboterfirmen gab es schon 2016, vermeldet stolz das Ministerium für Industrie und Informationstechnologie (MIIT). 40 neue Industrieparks nur für Robotics sind allein seit 2014 entstanden. Aber auch auf Provinzebene wird viel getan. Vor allem in Guangdong, wo viele Fabriken stehen und die Probleme am gravierendsten sind. Die Regierung dort gibt Subventionen an Unternehmen, die entweder Roboter bauen oder sie einsetzen. Die Rede ist von 140 Milliarden Dollar.

Klar, dass die Roboterbranche zu den zehn Schlüsselindustrien gehört, die im Programm *Made in China 2025* aufgelistet sind. Es gibt parallel dazu einen »Robotics Industry Development Plan«, der bis 2020 geht. Benjamin Joffe, Mitgründer des Inkubators Hax in Shenzhen sagt: »Ich glaube, dass Robotics ein Sektor ist, in dem China schnell eine globale Führungsmacht werden kann.« Noch dominieren auf diesem Markt die etablierten Robotermächte USA, Japan, Südkorea und Deutschland.

Die Angreifer aus China sind:

- Siasun ist eines der führenden Roboterunternehmen in China mit einem Jahresumsatz von 3,2 Milliarden Dollar.
- E-Deodar ist ein Start-up für Industrieroboter für die Massenproduktion. Will mit Kampfpreisen (ein Drittel günstiger) die etablierten Marken attackieren.
- Ubtech ist bereits der Weltmarktführer bei menschlichen Robotern. Seine Produkte heißen Alpha 2 (für den praktischen Haushalt) und Jimu Robot (ein Roboter zum Selberbauen).

Diese Unternehmen entwickeln selber Roboter aller Art, aber kaufen – wenn notwendig – auch dazu. Die Übernahme des Augsburger Herstellers von Industrierobotern Kuka, die 2016 für viel Wirbel in Deutschland gesorgt hat, ist so ein Beispiel. Henrik I. Christensen von der UC San Diego sagte in einem Hearing vor dem USCC: »Wir werden zweifellos in den nächsten Jahren mehr Akquisitionen sehen.« Siasun-Präsident Qu Daokai hat auf der World Robot Conference in Beijing im August 2017 bereits angekündigt: »Wir sind an Firmen mit State-of-the-Art-Technologien interessiert.« Dabei will er klotzen, nicht kleckern. Ihn würden nur Deals jenseits eines Kaufpreises von 1 Milliarde Dollar interessieren, sagt er.

Roboter sind ein Teil des großen neuen Technologiefelds Künstliche Intelligenz. Aber es gibt dort noch ganz andere Projekte.

Big Data und die künstliche Intelligenz

Bier hat in Qingdao hat eine große Tradition. Schließlich gründeten einst anno 1903 deutsche Brautechniker in der Hafenstadt während der kurzen deutschen Kolonialzeit die Tsingtao Brewery, die heute noch das weltweit bekannteste Bier des Landes herstellt. Seit fast 30 Jahren gibt es regelmäßig im August das Qingdao Bier Festival. Rund vier Millionen Besucher kamen 2017, darunter auch der ein oder andere Kriminelle, der sich in der Menschenmenge unerkannt wähnte. Ein Trugschluss. An den vier Eingängen zum Festival waren 18 Kameras installiert. Klick, innerhalb einer Sekunde konnte die Polizei die gesuchten Kriminellen per Gesichtserkennung aus der Menge fischen.

Gesichtserkennung wird inzwischen in China an verschiedenen Plätzen geprobt und eingesetzt. Alipay startete seinen Modellversuch »Smile to pay«. In einem Restaurant von Kentucky Fried Chicken (KFC) müssen die Kunden kein Handy mehr zum Bezahlen zücken. Es reicht, wenn das Gesicht gescannt wird. Das geht schneller, rechneten die Experten aus: Der Bezahlvorgang via Gesichtserkennung dauert nur 10 Sekunden, mit dem Handy dagegen 30 Sekunden.

Am Beijinger Flughafen werden zumindest Mitarbeiter auf dem Weg zu ihrem Arbeitsplatz per Gesichtserkennung gescannt. An 16 Terminals im Bahnhof von Wuhan brauchen die Fahrgäste nicht mehr ihre Ausweise zeigen, es reicht ein Blick in die Kameras.

Gesichtserkennung ist aber nur ein kleiner Teil des großen Themas Künstliche Intelligenz (KI), das derzeit in China allgegenwärtig ist. Auch hier wittern die Chinesen die große Chance, an die Weltspitze zu gelangen. Derzeit liefern sie sich noch einen Wettstreit mit den Amerikanern. Bei Patenten in Sachen KI sind die beiden Nationen fast pari: 35 508 (USA) versus 34 345 (China). Anders sieht es bereits bei den Publikationen aus. Ein Bericht des Weißen Hauses über künstliche Intelligenz aus dem Jahr 2016 kam zu dem Ergebnis, dass chinesische Wissenschaftler zu diesem Thema inzwischen mehr Forschungsaufsätze veröffentlichen als ihre amerikanischen Kollegen. Das Fazit der *New York Times* deshalb: »Die USA haben nicht mehr das strategische Monopol in dieser Technologie.« Und das McKinsey Global Institute konstatiert: »Das Land wird zu einem Hub für die globale KI-Entwicklung.«

Die Regierung hat die Chancen erkannt. Der scheinbar ewig amtierende Forschungsminister – der Deutsch sprechende Ex-Audi-Manager – Wan Gang hat im Juli 2017 den »Next Generation Artificial Intelligence Development Plan« vorgestellt. Das klar definierte Ziel darin lautet: Bis 2025 will China bei KI die Nummer eins in der Welt sein. Um die Fortschritte zu überwachen, wurde beim Wissenschaftsministerium ein »AI Plan Implementation Office« eingerichtet.

Vor allem die großen Internetgiganten – das BAT-Trio und JD.com – sind in dieses Rennen eingestiegen. Insbesondere Baidu, das von Alibaba und Tencent etwas abgehängt wurde, sieht die große Chance, durch sein Engagement bei KI wieder aufzuholen. Baidu hat bereits drei Labs mit über 2 000 KI-Ingenieuren: Das Institute of Deep Learning, das Big Data Lab in Beijing und das SVAIL, das AI Lab in Sunnyvale im Silicon Valley. Für diese Denkfabriken kaufte Baidu Top-Fachleute ein.

Prominentestes Beispiel: Qi Lu. Der Computerwissenschaftler war einer der Bosse bei Microsoft. Nach einer Pause infolge eines Fahrradunfalls verkündete er, dass er nicht mehr zu Microsoft zurückkehren werde, sondern bei Baidu als Chief Operating Officer anheuern werde. Er kennt natürlich beide Welten und sagt: »Die Lücke zwischen den USA und China schließt sich sehr schnell.« Gerade bei der Künstlichen Intelligenz habe China »einen strukturellen Vorteil«. Und er meint damit Daten, Daten, Daten.

Daten sind der wichtigste »Rohstoff« für KI. Je mehr Daten zur Verfügung stehen, desto mehr können Algorithmen lernen. Und Daten haben vor allem die großen chinesischen Internetkonzerne. Tencents WeChat hat inzwischen rund eine Milliarde User und wird bald die Ein-Milliarden-Grenze durchstoßen, bei Alibabas E-Commerce-Portalen kaufen mehr als 420 Millionen Kunden ein, und bei Baidus Suchmaschine fragen monatlich 665 Millionen Chinesen nach. Zusammen kreiert diese gigantische Kundenschar jeden Tag Trillionen von Daten, die die Internetkonzerne offenbar an staatliche Behörden weitergeben. Lange Zeit waren das nur Gerüchte. Doch im September 2017 teilte WeChat mit, dass sie die Daten ihrer Nutzer mit der Regierung teile. Datenschutz ist kein allzu großes Thema, weder in der Bevölkerung und erst recht nicht bei der autoritären politischen Führung mit ihrer Datensammelwut. Viele Chinesen sind sarkastisch und sagen: Wir werden doch ohnehin überwacht.

Aber es sind nicht nur die finanzkräftigen BAT-Unternehmen, die in KI investieren. In diesem Bereich hat sich innerhalb kurzer Zeit eine rege und sehr innovative Start-up-Szene entwickelt. Zu den chinesischen Hoffnungsträgern zählen insbesondere folgende Unternehmen:

- iFlytek: Führend bei Software für Spracherkennung; im Ranking des *MIT Technology Review* an sechster Stelle der »smartest companies« der Welt; entwickelte ein tragbares Übersetzungsgerät namens Easytrans und einen Smart Doctor Assistant, der sogar das Medizinexamen an der Uni mit Bravour bestand.
- Mobvoi: Spracherkennung; kann als chinesisches Siri betrachtet werden; an ihm sind Google und Volkswagen beteiligt.
- Megvii: Gesichtserkennung; entwickelte für/mit Alibaba »Smile to Pay«. Ist besser bekannt unter dem Namen Face++.

- Yitu: Gesichtserkennung; wird vom Zoll und der Immigrationsbehörde bereits eingesetzt.
- SenseTime: entwickelt Software, die Objekte und Gesichter erkennt. Alibaba ist wichtiger Geldgeber.
- Drive.ai: entwickelt Software für autonomes Fahren.

Autonomes Fahren ist auch ein Bereich, der zum großen weiten Feld der Künstlichen Intelligenz zählt. Start-ups wie Drive.ai, alle Internetkonzerne – allen voran auch hier Baidu – , Telekomfirmen wie Huawei bis hin zu den chinesischen Autobauern – sie alle forschen an dem fahrerlosen Auto. Alibaba hat sich mit SAIC, Tencent mit Guangzhou Automobile Group zusammengetan.

Ob sie das Rennen gewinnen? Paul Gao, McKinsey, sagt: »Wenn es nach den Verbrauchern geht, wird China der Sieger sein.« Denn – so seine Begründung – chinesische Kunden mögen *cutting-edge technology*. Die Autokäufer dort sind viel, viel jünger und deshalb auch aufgeschlossener für Innovationen am Auto. Außerdem – so Gao – gebe es in China weniger Regulierungen als in den USA. Die britische Wochenzeitschrift *The Economist* argumentiert ähnlich: »Das fahrerlose Auto wird schneller in China kommen als in dem prozesssüchtigen Amerika oder dem risikoscheuen Europa.«

Und es könnte auch sein, dass der erste selbst fahrende Brummi über Chinas Autobahnen rauscht. Das Unternehmen, das das schaffen will und dabei gegen mächtige Gegner wie Tesla und Uber antritt, heißt TuSimple mit Sitz in Beijing. CEO und Mitgründer ist Chen Mo, ein junger Mann Mitte 30. Der andere Gründer ist Hou Xiaodi, der am California Institute of Technology (Caltec) in den USA promovierte.

Im Juni 2017 haben sie eine sogenannte Level-4-Testfahrt über 200 Meilen von San Diego nach Yuma in Arizona gemacht. 2019 könnten die ersten Trucks in Serie gehen. Die TuSimple-Gründer wollen aber ihre Technologie nicht an Transportfirmen verkaufen, sondern selber eine Flotte hochziehen und ins Logistikgewerbe einsteigen, weil sie da große Gewinnchancen wittern.

Ein Gewinn wären freilich selbst fahrende Brummis auch für die Sicherheit auf Chinas Straßen. Chinesische, von Menschen-

hand gelenkte Lkws verursachen Unfälle, die jährlich rund 25 000 Menschen das Leben kosten.
Ganz andere Lebensretter gibt es in der Biotechbranche.

Leben bis 150?

Kann der Mensch 150 Jahre alt werden? »Theoretisch schon«, sagt Wang Jun. Er arbeitet daran, dass es auch praktisch möglich ist.
Wang Jun (1976) ist die chinesische Koryphäe in der Gentechnik. Er studierte einst an der Beida in Beijing und gründete noch während seiner Promotion 1999 das Beijing Genomics Institute (BGI) mit. Es war ein Forschungsinstitut im Rahmen des globalen Human Genome Project. Das BGI hatte einige spektakuläre, weltweit aufsehenerregende Erfolge: Seine Forscher entschlüsselten 2002 das Reis-Gen, ein Jahr später das Gen der tödlichen Infektionskrankheit Sars.

Aus dem subventionierten Forschungsinstitut ist längst ein profitables Unternehmen geworden, das immer noch BGI heißt, aber inzwischen in Shenzhen sitzt, weil es 2007 von der Shenzhener Stadtregierung mit viel Geld Richtung Süden gelockt wurde.

Heute ist BGI die größte Genfabrik der Welt. Neidlos erkennen die Forscher des renommierten MIT in Boston an: »BGI ist das produktivste Unternehmen zur Entschlüsselung menschlicher, pflanzlicher und tierischer DNA auf der Welt.«

Günstige Arbeitskräfte und teure Maschinen – die Sequenzierungsmaschinen kosten jeweils rund eine halbe Million Dollar – ermöglichten einen brutalen Preisverfall bei der Entschlüsselung menschlicher Gene. Kostete dieser Prozess 1999 noch 3 Milliarden Dollar, waren es 2007 nur noch einige Millionen Dollar, sind es heute gerade mal rund 1 000 Dollar. Und das BGI will die Kosten auf 200 Dollar drücken. Gleichzeitig sank die Dauer, um ein menschliches Gen zu bestimmen, von mehreren Tagen auf wenige Minuten.

Diese preiswerte und schnelle Entschlüsselung menschlicher Gene ermöglicht völlig neue Möglichkeiten im Gesundheitswesen und wird den Pharmamarkt revolutionieren.

Diese Perspektive veranlasste Wang Jun, »seine« BGI zu verlassen und Ende Oktober 2015 ebenfalls in Shenzhen ein neues Unternehmen zu gründen – iCarbonX. Er nahm ein paar wichtige Leute von BGI mit, darunter Li Yingrui, den Chief Scientist. Die prominenten Namen sammelten mehr als 600 Millionen Dollar Investment ein, darunter allein 200 Millionen vom Internetkonzern Tencent (Wo mischt der eigentlich nicht mit?). Schon nach kurzer Zeit war der Start-up mehr als 1 Milliarde Dollar wert. Was macht iCarbonX so wertvoll?

Li Yingrui: »Wir wollen für jede Person ein digitalisiertes Daten-Ecosystem erstellen, das sich aus ihren individuellen biologischen und psychologischen Daten zusammensetzt.« Big Data trifft auf Biologie und Medizin und kreiert den gläsernen Menschen. Das klingt zunächst erschreckend, aber auf den zweiten Blick eröffnen sich ungeahnte Möglichkeiten für die Behandlung von Krankheiten.

Das Stichwort heißt Präzisionsmedizin oder auch personalisierte Medizin. Das große Thema in der Gesundheitsbranche weltweit. Durch die vielen Daten, die man über den Patienten hat, kann man ihn sozusagen maßgeschneidert behandeln und auch eine sehr individualisierte Medizin verabreichen. Unter diesen Umständen wäre ein längeres Leben – vielleicht bis 150 – möglich.

Die Chinesen wittern auch hier ihre Chance, mit an der Spitze der globalen Bewegung zu stehen. Im März 2017 wurde während des Nationalen Volkskongresses die China Precision Medicine Initiative vorgestellt. Das 15-Jahres-Projekt ist eine Reaktion auf die ein Jahr zuvor in den USA ausgerufene US Precision Medicine Initiative. Die Finanzausstattung der beiden Programme sagt viel aus: In den USA gibt es lediglich 215 Millionen Dollar für ein Jahr, in China hingegen 9,2 Milliarden Dollar.

Auf diesem neuen Feld ist nicht nur iCarbonX unterwegs, sondern auch WuXiAppTec. Und einige Unternehmen wie Chi-Med oder BeiGene arbeiten bereits an konkreten Medikamenten, vor allem in der Krebsforschung.

Bislang war Chinas Pharmaindustrie stark zersplittert. Sie hat wenig selbst entwickelt, lebte eher vom Verkauf von Generika, also Arzneimitteln, die nach Auslaufen des Patentschutzes auf den Markt gebracht werden dürfen. Das könnte sich nun ändern. Die großen Pharmakonzerne des Westens ahnen schon, was da auf sie aus Fernost zukommen könnte. Luke Miels, Ex-Chef von AstraZeneca, sagt: »Ich will nicht ausschließen, dass China in zehn Jahren eine wichtige Quelle von Innovationen in der Pharmaindustrie sein wird.« Fast wortgleich die Aussage von Joe Jimenez, bis Ende 2017 CEO von Aventis: »China hat das Potenzial, in den nächsten zehn Jahren zu einer Macht in der globalen Pharmaindustrie zu werden.«

Dasselbe haben sie in der Chipindustrie vor.

Chip, Chip, hurra

China produziert jedes Jahr Millionen von elektronischen Geräten – vom Handys über Laptops bis hin zu Fernsehgeräten. Doch den wichtigsten Teil im Innern jedes dieser Geräte – den Chip – stellen sie meist nicht selbst her. Ihn müssen sie kaufen, in den USA, Korea, Japan oder auf Taiwan.

Schon 2012 läuteten deshalb in China die Alarmglocken. China musste zum ersten Mal mehr Geld für Chipimporte ausgeben als für Ölimporte. Knapp 90 Prozent aller in China verarbeiteten Chips im Wert von 190 Milliarden Dollar werden entweder importiert oder von ausländischen Firmen in China hergestellt. Von dieser Abhängigkeit von Amerikanern, Japanern, Koreanern, Taiwanesen will China wegkommen. »Wir können nicht von ausländischen Chips abhängig sein«, sagte Vizepremier Ma Kai. Er steht an der Spitze eines Parteikomitees, das einen Plan entworfen hat, wie das Land diese Abhängigkeit verringern kann.

Zunächst verfolgten die Chinesen die Strategie, Firmen im Ausland zu kaufen oder sich zumindest an ihnen zu beteiligen. Doch dieser Weg wurde ihnen schnell versperrt. Vor allem die Amerikaner genehmigen fast keine Übernahmen mehr. Zuletzt stoppte Donald Trump persönlich die Übernahme von Lattice Semiconductor durch eine Gruppe von Investoren, zu denen auch

China Venture Capital Fund gehörte. Davor gab es schon einige Ablehnungen in den USA. Aus Sicherheitsgründen. Chips gelten als sensible Produkte, die auch militärisch genutzt werden. Weil sie permanent im Ausland abblitzen, haben die Chinesen ihre Strategie geändert. Sie bauen nun selbst Chipfabriken. Wie immer, wird erst mal viel Geld zur Verfügung gestellt: 20 Milliarden Dollar fließen in einen Nationalen Chip-Finanzierungsplan. Lokale Regierungen haben ähnliche Fonds aufgelegt. Nach Schätzungen des US-Handelsministeriums addieren sich die diversen Unterstützungsgelder für die Halbleiterindustrie auf 140 Milliarden Euro. Nach den Plänen der Regierung sollen wenige wettbewerbsfähige Chiphersteller in China entstehen. Bislang ist dort die Industrie sehr stark zersplittert.

Einer der großen Hoffnungsträger in diesem Expansions- und Konsolidierungsprozess ist die Tsinghua Unigroup, die mehrheitlich der Tsinghua Group gehört, dem Investmentarm der renommierten Universität in Beijing. Das Unternehmen soll zu einem der drei größten Chiphersteller weltweit aufgebaut werden. Dazu werden dem Konzern rund 70 Milliarden Euro zur Verfügung gestellt. Derzeit baut er in Wuhan eine Fabrik für Memory-Chips. Kosten: 24 Milliarden Dollar. Zwei weitere Fabriken sind in der Planung.

Die zentrale Figur bei der Tsinghua Unigroup ist Zhao Weiguo. In seiner Jugend hütete er Schafe in der Provinz Xinjiang, schaffte es aber später auf die renommierte Tsinghua Universität, an der er Elektrotechnik studierte. Später baute er die Investmentfirma Beijing Jiankun Group auf, die in verschiedene Branchen investierte. Sie beteiligte sich schon 2009 mit 49 Prozent bei Tsinghua Unigroup. Sein Vermögen wird auf 2,6 Milliarden Dollar geschätzt.

Mehrmals versuchte sein Unternehmen, sich in amerikanische Chipunternehmen einzukaufen. Jedes Mal scheiterten die Versuche, darunter auch die Übernahme der beiden amerikanischen Chiphersteller Micron Technology und Western Digital. Zhao Weiguo spricht von einer »abnormalen Diskriminierung«. Selbst der Einstieg bei drei kleineren taiwanesischen Produzenten wurde dem Konzern aus Beijing verwehrt.

Wenn ich nicht das Unternehmen bekomme, kaufe ich eben die Leute, sagte sich Zhao und engagierte mehrere Micron-Manager, die jetzt mithelfen, die Fabrik in Wuhan aufzubauen und ans Laufen zu bringen. Und auch andere Chiphersteller aus Taiwan und Korea melden Abgänge von Topleuten Richtung China. Hunderte von Ingenieuren wurden abgeworben. Lee Pei-ing, Präsident von Nanya Tech, einem der führenden Chipproduzenten aus Taiwan, sagte, China ködere mit »sehr hohen Gehältern«.

Viele chinesische Unternehmen sind deshalb inzwischen multikulti. Auch DJI.

DJI, der größte Drohnenbauer der Welt

Eigentlich wollte Frank Wang an einer der Eliteuniversitäten in den USA studieren. Doch sowohl das MIT in Boston als auch Stanford University in Kalifornien wiesen den jungen Mann aus Hangzhou ab. Also studierte er eben Elektrotechnik an der Hongkong University of Science and Technology. Dort traf er mit Professor Li Zexiang auf jemanden, der das Talent von Frank Wang früh erkannte, den jungen Mann förderte und ihn schließlich auch bei der Gründung seines Unternehmens finanziell unterstützte.

Nach dem Studium zog Wang über die nahe Grenze ins benachbarte Shenzhen. In einem Apartment gründete er dort 2006 mit zwei seiner Kommilitonen das Unternehmen DJI – Da Jiang Innovations. Der Sohn einer Lehrerin und eines Ingenieurs hatte schon als Kind ein großes Faible für Modellflugzeuge, also baute er etwas Ähnliches: Drohnen.

Heute ist DJI die Nummer eins in der Welt, beherrscht über 70 Prozent des kommerziellen Drohnenmarkts. Der Wert des Unternehmens mit seinen 11 000 Mitarbeitern wird auf 8 bis 10 Milliarden Dollar taxiert. Und Frank, der gerne Brillen mit großen runden Gläsern sowie Wollmützen trägt, ist der jüngste Tech-Milliardär in Asien. Geschätztes Vermögen: 3,2 Milliarden Dollar.

DJI ist damit etwas gelungen, was chinesische Unternehmen bislang nicht geschafft haben. In einem neuen Markt gleich die innovative Führerschaft zu übernehmen. Benjamin Joffe vom Inkubator Hax in Shenzhen sagt: »DJI ist das erste Unternehmen der neuen chinesischen Welle von ›wahren‹ Innovatoren.« Keine Billigware, sondern Hightech-Produkte. Die vielen Fans bezeichnen das Unternehmen bereits als »Apple of Drones«.

Vision Software Park im Nan Shan District von Shenzhen. Gebäude Nummer 8, erste Etage. Hier befindet sich der Showroom von DJI. In ihm ist die ganze Palette von Drohnen, die DJI inzwischen im Angebot hat, auf weißen Konsolen aufgereiht. Da sind zunächst die Phantoms zu sehen, Anfängermodelle. Dann die Inspire-Serie für die Filmindustrie. Es ist eine große Vielfalt: Minidrohnen, faltbare Drohnen, Drohnen für Frauen, Drohnen für Amateure und Profis.

Die Anwendungs- und Einsatzgebiete von Drohnen entwickeln sich kontinuierlich. »Innerhalb von fünf Jahren haben wir uns von einem Hersteller von Drohnen, die nur Fotos machen, zu einem Drohnenspezialisten für Erste Hilfe und Landwirtschaft entwickelt«, sagt Vizepräsident Paul Xu der Nachrichtenagentur AFP. So setzt zum Beispiel die Feuerwehr in Brasilien und Kalifornien über brennenden Waldgebieten Drohnen ein, um einen Überblick über das Ausmaß der Katastrophe zu gewinnen. An der Ostküste Australiens fliegen Drohnen, um vor den Stränden nach Haien zu suchen.

In der Landwirtschaft, gerade auch in China, versprühen Drohnen Düngemittel und Pestizide und sparen dadurch Personal und Geld. In Zusammenarbeit mit der Lufthansa entwickelt DJI Drohnen, die so große Maschinen wie einen Jumbo, aber auch Windturbinen inspizieren können.

Doch es ist wie immer in China: Wenn einer eine gute Idee und ein gutes Produkt hat, stehen sofort die Nachahmer auf der Matte. Handyhersteller Xiaomi ist zum Beispiel mit seiner Mi Drone auf dem Markt. Konkurrent Ehang mit Sitz im nahen Guangzhou spezialisiert sich eher auf Drohnen, die Personen befördern können. Das Personal Flying Vehicle (PFV) Ehang 184 hat schon Testflüge hinter sich. Es kann eine Person rund 30 Minuten mit einer Geschwindigkeit von knapp 100 Stundenkilometern durch die Luft befördern.

Das ist noch Zukunftsmusik. Realitätsnaher ist ein anderer gigantischer Markt für einen künftigen Drohneneinsatz. Und dieser könnte verdammt lukrativ werden. Denn Drohnen könnten den gesamten Logistikmarkt revolutionieren. Viele Waren, die jetzt noch auf Straßen befördert werden, könnten in naher Zukunft mit Drohnen durch die Luft von A nach B geliefert werden. »Das dauert noch ein paar Jahre«, sagt DJI-Kommunikationschef Kevin On. Da gäbe es noch einige technische und regulatorische Hindernisse zu lösen.

Was Gesetze und Verordnungen anbetrifft, haben Chinas Drohnenbauer einen Wettbewerbsvorteil: Die Bestimmungen sind laxer als in den USA oder Europa. Man kann hier mehr experimentieren, bevor der Gesetzgeber mit Regeln und Gesetzen zuschlägt. Aber irgendwann meldet sich auch dieser in China zu Wort. Zum Beispiel müssen sich ab 1. Juni 2017 die Besitzer von Drohnen, die mehr als 250 Gramm wiegen, registrieren lassen. Aufgeschreckt wurden die Bürokraten unter anderem durch einen Zwischenfall auf dem Flughafen von Chengdu. Dort kam es im April 2017 zu mehr als 100 Flugausfällen, weil Drohnen über dem Gelände kreisten.

Solche notwendigen Regelungen wird das Geschäft von DJI freilich nicht negativ beeinflussen. Längst ist das Unternehmen international aufgestellt. Es gibt Flagship-Stores in Seoul, Hongkong und Shanghai sowie Vertriebsbüros in Frankfurt und Los Angeles. Die Rechtsabteilung sitzt in New York. Geforscht wird in Palo Alto, Japan, Hongkong und natürlich vor Ort in Shenzhen. 1 500 bis 2 000 Ingenieure sind im Einsatz.

»Wir sind eine Multikulti-Truppe«, sagt Kevin On. Er selbst ist das beste Beispiel: Aufgewachsen ist er und studiert hat er in Kanada. Er wohnt in Hongkong, fährt jede Woche von dort für zwei bis drei Tage rüber nach China, nach Shenzhen.

Shenzhen – so scheint es – ist der ideale Standort für DJI. »Ich denke, dass DJI nur in Shenzhen passieren konnte«, sagt der Amerikaner Michael Perry, der Direktor für strategische Partnerschaft bei DJI ist. Denn Shenzhen hat einen großen Vorteil: Man kann seine Ideen sofort in Produkte umsetzen.

Shenzhen, das Silicon Valley Chinas

Shenzhen ist eine seltsame, eine eigenartige Stadt. Es gibt kein Zentrum wie in Beijing, Shanghai oder Chongqing. Sie liegt mitten in der Provinz Guangdong (Kanton) und fast keiner spricht Kantonesisch, die meisten reden Mandarin. Kaum jemand stammt aus Shenzhen, keiner hat hier irgendwelche Wurzeln. Alle sind irgendwann in den letzten Jahren und Jahrzehnten zugezogen.

Der fast 90-jährige amerikanische Sinologe und Politikwissenschaftler Ezra F. Vogel kennt die Stadt und die Umgebung wie fast kein anderer. Er sagt: »Keine Stadt in der Welt ist so gewachsen wie Shenzhen«. Er kennt Shenzhen noch, wie es Anfang der 80er Jahre eine Ansammlung von Fischerdörfern war und gerade mal etwas über 300 000 Einwohner zählte. Vier von fünf von ihnen waren entweder Fischer oder Bauer. Es soll damals nur zwei Ingenieure in der ganzen Stadt gegeben haben und ganze acht Kilometer geteerte Straßen.

Heute durchziehen vier- oder sechsspurige Alleen diese weitläufige Stadt. Auf ihnen fahren Elektrobusse und Elektrotaxis. Viel Grün säumt die breiten Straßen.

Heute wohnen hier 11 – oder sind es schon 12 oder noch mehr – Millionen Menschen.

Aus dem Fischerdorf wurde eine Stadt der Wolkenkratzer. Mehr als 50 Gebäude sind derzeit höher als 200 Meter, weitere 48 in dieser Größenordnung sind in Bau.

Heute ist Shenzhen ein teures Pflaster. Nirgendwo anders in China sind die Mieten und die Preise für Immobilien so hoch wie hier. Häuser gehen hier für 6 500 Dollar pro Quadratmeter weg.

Heute ist die Stadt eine Kreativmetropole, wo zum Beispiel im OCT-Loft, einem ehemaligen Fabrikgelände, ein bunter Mix aus Buchläden, Cafés, Galerien und Restaurants fast vergessen lässt, dass das hier immer noch ein autoritärer Staat ist, der kreative Vielfalt nicht besonders schätzt.

Wie konnte es zu diesem phänomenalen Aufstieg Shenzhens kommen?

Es begann, wie so vieles in diesem Land, mit Deng Xiaopings Reformpolitik. 1980 wurde Shenzhen von ihm zur ersten Sonderwirtschaftszone erklärt. Es war die einmalige Lage, die bei der Auswahl eine entscheidende Rolle spielte. Nur ein Fluss (der auch Grenze ist) trennt die Stadt von Hongkong, das damals wirtschaftlich sehr erfolgreich war. In der britischen Kronkolonie gab es diese typischen mehrstöckigen Fabriken, in denen Bekleidung, Schuhe, Uhren, Spielzeuge und andere Konsumgüter hergestellt wurden. Deng hoffte, dass Shenzhen von dem wirtschaftlichen Elan und Spirit Hongkong einiges abbekommen würde. Deng, Meister der blumigen Formulierungen, sagte damals: »Lasst den Westwind herein.«

Und es kamen aus dem Westen die Fabriken (weil der Standort Hongkong immer teurer wurde) und aus dem Osten die (Wander-)Arbeiter. Diese Kombination bescherte Shenzhen in den 80er Jahren den ersten großen Boom. Fabriken aus Hongkong wanderten über die Grenze ins wesentlich günstigere Shenzhen und sein Hinterland.

Als jedoch nach 1989 China politisch wie wirtschaftlich stagnierte und eine Ungewissheit über dem Lande lastete, kam erneut Deng Xiaoping nach Shenzhen. Auf seiner berühmten Tour durch den Süden im Januar 1992 kündigte er ein Fortführen der Reformpolitik an. Damals besichtigte er auch das Guomao-Hochhaus. Alle drei Tage wurde dort ein neues Stockwerk draufgesetzt. Das beeindruckte Deng. Er sprach von der »Shenzhen-Geschwindigkeit«.

Die gibt es heute noch, nur hat sich die Geschwindigkeit noch weiter beschleunigt. Nirgendwo kann man Ideen schneller umsetzen als hier. In Shenzhen kannst du morgens eine Idee haben und sie am Nachmittag schon in einen Prototyp oder einer Miniserie umsetzen.

Beispiel DJI: Im Headquarter des Drohnenherstellers sitzen die Tüftler, die Forscher, die Ingenieure. Nur ein paar Autominuten davon entfernt ist die Fabrik, wo all diese Geräte produziert werden. Diese Nähe von Software und Hardware ist einzigartig auf der Welt.

Und das ist auch der Vorteil von Shenzhen gegenüber dem Silicon Valley.

Man sollte mit den Silicon-Valley-Vergleichen vorsichtig sein. Sie werden geradezu inflationär benutzt. Aber im Falle Shenzhen ist der Vergleich gerechtfertigt. Weil die Stadt im Perlflussdelta liegt, nennen manche die Gegend auch »Silicon Delta«.

Hier sitzen mit Huawei, Tencent und ZTE die stärksten und besten IT-Unternehmen des Landes; hier gibt es industrielle Cluster; hier geschieht F+E in den Unternehmen, nicht an Unis oder Forschungsinstituten; und hier geben die lokalen Regierungen den Unternehmen jegliche Unterstützung.

Inzwischen ist in Shenzhen ein Ecosystem von Wagniskapitalgebern, Acceletaroren und Inkubatoren (in denen sich mehr als 8500 Start-ups tummeln sollen) entstanden, das selbst mit dem Beijinger Nordwesten – dem anderen Hightech-Zentrum des Landes – mithalten kann.

Und wenn Beijing von einer Metropolregion mit 130 Millionen Einwohnern träumt, setzt Shenzhen dem die Vision für 2030 entgegen: ShenKong (Shenzhen plus Hongkong). Bezeichnend: Shenzhen steht an erster Stelle, nicht Hongkong. Die anderen, vor allem die in Peking sitzen, nennen es Greater Bay Area. Ähnlichkeiten mit der Bay Area rund um San Francisco (inklusive Silicon Valley) sind nicht zufällig. Aber durch den kleinen Zusatz »Greater« will man zeigen, dass man doch etwas größer denkt und plant als die Kalifornier.

Wenn man die ganze Perlflussregion betrachtet, ist das auch berechtigt. Denn jede Stadt in diesem Konglomerat kann ihren spezifischen Vorteil einbringen: Hongkong steht für Finanzen und Dienstleistungen, Macau für Unterhaltung, Shenzhen für Innovationen, Guangzhou für Handel und die Städte Foshan und Dongguan für Produktion. Die Summe dieser Vorteile ergibt ein gigantisches, weltweit nahezu einmaliges Cluster.

Einer der großen Protagonisten dieser Idee ist Pony Ma, Tencent-Chef. Ma, sonst eigentlich kein Freund großer Töne, schwelgt mal ausnahmsweise: »China hat die Fähigkeit und Möglichkeit, eine Bay Area von technologischer Weltklasse zu errichten und damit die Führerschaft in der globalen Tech-Revolution zu übernehmen.«

Das ist eine deutliche Kampfansage.

Wie muss, wie kann der Westen auf diese Herausforderung aus Fernost reagieren?

Immer mehr Innovationen werden aus China kommen, und der Know-how-Vorsprung des Westens wird empfindlich schrumpfen. Gerade bei den sogenannten Zukunftstechnologien – von Elektromobilität über künstliche Intelligenz bis Gentechnik – kann uns China ein- oder sogar überholen, weil es auch eine erfolgreiche staatliche Industriepolitik betreibt. Außerdem hat sich in China in den vergangenen Jahren eine sehr innovative Start-up-Szene entwickelt, die vergleichbar mit der im Silicon Valley ist. Jetzt liegt es an uns, auf diese Entwicklung zu reagieren. Aufhalten lässt sich die machtvolle chinesische Konkurrenz auf jeden Fall nicht mehr.

Schluss
BEGRÜSSEN ODER ABWEISEN – wie soll Europa auf die neuen Konkurrenten reagieren?

»Statt zu bedauern, dass die großen Champions des Digitalen heute Amerikaner sind und morgen Chinesen, sollten wir uns in die Lage versetzen, europäische Champions hervorzubringen.«

*Emmanuel Macron,
französischer Staatspräsident*

China – das ist das klare Resümee dieses Buches – wird also wirtschaftlich und technologisch stärker werden. Seine Unternehmen werden innovativer und internationaler werden. Sie werden deshalb auch hierzulande weitere Unternehmen kaufen oder sich an solchen beteiligen. In ihrem Visier sind vor allem Firmen in den Industrien, die in der Agenda 2025 stehen. In diesen Branchen wird es verstärkt zu Übernahmen kommen. Überall da, wo es China vorerst, das heißt in den nächsten Jahren, nicht aus eigener Kraft an die Weltspitze schafft, werden sie Know-how via Unternehmen zukaufen.

Geld ist dabei nicht der limitierende Faktor. Erstens haben viele chinesische Unternehmen viel Cash, weil sie in ihrem Land satte Gewinne machen, und zweitens macht der Staat mithilfe seiner großen Staatsbanken immer günstige Kredite locker, wenn es darum geht, in strategisch wichtige Firmen im Ausland zu investieren. Der Fall ChemChina/Syngenta ist dafür ein guter Beleg. ChemChina hätte die Übernahme von Syngenta nie und nimmer alleine stemmen können.

Doch gegen die Aufkäufe regt sich Widerstand in der westlichen Welt – sowohl in den USA als auch in der EU, dort vor allem in Deutschland und Frankreich. Dabei gibt es unterschiedliche Befürchtungen und Interessenlagen. Die Amerikaner haben mehr Angst vor einem Technologieklau und Ausspähungen in ihrem militärisch-industriellen Komplex, während die Europäer fürchten, durch Übernahmen ihren Wettbewerbsvorteil zu verlieren.

Die Rolle der Deutschen ist besonders prekär. Sie sind in einer etwas unangenehmen Zwickmühle. Einerseits sind sowohl die Wirtschaft wie auch die Politik eines Landes, dessen Wohlstand zu einem großen Teil auf seinen Exporterfolgen basiert, für offene Märkte. Sowohl offen für Waren als auch für Investitionen. Aber andererseits will man hierzulande nicht tatenlos zusehen, wie chinesische Unternehmen sich die Filetstücke der deutschen Wirtschaft schnappen. Diese Ängste kamen besonders während des Jahres 2016 hoch, als der chinesische Konzern Midea den Augsburger Roboterhersteller Kuka übernahm.

Um es ganz klar zu sagen: Natürlich dürfen chinesische Firmen sich an ausländischen Firmen beteiligen oder sie übernehmen. Schließlich war es ja der Westen, der China 2001 aufgefordert hat, der Welthandelsorganisation WTO beizutreten und sich damit in die Weltwirtschaft zu integrieren. Und dazu gehören eben auch die Teilnahmen am globalen M&A-Spiel. Nur: Dieses Spiel hat gewisse Regeln. Eine heißt Reziprozität – oder im Jargon der Diplomaten *level playing field*.

Aber die Chinesen halten sich selbst nicht an diese Spielregel. Geely darf zum Beispiel Volvo kaufen. Dürfte aber Volkswagen – nur um ein Beispiel zu nennen – Geely kaufen? Nein, dagegen sprechen chinesische Gesetze.

Politik und Wirtschaft in Deutschland und EU kritisieren dieses Verhalten. Stellvertretend sei BDI-Präsident Dieter Kempf zitiert: »Während chinesische Unternehmen einen vergleichsweisen freien Zugang zum europäischen Markt genießen, stoßen deutsche Unternehmen in China immer noch auf hohe Barrieren.«

Deutschland (und die EU) pochen deshalb auf Reziprozität, aber China geht darauf nicht ein. Seine Führung betreibt geschickt ein Chamäleonspiel. Je nach Interessenlage gibt es sich mal als Industrie-, mal als Entwicklungsland. Im Falle möglicher

Übernahmen schlüpft China – die zweitgrößte Wirtschaftsmacht der Welt – gerne in die Rolle eines Dritte-Welt-Landes und argumentiert: Wir sind noch nicht so weit und müssen deshalb gewisse Industrien schützen.

Nach außen dagegen gibt sich China als großer Verfechter des Freihandels. In seiner berühmten Davos-Rede vom Januar 2017 sagte Xi Jinping: »China wird seine Tore weit offenhalten und nicht schließen. Und wir hoffen, dass andere Länder dies ebenfalls für chinesische Investoren tun.« Im *European Business in China – Position Paper 2017/18* hört sich das ganz anders an: »Es scheint so, dass sich China in vielen Bereichen nicht öffnet, sondern eher dicht macht.«

Und weiter heißt es in dem alljährlichen Beschwerdekonvolut der Europäischen Handelskammer in China: Die europäische Wirtschaft sei ermüdet von diesen ständigen Versprechungen. Eine Haltung, die von der Politik geteilt wird. EU-Botschafter Hans Dietmar Schweisgut sagte gegenüber der *South China Morning Post:* »Die Unternehmen sehen eine zunehmende Lücke zwischen der Rhetorik und der Realität.«

China wird in nächster Zeit keine generelle Reziprozität anbieten (auch wenn im Finanzbereich eine ermutigende Öffnung angekündigt wurde). Wie soll, wie kann man im Westen auf eine solche Politik reagieren?

Es gibt zwei Möglichkeiten. Eine reaktive: Die Administrationen bauen bürokratische Mauern auf und erschweren chinesischen Unternehmen den Eintritt. Und eine proaktive: Deutschland oder am besten die EU als Ganzes betreiben wie die Chinesen eine Industriepolitik oder eine Technologiepolitik.

Den ersten Weg des Mauerbaus gehen zum Beispiel Australien und die USA.

Die Mauern der anderen: Australien und USA

In keinem Land wird die Diskussion über Chinas Investitionen so intensiv geführt wie in Australien. Das ist kein Wunder, denn die Chinesen sind der größte Investor auf dem fünften Kontinent. Sie kaufen Äcker, Häuser, Land und Minen. Mittlerweile sind die Chinesen die größten ausländischen Besitzer von landwirtschaftlichen Flächen. Manche warnen deshalb vor einem Ausverkauf des Landes. Geoff Raby hingegen, der ehemalige Botschafter in China, kritisiert die Hysterie um die chinesische Bedrohung in Australien.

Die Regierung in Canberra ist jedenfalls sensibilisiert. Als 2016 der chinesische Stromgigant State Grid (zusammen mit einem Unternehmen des Hongkonger Tycoons Li Ka-shing) den Versorger Ausgrid übernehmen wollte, sagte die Regierung Nein. Eine Entscheidung, die auf Informationen des FIRB – Foreign Investment Review Board – basierte.

Der FIRB untersucht ausländische Investitionen, wenn sie gewisse Kriterien erfüllen. Bereits bei einer Beteiligung von über 20 Prozent an einem australischen Unternehmen wird es aktiv. Bei Landkäufen ist die Schwelle 50 Prozent. Ab 31. März 2016 verschärfte Australien die Regeln. Verkäufe von kritischer Infrastruktur sollen nun generell untersucht werden. Bis dato wurden solche Übernahmen nur untersucht, wenn die Käufer staatliche Unternehmen waren. Nun werden aber auch die Käufe von privaten Firmen genauer unter die Lupe genommen.

Im Januar 2017 gab es dann eine weitere Verschärfung: Es wurde das Critical Infrastructure Centre (CIC) geschaffen, das beim australischen Generalstaatsanwalt angedockt ist. Das CIC, das den FIRB berät, soll Investitionen in Häfen, Wasser-, Strom- und Telekomunternehmen untersuchen. Australien hat damit wohl das umfangreichste Bollwerk gegen ausländische Investoren geschaffen.

Was den Australiern ihr FIRB, ist den Amerikanern ihr CFIUS. Das Kürzel steht für Committee on Foreign Investment in the United States. Es ist beim amerikanischen Finanzministerium angesiedelt, aber in dem Gremium sitzen auch Vertreter anderer Ministerien. Das CFIUS untersucht, wenn ausländische Investitionen in »kritische Infrastruktur« getätigt werden oder die nationale Sicherheit gefährdet ist. Welche Industrien darunterfallen, wird bewusst offengelassen.

Das CFIUS kann aber Deals nicht verbieten. Das kann allein der Präsident. Donald Trump hat das bereits getan, als er im September 2017 den Verkauf des Chipherstellers Lattice Semiconductor an einen chinesischen Investor untersagte. Das CFIUS ist kein Instrument, das nur gegen chinesische Investitionen in den USA gerichtet ist. Aber die Chinesen stellten das größte Kontingent der untersuchten Fälle. Zwischen 2012 und 2015 waren es allein 97. Inzwischen gibt es in den USA eine Diskussion über das CFIUS, weil es zu lasch ist. Es gibt Forderungen, das System zu reformieren. Die US-China Economic and Security Review Commission (USCC) schlug in ihrem Jahresbericht vor, dass der Kongress CFIUS autorisieren solle, den Einstieg von chinesischen Staatsunternehmen bei US-Unternehmen generell zu verbieten. Auch die beiden Wissenschaftler Daniel Kliman und Harry Krejsa vom Center for a New American Security (CNAS) kritisieren das CFIUS als zu schwach und zu überlastet. Sie schlagen stattdessen ein National Economic Competition Center (NECC) vor.

Die Politik hat sich dem Thema inzwischen angenommen. Die beiden Senatoren John Cornyn (Republikaner) und Dianne Feinstein (Demokraten) legten einen entsprechenden Gesetzesentwurf vor. Cornyn sagt: »Das CFIUS ist nicht mehr zeitgemäß, es bedarf einer Modernisierung.« Modernisierung heißt in seiner Sprache Verschärfung.

Die Amerikaner tun also etwas. Und was macht Europa? Taugt das CFIUS als Vorbild für Europa?

Eine europäische Mauer?

Die 28 EU-Staaten sind sich uneinig. Sie haben keine gemeinsame Linie gegenüber dem aufstrebenden China. Die beiden Achsenmächte Deutschland und Frankeich sowie vielleicht noch Italien könnten sich auf ein etwas restriktiveres Vorgehen gegen China einigen, aber der große Rest wird da nicht mitspielen. Aus unterschiedlichen Gründen.

Die Nordeuropäer (und auch die Niederlande) sind eher freihändlerisch-liberal unterwegs. Der Aufschrei, als Geely die schwedische Traditionsmarke Volvo kaufte, war jedenfalls in dem skandinavischen Land nicht sehr laut. In Deutschland wäre der Lärm deutlich vernehmbarer, wenn – nur mal angenommen – ein chinesischer Hersteller Daimler oder BMW übernehmen würde.

Die Ost- und Südeuropäer hingegen stehen in einer gewissen Abhängigkeit von und Dankbarkeit gegenüber China. Das Land hat in diesen Ecken Europas – insbesondere in Portugal, Griechenland und Ungarn – einiges investiert. Das zahlen diese Länder mit politischem Goodwill zurück. Sebastian Heilmann, Chef von Merics, sagt: »Es fließt viel Geld nach Ungarn etwa oder nach Tschechien. So kauft sich Peking Einfluss.« Dreimal bereits hat Griechenland im Sinne Chinas gestimmt, gegen die anderen EU-Staaten. Und Ungarns Ministerpräsident Viktor Orbán argumentiert bereits in der Sprache Beijings: »Ein beträchtlicher Teil der Welt hat genug davon, von den westlichen Industrienationen über Menschenrechte und Marktwirtschaft belehrt zu werden.« Das sagte er im Mai 2017 – natürlich in Beijing.

China hat geschickt einen Keil in die EU getrieben. Treiber sind vor allem die sogenannten 16+1-Gespräche. Seit April 2012 finden zwischen China und 16 süd- und osteuropäischen Ländern, darunter auch fünf Nicht-EU-Mitgliedern, jährliche Gipfeltreffen statt. Die Runde hat sogar ein ständiges Sekretariat.

Angesichts dieser Aktivitäten klingt es eher nach einem frommen Wunsch, wenn der ehemalige Außenminister Sigmar Gabriel nach einem Treffen mit Macron sagte: »Wenn es uns nicht gelingt, eine (gemeinsame) Strategie gegenüber China zu entwickeln, dann wird es China gelingen, Europa zu spalten. Wir sollten nicht nur eine Ein-China-Politik haben, sondern China sollte auch eine Ein-Europa-Politik haben, die nicht versucht, uns zu spalten.«

Es ist leider illusorisch anzunehmen, dass die EU sich auf eine gemeinsame Chinapolitik einigt. Deshalb sollten wenigstens ein paar Staaten vorangehen. Offenbar ist zumindest ein Trio aus Frankreich, Italien und Deutschland auf gemeinsamer Linie. In einem Brief der Wirtschaftsminister aus diesen drei Ländern an EU-Handelskommissarin Cecilia Malmström heißt es: »Wir sind besorgt über den Mangel an Gegenseitigkeit und einen möglichen Ausverkauf von europäischer Expertise.« Obwohl China in diesem Brandbrief vom Februar 2017 nicht expressis verbis erwähnt wird, war klar, dass dieses Land gemeint war.

Im Sommer 2017 legte die damalige Wirtschaftsministerin Brigitte Zypries an EU-Kommissionspräsident Jean-Claude Juncker nach. In einem Brief schreibt sie, dass von chinesischer Seite »seit einiger Zeit eine einseitige Konzentration auf Unternehmen der Hoch- und Schlüsseltechnologie zu beobachten« sei, die »deutliche Bezüge zur Strategie China 2025« aufweise. Juncker hatte verstanden. Es bestand Handlungsbedarf. Er entzog der zaudernden Schwedin Malmström (»Alle sagen, die EU soll handeln, aber wie?«) die Hoheit über das Dossier. Und in seiner State-of-the-Union-Rede vor dem Europäischen Parlament am 13. September 2017 sprach er Klartext wie selten zuvor: »Lassen Sie es mich ein für alle Mal sagen: Wir sind keine naiven Freihändler. Europa muss immer seine strategischen Interessen verteidigen.« Die EU-Kommission schlage deshalb einen neuen Rahmen zur Überprüfung von Investitionen vor, ein *Investment Screening*. Denn, so Junckers weitere Argumentation: »Wenn ein ausländisches Staatsunternehmen die Absicht hat, einen europäischen Hafen, einen Teil unserer Energie-Infrastruktur oder ein Unternehmen im Bereich der Verteidigungstechnologie zu übernehmen, dann sollte dies in aller Transparenz sowie nach eingehender Prüfung und Debatte geschehen.«

Der von Juncker angesprochene Entwurf der EU-Kommission sieht keine europäische CFIUS vor, aber er erlaubt den Mitgliedstaaten verschärfte Prüfungen vorzunehmen, wenn sie Sicherheit oder öffentliche Ordnung durch eine Übernahme in Gefahr sehen. Dies ist der Fall bei kritischen Infrastrukturen wie Strom oder Telekom, Datenspeicherung oder Finanzdienstleistungen. Aber auch bei kritischen Technologien wie KI, Halbleiter und Robotik.

All dies – ob in Berlin oder Brüssel ausgedacht – sind reaktive Maßnahmen. Und solange Beijing keine Reziprozität anbietet, sind dies auch notwendige Instrumente.

Aber zusätzlich braucht es auch eine proaktive Politik – eine europäische Industriepolitik.

Es ist Zeit für eine – europäische – Industriepolitik

Industriepolitik? Igittigitt! Sozialistisches Teufelszeug aus der Mottenkiste der Planwirtschaft! Welche garstigen Worte werden einem nicht alle entgegengeschleudert, wenn man hierzulande diesen Begriff auch nur erwähnt!

Wir führen in Deutschland eine ziemlich ideologiebehaftete Diskussion über Sinn und Unsinn einer Industrie- oder Technologiepolitik. Die ordoliberalen Puristen sehen eine solche Politik als unvereinbar mit der Marktwirtschaft an. Ihr Standardargument: Der Staat oder in personae die Beamten wissen nicht besser als die Unternehmen, in welche Märkte und Produkte man investieren soll.

Wir betreiben in Deutschland längst eine Industriepolitik. Bestes Beispiel: Der Ausstieg aus der Atomenergie. Sich aus einer Industrie per Mehrheitsbescheid zu verabschieden, ist Industriepolitik par excellence. Wenn das keine Industriepolitik ist, was dann?

Es ist endlich Zeit für eine Entideologisierung der Debatte hierzulande. Wenn einer unserer wichtigsten Konkurrenten – China – eine doch recht erfolgreiche Industrie- oder Technologiepolitik betreibt, können wir uns dann noch erlauben, abseits zu stehen?

Klare Antwort: Nein.

Einer der wenigen aus der Zunft der Ökonomen, der ähnlich tickt, ist der Würzburger Volkswirtschaftsprofessor Peter Bofinger, als Mitglied des Sachverständigenrates einer der fünf Weisen. In einem Artikel für die *Frankfurter Allgemeine Sonntagszeitung* schrieb er im August 2017: »Wir stehen vor einem spannenden Experiment. Auf der einen Seite das gute alte deutsche ordnungspolitische Ideal, auf der anderen Seite gibt es China mit seiner aktiven Innovations- und Industriepolitik. Wir sollten nicht warten, bis wir in zwei oder drei Jahrzehnten das Ergebnis sehen, sondern besser schon heute die Möglichkeiten einer aktiveren Industriepolitik für Deutschland und Europa diskutieren.«

Die Reaktion der anderen vier erfolgte prompt eine Woche darauf. Sie attestierten ihrem Kollegen ziemlich direkt, er verstehe nichts von Ökonomie. Aber vielleicht ist es eher umgekehrt. Die vier Professoren denken sich in ihrem ordoliberalen Elfenbeinturm eine ideale Welt zurecht, die es draußen so nicht gibt. Sie pflegen ihr simples dichotomes Weltbild: Hier der träge, bürokratische Staat, dort die dynamischen, innovativen Unternehmen.

Die vier Weisen aus dem Abendland sollten mal das Buch *Das Kapital des Staates* ihrer britischen Kollegin Mariana Mazzucato (lehrt an der Universität von Sussex) lesen. Sie kommt darin zu dem – für viele eingefleischte Marktwirtschaftler überraschenden und unbequemen – Schluss: »Bei den meisten radikalen, revolutionären Innovationen, die den Kapitalismus vorangetrieben haben – von Eisenbahnen über das Internet bis aktuell zur Nanotechnologie und Pharmaforschung – kamen die frühesten, mutigsten und kapitalintensivsten ›unternehmerischen‹ Investitionen vom Staat.« Und als Beispiel aus der neuesten Zeit zitiert sie das Kultprodukt aus dem Hause Apple – das iPhone: »All die Technologien, die (Apple-Gründer Steve) Jobs's iPhone so smart machten (Internet, GPS, Touchscreen-Displays), wurden vom Staat finanziert.«

Überraschend bei ihrer Analyse: »Das Land, das nach verbreiteter Einschätzung die Vorteile des freien Markts am besten verkörpert, hat sich bei Innovationen tatsächlich besonders interventionistisch verhalten.« Sie meint die USA, allerdings die USA vor dem forschungsfeindlichen Trump.

In den USA gibt es einige staatliche Institutionen, die massiv Innovationen vorangetrieben haben: National Science Foundation (NSF), Small Business Innovation Research (SBIR), die National Institutes of Health (NIH) und die Defense Advanced Research Projects Agency (DARPA). Diese kleine, aber sehr effiziente Behörde innerhalb des Verteidigungsministeriums hatte in den 60er und 70er Jahren erheblichen Anteil an der Entwicklung der Computerindustrie. Später hat sie das Internet erfunden und kommerzialisiert.

DARPA – ein Vorbild für Europa? Ja, sagt Emmanuel Macron. In seiner Sorbonne-Rede Ende September 2017 forderte er: »Ich möchte, dass Europa sich an die Speerspitze dieser (digitalen) Revolution durch radikale Innovation stellt. Lassen Sie uns in den kommenden zwei Jahren eine Europäische Agentur für radikal neuartige Innovationen gründen, so wie es die USA mit der DARPA getan haben.«

Und Macron entwickelt in der Sorbonne einen weiteren Gedanken: »Statt zu bedauern, dass die großen Champions des Digitalen heute Amerikaner sind und morgen Chinesen, sollten wir uns in die Lage versetzen, europäische Champions hervorzubringen.«

Der Hintergedanke: Wenn China nationale Champions züchtet, müssen wir dann nicht auch europäische Champions züchten?

In der Luftfahrtindustrie ist das ja bereits geschehen. Seit Jahrzehnten bauen europäische Firmen unter einem gemeinsamen Firmendach zusammen den Airbus. Deutsche und Franzosen dominieren. Sitz ist im südfranzösischen Toulouse, Chef ist mit Tom Enders ein Deutscher. War das Modell erfolgreich? Technologisch ja, wirtschaftlich auch. Airbus hat sich neben der amerikanischen Boeing als der zweite Anbieter in der Flugzeugbranche etabliert.

Nun vollzieht sich in der Bahnindustrie Ähnliches. »Eisenbahn-Airbus« nennen es deshalb Macrons Berater. Die beiden Elektrokonzerne Alstom (Frankreich) und Siemens (Deutschland) legen ihre Bahnaktivitäten zusammen. Der TGV wird sozusagen an den ICE gekoppelt – oder auch in umgekehrter Wagenreihung. Die Fusion ist ganz klar eine Antwort auf den chinesischen Giganten CRR.

Im Schiffbau wird auch an der Bildung eines europäischen Champions gearbeitet. Mit von der Partie sind französische und italienische Werften.

Und weiter geht es mit den Airbus-Clones: »Was wir brauchen, ist ein Airbus für Batterien«, sagt EU-Energiekommissar Maroš Šefčovič und rief zu einem Batteriegipfel Mitte Oktober 2017 nach Brüssel. Das macht in Zeiten der Elektromobilität großen Sinn: Die Batterie ist der Motor von morgen. Die Chinesen bauen bereits gigantische Fabriken auf. Wir in Europa dagegen haben nichts, drohen den Anschluss zu verlieren.

Ob Flugzeuge, Eisenbahnen, Batterien oder andere Zukunftsindustrien – wir müssen in Europa mehr kooperieren. Und manchmal muss dabei die lenkende Hand aus Brüssel eingreifen. Denn nur so können in diversen Branchen europäische Firmen gegenüber den staatlich gepäppelten Giganten aus Fernost bestehen.

Wir Europäer stehen in einem Wettbewerb nicht nur zwischen Unternehmen, sondern zwischen zwei Systemen. Das ist die neue Qualität der Auseinandersetzung, an die wir uns erst gewöhnen müssen. Aber es ist nicht wie in Zeiten des Kalten Krieges, wo sich zwei große Ideologien duellierten: Kapitalismus gegen Kommunismus. Es sind vielmehr zwei Spielarten des Kapitalismus, die sich gegenüberstehen: ein liberaler Kapitalismus versus ein partiell staatlich gelenkter Kapitalismus.

Mit dieser Erkenntnis heißt es auch Abschied nehmen von einer positiven wie negativen Illusion über China. Zu lange glaubten viele im Westen, China würde mit steigendem Wohlstand irgendwann wie wir werden. Das war die Hoffnung der Modernisierungstheoretiker. Die negativen Wunschdenker hingegen glaubten, dass das chinesische System an seinen Widersprüchen zerbrechen würde. Denn nach ihrer Lesart kann es nicht sein, dass sich in einem politisch autoritären System ein Wirtschaftssystem mit marktwirtschaftlichen Elementen entfalten kann.

Keines der beiden Szenarien ist aber eingetreten. China hat vielmehr seinen eigenen wirtschaftlichen Weg gefunden. Und zu diesem durchaus erfolgreichen Weg gehören die vielen – in diesem Buch beschriebenen – Unternehmen, die zunehmend jenseits der chinesischen Grenze auftreten werden und unsere Konkurrenten werden oder schon sind.

Wir werden uns deshalb an ihre Namen gewöhnen müssen.

LITERATUR

Bouée, Charles-Edouard: China's Management Revolution, London 2010

Breznitz, Dan; Murphree, Michael: Run of the Red Queen – Government, Innovation, Globalization, and Economic Growth in China, New Haven 2011

Brown, Kerry: CEO, China – The Rise of Xi Jinping, London 2016

Cardenal, Juan Pablo; Araújo, Heriberto: Freundliche Übernahme – Chinas Griff nach Europa, München 2016

Clark, Duncan: Alibaba: The House That Jack Ma Built, New York 2016

Du Yang; Bin Liu: The Rise & Fall of China's Top 500 Companies, London 2015

Economy, Elizabeth; Levi, Michael: By All Means Necessary – How China's Resource Quest is Changing the World, Oxford 2014

Erisman, Porter: Alibaba's World: How a Remarkable Chinese Company Is Changing the Face of Global Business, London 2015

Fischer, Bill; Lago, Umberto; Liu Fang: Reinventing Giants – How Chinese Global Competitor Haier Has Changed the Way Big Companies Transform, San Francisco 2013

Fischer, Doris; Müller-Hofstede, Christoph (Hrsg.): Länderbericht China, Bonn 2014

Fuller, Douglas: Paper Tigers, Hidden Dragons: Firms and the Political Economy of China's Technological Development, Oxford 2016

Gervasi, Marco: East Commerce: A Journey Through China E-Commerce and the Internet of Things, Chichester 2016

Greeven, Mark J.; Wei Wei: Business Ecosystems in China: Alibaba and Competing Baidu, Tencent, Xiaomi and LeEco, London 2017

Haour, Georges; von Zedtwitz, Max: Created in China – How China is Becoming a Global Innovator, London 2016

Hu Leng: Ma Huateng – Tencent, A Business and Life Biography, London/New York 2017

Hu Yong; Hao Yuzhou: Haier Purpose, Oxford 2011

Huang, Yasheng: Capitalism with Chinese Characteristics: Entrepreneurship and the State, Cambridge 2008

Jacobs, Mark: Yiwu, China: A Study of the World's Largest Small Commodities Market, Paramus 2016

Jakobson, Linda (Hrsg.): Innovation with Chinese Characters. High Tech Research in China, Basingstoke/New York 2007

Jungbluth, Cora: Going Global – Die internationale Expansion chinesischer Unternehmen, Baden-Baden 2015

Kokas, Aynne: Hollywood Made in China, Oakland 2017

Kroeber, Arthur R.: China's Economy, What Everyone Needs to Know, Oxford 2016

Lardy, Nicholas: Markets Over Mao – The Rise of Private Business in China, Washington 2014

Le Corre, Philippe; Sepulchre, Alain: China's Offensive in Europe, Washington 2016

Ling Zhijun: The Lenovo Affair – The Growth of China's computer giant and its takeover of IBM-PC, Singapur 2005

Ling Zhu: Building Wealth in China, 36 True Stories of Chinese Millionaires and How They Made Their Fortunes, New York 2010

Liu Qiao: Corporate China 2.0 – The Great Shakeup, New York 2016

Liu Shiying; Avery, Martha: Alibaba – the inside story behind Jack Ma and the creation of the world's biggest online marketplace, New York 2009

Ma, Winston: China's Mobile Economy: Opportunities in the Largest and Fastest Information Consumption Boom, Singapur 2016

Mazzucato, Mariana: Das Kapital des Staates, München 2014

McGregor, James: No Ancient Wisdom, No Followers – The Challenges of Chinese Authoritarian Capitalism, Westport 2012

McGregor, Richard: The Party, New York 2010

Noesselt, Nele: Chinesische Politik, Baden-Baden 2016

Mustachich, Susan: Thirsty Dragon: China's lust for Bordeaux and the threat to the world's best wines, New York 2015

Nolan, Peter: Is China Buying the World?, Cambridge 2011

O'Donnell, Mary Ann; Wong, Winnie; Bach, Jonathan: Learning from Shenzhen, Chicago 2017

Pei Minxin: China's Crony Capitalism: The Dynamics of Regime Decay, Cambridge 2016

Qiao, Gina; Conyers, Yolanda: The Lenovo Way, New York 2014

Rein, Shaun: The End of Cheap China, Hoboken 2012

Rein, Shaun: The End of Copycat China, Hoboken 2014

Sanderson, Henry; Forsythe, Michael: China's Superbank: Debt, Oil and Influence – How China Development Bank is Rewriting the Rules of Finance, New York 2013

Schaffmeister, Niklas: Brand Building and Marketing in Key Emerging Markets, Heidelberg 2015

Shirky, Clay: Little Rice: Smartphones, Xiaomi, and the Chinese Dream, New York 2015

Stent, James: China's Banking Transformation – The Untold Story, Oxford 2017

Tan Yinglan: Chinnovation – How Chinese Innovators are Changing the World, Singapur 2011

Tao Tian; De Cremer, David; Wu, Chunbo: Huawei: Leadership, Culture and Connectivity, Singapur 2016

Tse, Edward: China's Disruptors: How Alibaba, Xiaomi, Tencent, and Other Companies Are Changing the Rules of Business, London 2016

Useem, Michael; Singh, Harbir; Neng Liang; Cappeli, Peter: Fortune Makers – the Leaders Creating China's Great Global Companies, New York 2017

Wang, Barbara Xiaoyu; Chee, Harold: Chinese Leadership, London 2011

Wang Jianlin: The Wanda Way – The managerial philosophy and values of one of China's largest companies, New York 2016

Wang Shi: The Vanke Way – Lessons on Driving Turbulent Change from a Global Real Estate Giant, New York 2017

Wang Xiong: China Speed – China's High-Speed Rail, Beijing 2016

Woetzel, Jonathan; Towson, Jeffrey: The 1 Hour China, Cayman Island 2017

Yip, George; McKern, Bruce: China's Next Strategic Advantage: From Imitation to Innovation, Cambridge 2016

Zha Jianying: Tide Players – The Movers and Shakers of a Rising China, New York 2011

Regelmäßige Publikationen

Bloomberg Businessweek
Caixin
China Daily
China Digital Times
China Leadership Monitor
Der Spiegel
Die Zeit
Financial Times
Foreign Affairs
Global Times
Jing Daily
Sinocism
South China Morning Post
Süddeutsche Zeitung
SupChina
The Economist
The New York Times
Week in China

REGISTER

Unternehmen (Gründer bzw. Vorstand*)

Acer (*Jonney Shih*) 127
Alibaba (*Jack Ma*) 9, 19, 26, 31, 33 f.,
  37 f., 68, 78, 136, 141, 147, 149,
  167–170, 173–179, 181–186, 189–
  192, 195–197, 204 f., 210–213,
  227 f., 252–254
Anbang (*Wu Xiaohui*) 79, 98, 110,
  113–115, 151
Asus (*Jonney Shih*) 127
Baidu (*Robin Li*) 19, 39, 68, 136,
  167–170, 172, 184–188, 210, 227,
  238, 252–254
Bank of China 50–52, 54, 63
BBK Electronics (*Duan Yongping*)
  91
Beijing Genomics Institute (*Wang Jun*) 255
BYD (*Wang Chuanfu*) 235 f., 238 f.,
  246
CATL (*Robin Zeng*) 238 f.
ChemChina (*Ren Jianxin*) 61–64,
  231, 267
China Construction Bank 52, 55,
  121
China Development Bank 54 f., 121,
  245
China Investment Corporation 74
China Media Capital (*Li Ruigang*)
  144, 150

China Poly Group 48
China Tobacco 41, 46 f.
China Unicom 38, 49, 70, 72
Cofco 43, 58–60, 160
Comac 247
Cosco 57 f., 69, 75
CRRC 67, 244 f.
Ctrip (*Jane Jie Sun*) 23, 168, 187,
  207–209, 227 f.
Didi Chuxing (*Jean Liu*) 75, 201,
  204–206
Din Tai Fung 77, 94 f.
DJI (*Frank Wang*) 217, 259–261, 263
E-Deodar 250
Export-Import-Bank 245
Evergrande (*Hui Ka Yan*) 139–141,
  154 f.
Fosun (*Guo Guangchang*) 7, 18, 31,
  79, 98, 110 f., 113, 115–117, 146
Foxconn (*Terry Gou*) 126 f., 231, 249
Future Mobility Corporation 231
Geely (*Li Shufu*) 17, 31, 33, 60, 79,
  97, 106–109, 236, 238, 268, 271
Giant (*King Liu*) 127
Goldwind 242
Gree (*Dong Mingzhu*) 22
Haidilao (*Zhang Yong*) 77, 95
Haier (*Zhang Ruimin*) 7, 17, 29,
  39 f., 77 f., 81–84, 97

Register   283

Hisense (Zhou Houjian) 7, 78, 81, 84f., 146f.
HNA (Chen Feng) 27, 29, 77, 79, 98, 110f., 113, 117f., 120f., 151, 205
HTC (Cher Wang) 24, 127
Huawei (Ren Zhengfei) 7, 17, 23, 29f., 36, 77-79, 81, 86–93, 106, 126, 226, 254, 264
Hutchison Whampoa (Li Ka-shing) 117, 128
ICBC 42, 49–52, 73f., 195, 198
iCarbonX (Jun Wang) 256
iFlytek 253
JD.com (Richard Liu) 19, 68, 168, 170, 185, 190–192, 196, 227, 249, 252
LeEco (Jia Yueting) 237
Lenovo (Liu Chuanzhi, Yang Yuanqing) 7, 16, 28, 31, 78f., 97, 103–106, 147, 155, 165, 205
Lens Technology (Zhou Qunfei) 24
Megvii 253
Mengniu Dairy (Niu Gensheng) 58, 162
Midea (He Xiangjian) 99–101, 136, 162, 268
Mobike (Hu Weiwei) 201f.
Mobvoi 253
Netease (Ding Lei) 91, 168, 170, 188–190
Nio (William Li) 238
Niu (Token Hu) 20f.
Ofo (Dai Wei) 167, 200–202

Oppo 79, 81, 91f.
Ping An (Peter Ma) 52, 141, 196–199
SF Express (Wang Wei) 68, 193f.
Siasun 250f.
State Grid 42, 48, 142, 234, 242f., 270
STO (Nie Tengfei) 193f.
Sunac (Sun Hongbin), 125, 155
Suning (Zhang Jindong) 68, 142, 144
Tencent (Pony Ma) 9, 19f., 38f., 68, 78, 134, 150, 161, 167–170, 183–186, 189, 191, 195–197, 201, 203–205, 210–213, 227, 231, 238, 252–254, 256, 264
Tsinghua Unigroup (Zhao Weiguo) 258
Tujia (Luo Jun) 209
Ubtech 250
Vanke (Wang Shi) 17, 155
Vivo 79, 81, 91f., 147
Wahaha (Zong Qinghou) 33
Wanda (Wang Jianlin) 17, 30, 38, 79, 98, 110f., 113, 122–125, 136, 145, 147–149, 155, 163
Wenchai (Tan Xuguang) 101
Xiaomi (Lei Jun) 27, 39, 79, 81, 92–94, 227, 260
Xiaozhu (Chen Chi und Wang Liantao) 209
YTO (Zhang Xiaojuan) 193
ZTE (Hou Weigui) 90f., 226, 264
ZTO (Lai Meisong) 193

---

* Anmerkung zur Namensschreibung: Oft gibt es bei chinesischen Namen zwei Variationen, eine chinesische und eine westliche. In der chinesischen Form steht erst der Nachname, dann der Vorname. Viele Manager und Unternehmer haben sich jedoch einen westlichen Vornamen zugelegt. Wenn sie unter dieser Variante bekannter sind (wie zum Beispiel Jack Ma) habe ich diese verwendet.

Jonathan McMillan
Das Ende der Banken
Warum wir sie nicht brauchen

2018. Ca. 288 Seiten. Gebunden

Auch als E-Book erhältlich

Kein Platz für Banken im digitalen Zeitalter

Finanzkrise hin, Eurokrise her. Kaum jemand glaubt, dass sich das Finanzsystem inzwischen wesentlich verbessert hat. Das Problem sind die Banken. Ihre Finanzinnovationen der Vergangenheit wurden zum Brandbeschleuniger der letzten Finanzkrise. Und jetzt sind sie drauf und dran, sich die aufstrebende Fintech-Industrie und ihre Peer-to-Peer-Kreditplattformen einzuverleiben und damit die Hoffnung auf ein transparenteres und besseres Finanzsystem zu zerschlagen.
Die Funktionen von Geld und Kredit müssen getrennt werden, das ist die zentrale Botschaft dieses Buches. Mit bestechender Klarheit zeigt es, warum die digitale Revolution eine fundamentale Erneuerung unserer Finanzordnung erfordert. Die Autoren identifizieren die Wurzel der Probleme und präsentieren eine innovative und simple Lösung.

campus.de

Frankfurt. New York

Norman Doidge
Neustart im Kopf
Wie sich unser Gehirn
selbst repariert

2017. 382 Seiten. Gebunden

Auch als E-Book erhältlich

Die erstaunlichen Fähigkeiten unseres Gehirns

Unser Gehirn ist nicht - wie lange angenommen - eine unveränderliche Hardware. Es kann sich vielmehr auf verblüffende Weise umgestalten und sogar selbst reparieren - und das bis ins hohe Alter. Diese Erkenntnis ist die wohl sensationellste Entdeckung der Neurowissenschaften.

»Dr. Doidge, ein hervorragender Psychiater und Forscher, erkundet die Neuroplastizität in Begegnungen mit Pionieren der Forschung und mit Patienten, die von den neuen Möglichkeiten der Rehabilitation profitiert haben. ... Das Buch ist ein absolut außergewöhnliches und hoffnungsvolles Zeugnis der Möglichkeiten des menschlichen Gehirns.«

Oliver Sacks

campus.de

Frankfurt. New York